KB193885

중용

공존과 소통 그리고 인성을 세우는 진리

중용

자사 원작 · 심범섭 지음

평 단

중용의 메시지-
성품을 닦는 데 자연의 모습을 담자

《주역》을 알아야 《중용》을 이해할 수 있다

오늘도 어김없이 아침에 해가 뜬다. 해는 어느 하루만 뜨고 지는 것이 아니라, 일 년 365일 끊임없이 반복하며 하늘에서 움직인다. 그렇게 해는 하루를 규칙적인 주기로 하늘에서 순환을 하고 있다. 달도 역시 한 달의 주기로 떴다가 지기를 끊임없이 반복하고 있다. 해와 달이 다른 점이 있다면, 달은 항상 같은 모습이 아니라 보름달이 될 수도 있고, 반달이 될 수도 있으며, 초승달이나 그믐달일 때도 있고 아예 보이지 않을 때도 있다는 것뿐이다.

사계절도 마찬가지다. 따스한 봄이 시작되고 점점 더워지면서 여름으로 접어든다. 여름이 절정에 이르면 더위가 한풀 누그러지면서 서늘한 가을이 시작되고, 온도는 점점 낮아져 어느새 겨울을 맞이하게 된다. 매서운 추위가 기승을 부리고 눈으로 뒤덮인 겨울은 언제나 그랬듯이 때가 되면 다음 해를 기약하면서 계절의 중심을 봄에게 내어 준다. 이와 같이 계절도 일 년의 주기로 끊임없이 순환을 하고 있다.

밤하늘에 별들도 하루와 일 년, 혹은 몇 년의 주기로 위치를 이동한다. 그 대표적인 모습을 볼 수 있는 별자리가 북두칠성이다. 북두칠성은 한 시간에 15도씩 북극성을 중심으로 회전한다. 하루에 360도를 무한 반복해 회전하고 있는 것이다.

이렇게 하늘에 떠 있는 수많은 천체가 일정한 주기를 갖고 변화하는 것은 지구가 스스로 자전을 하고 있으며, 태양을 중심으로 공전을 하고 있기 때문이라는 것은 누구나 알고 있는 사실이다. 태양계를 벗어나서 우주에도 우리가 사는 세상과 비슷한 형태의 주기를 갖는 변화가 존재한다. 지구의 일 년은 사계절로 구분되어 순환한다. 그중에서 겨울이 존재하는데, 지구가 속해 있는 우주를 생각해 보면, 빙하기는 우주의 겨울이라는 학설이 있다. 남극과 북극의 빙하층이 10만 년에서 13만 년의 주기로 나와 있는데, 이것은 나무의 나이테처럼 지구의 나이테와 같은 의미를 지니고 있다. 따라서 지구의 빙하기는 약 10만 년에서 13만 년의 주기로 반복되는 우주의 겨울로 지구 전체의 겨울이 된다.

태양계 밖에는 은하계가 있고, 그 은하계가 수십 개 모여서 만들어진 은하군이 있으며, 또 수천 개의 은하군이 모인 집단은 은하단을 이루고, 은하단이 여러 개 모인 것은 초은하단이 된다. 이러한 은하단과 초은하단이 얽혀서 하나의 거대한 우주를 형성하고 있다. 지구의 빙하기가 태양계 혹은 은하계의 겨울인지, 아니면 은하단의 겨울인지, 혹은 우주 자체의 겨울인지는 현대과학으로 명쾌하게 밝혀낼 수 없다. 그러나 지구에서 일어나고 있는 사계절의 변화와 유사한 변화가 지구 밖에서도 일어나고 있다는 근거로는 충분할 것이다.

우리가 과학 기술이 발달하기 이전까지는 몰랐던 사실이지만, 아무튼 지구 밖의 우주도 일정한 주기로 봄, 여름, 가을, 겨울로 대비될 수 있는 변화가 일어나고 있다. 그리고 그 변화에는 일정한 주기를 갖고 변화한다는 법칙이 존재한다. 북두칠성은 약 5만 년 이후에 지금과 다른 모습으로 바뀌게 된다고 한다. 그러나 이러한 일정한 주기와 순환의 법칙에 따라 상상해 본다면, 5만 년이 지난 후에 전혀 다른 모습으로 바뀐 북두칠성은 그 후 수십만 년 혹은 수백만 년이 지난 이후에 지구가 그때까지 존재한다는 희망적인 가정하에서 지구에서 현재의 북두칠성 모습으로 다시 볼 수 있을 것이다.

그런데 이와 같은 생각을 일찍이 고대 동북아시아에 살았던 사람들도 했다. 그들은 하늘과 땅의 규칙적인 변화를 관찰하고 하늘을 넘어서 먼 우주까지 동일한 법칙으로 변화가 일어나고 있다고 생각했다. 또한 그러한 법칙에는 그 법칙을 움직이는 절대적인 무엇이 존재한다고 보았다. 그들이 이러한 생각을 하게 된 것은 자연에 대한 경외심에서 비롯되었다.

계절의 변화는 인간에게 농업과 어업 등을 통한 식량 확보를 위해 반드시 필요하다. 벼농사를 예를 들면, 일 년의 변화에 따라 식물들이 성장을 하고 열매를 맺는다는 것을 고대 사람들은 경험을 통해 알게 되었다. 사람들은 식량을 안정적으로 공급받기 위해서 자연의 변화에 맞춰 봄에 씨를 뿌리고, 여름에 잡초를 제거하고 물을 공급해 주는 등의 노력을 통해 곡식을 키우고, 가을에 그 결실을 거두었다. 그리고 수확물들을 저장해 그해 겨울부터 다음 해 가을까지 먹을 수 있게 되었다. 매년 이런 생활이 이루어지면서 고대인들은 수렵생활을 할 때보다 안정적으로 식량을 마련할 수 있었기 때문에 점차 인간다운 삶을 영위할 수 있게 되었다.

그러나 자연은 항상 일정하게 변화하는 사계절만 존재하지 않았다. 몇 년마다 발생하는 홍수와 가뭄, 그리고 산불과 지진 등의 자연재해는 의식주와 관련된 생활에 어려움을 주었다. 또한 자연재해가 발생하는 때에는 굶어 죽거나 병들어 죽게 되는 사람이 늘어나면서 민심이 흉흉해졌다. 상황이 어려워질수록 굶거나 병드는 육체적인 어려움 이외에 강자가 약자를 약탈하는 질서의 혼란으로 정신적인 고통까지 늘어나게 되었다. 이러한 질서의 붕괴는 사회적인 것뿐만 아니라 정치적인 혼란까지 일으키며 지배계층의 지위를 위협했다.

따라서 고대 동북아시아에서 살았던 사람들은 일반 민중에서부터 지배자들까지 자연에 대한 이중적인 생각을 지니게 되었다.

한편으로는 항상 규칙적으로 변화하는 자연에 대해 공경과 감사의 마음을 갖고, 다른 한편으로는 재해를 일으키는 자연에 대해서 두려워하고 조심스러운 마음을 갖게 되었다. 이것을 한 단어로 표현한 것이 위에서 말한 경외(敬畏)다.

태양이 이동하고 달과 별이 있으며, 추위와 더위, 구름과 바람, 비와 눈, 가뭄과 홍수, 천둥과 번개 등의 자연 현상이 일어나는 곳은 하늘이었기 때문에, 고대인들이 바라본 하늘은 대자연의 모습을 좌우하는 신앙의 대상이 되었다. 그리하여 고대 문헌에 나와 있는 하늘은 우리가 바라보는 하늘을 표현할 때도 있고, 모든 자연 현상을 조정하는 만물의 주재자(主宰者)를 말할 때도 있다. 당시의 사람들은 주재자로서의 하늘의 심기를 건드리지 않으려고 노력했으며, 한편으로 하늘의 감정 상태를 예측해 대비하려는 노력도 했다. 따라서 앞으로 일어날 자연 현상을 알고자 자연을 관찰하고, 그러한 관찰의 결과를 인간과 결부시켜 논리적으로 분석하게 되었다. 이러한 분석을 통한 결과와 그것을 통해 인간이 당연히 해야 할 일 등을 집약해 놓은 경전이 바로 《주역(周易)》이다. (이후부터 주재자로서의 하늘은 천(天)으로, 그냥 하늘은 하늘로 표현한다.)

《주역》에서는 천(天)이 인간을 비롯한 우주 만물을 탄생시키고, 그들이 살아갈 수 있는 여건을 만들어 주었다고 말한다. 그러한 생각은 점점 발전해 《중용(中庸)》에서는 인간의 성품을 만든 천(天)의 섭리를 따라 자신을 수양하고, 사회의 질서를 이룩하고

자 하는 논리가 전개된다. 그래서《주역》의 핵심적이고 기본적인 내용을 이해하지 않고는《중용》에서 말하는 내용을 이해하기가 쉽지 않다. 그러므로《중용》을 읽기에 앞서《주역》의 기본적인 내용을 알아볼 필요가 있다. 그 내용은 다음과 같다.

주기를 갖고 변화하는 자연

천(天)이 만물을 탄생시키고 살아갈 여건을 마련해 준 기본적인 움직임을 천도(天道)라고 한다. 이것은 원(元)·형(亨)·이(利)·정(貞)이라는 사덕(四德)이 일정한 순서와 주기를 갖고 변화하는 것에 의해 이루어진다. 원형이정이 논리적으로 만들어진 내용은 다음과 같다.

하루의 밝음은 아침에 시작된다. 아침이 되면 서서히 빛이 살아나기 시작하고 낮이 되면 최고로 밝아진다. 그 밝은 빛은 저녁이 될 때까지 서서히 그 밝음을 잃어가다가 마침내 밤이 되면 빛은 사라지고 어둠이 찾아온다. 어둠은 저녁부터 시작되었다가 한밤중에 최고조를 이룬다. 그러나 어둠도 다시 새벽이 찾아오면 그 힘을 잃고 다시 밝은 빛이 지상을 비추게 된다. 하루의 따뜻함과 차가움도 빛의 변화와 마찬가지로 아침부터 저녁까지는 따뜻함이 그 주도권을 잡고 있고, 저녁부터 새벽까지는 차가움이 그 주도권을 잡고 있다. 이러한 빛과 열에 의한 순환과 변화는 하루를 주기로 잠시도 쉬지 않고 반복된다.

이러한 하루의 시간 변화는 음(陰)과 양(陽)의 변화다. 자연 현상에 음양의 성질을 대입해 보면, 양은 밝고 따뜻하며 움직임이 활발하고 바깥으로 확산하거나 팽창하려는 성질을 갖고, 음은 어둡고 움직임이 없으며 안으로 모이거나 응축하려는 특징이 있다. 이러한 특징에 따라 양은 강하고 굳세고 높고, 음은 부드럽고 약하고 낮다.

음양의 변화에 따라 순환 반복하는 시간의 변화는 하루만 있는 것이 아니라 한 달과 일 년이라는 시간의 변화도 일정한 주기에 따라 움직인다. 하루에 밤과 낮이 생기듯이 일 년은 사계절이 존재한다. 시간에 따라 음과 양이 변하는 운동은 음양의 분포를 다르게 하는 결과를 가져온다. 이것을 네 가지로 구분하는데 그것을 사시(四時)라고 한다. 하루의 사시는 아침(단(旦)), 점심(주(晝)), 저녁(모(暮)), 밤(야(夜))이 된다. 한 달의 사시는 그믐(회(晦)), 초하루(삭(朔)), 초승(현(弦)), 보름(망(望))이라는 달의 모습으로 구분해, 초승/그믐, 상현, 보름, 하현이 된다. 일 년의 사시는 봄(춘(春)), 여름(하(夏)), 가을(추(秋)), 겨울(동(冬))이 된다.

사시를 빛과 열이라는 음양으로 구분해 보면 다음과 같다. 아침과 점심, 봄과 여름은 어둠이 사라지고 빛과 열이 점점 증가하며 생명체는 성장을 지속하는 양에 속한다. 저녁과 밤, 가을과 겨울은 빛과 열이 점점 감소하고 어둠과 서늘함이 세상을 뒤덮는 음에 속한다. 우주에는 시간상으로 음이 주류를 이루는 시기가 있고, 양이 주류를 이루는 시기가 있는데, 그 시기는 번갈아서 일정한 주기를 갖고 변화를 반복하게 된다. 또한 공간상으로 음양의 성질이 많고 적음이 발생하게 된다. 이러한 시간과 공간의 음양의 강약에 따라 모든 생명체는 태어나고 발전하고 쇠퇴하고 소멸하게 된다.

이처럼 사시(四時)에 따라 지상에서 살아가는 모든 생명체는 태어나고, 성장하고, 결실을 맺은 후에 그 생명이 다하면 사라지게 된다. 그러나 한 세대를 살았던 생명은 그냥 사라지는 것이 아니다. 만약 식물이라면 씨앗을 만들고, 동물이라면 새끼를 낳아 자손으로 하여금 같은 주기의 생(生)을 이어가게 하는 것이다. 부모 세대의 생명은 자양분으로 작용해 다음 세대를 이어 나가는 밑거름이 되고, 부모 세대의 경험은 자식 세대에 이전되어서 진화라는 발전을 이룬다. 그래서 다음 세대의 주기는 이전 세대와 같은 생(生)을 반복하는 데 그치지 않는다. 주변 환경에 잘 적응한 생명체는 지속적으로 발전해 나가지만, 그것에 적응하지 못하고 잘못 진화한 생명체는 도태되어 소멸해 버린다. 우주에 존재하는 만물은 획일적이고 단순하게 반복되는 것이 아니라 발전하기도 하고 퇴화하기도 하면서 다양하게 변화해 나간다.

모든 생물 중에서 식물의 탄생과 성장 그리고 소멸이 사시의 변화와 시간적으로 비교하기가 쉽다. 식물의 일생을 사시(四時)에 대입해 보면, 씨앗에서 싹이 난 후에 여린 잎은 하루가 다르게 자란다. 이 시기는 식물의 일생 중에서 봄에 해당된다. 잎은 시간이 지남에 따라 무성하게 자라서 울창한 숲을 이루게 된다. 이 시기는 식물의 일생 중에서 여름에 해당된다. 봄과 여름에 꽃이 피어나서 벌과 나비에 의해 수정이 이루어지고, 수정된 꽃은 과일을 맺고, 다음 세대를 잉태한 식물은 그해에 할 일을 마무리하며 단풍이 들거나 시들어 버린다. 이 시기가 식물의 일생 중에서 가을이다. 다년생 식물은 잎이 모두 떨어져 앙상한 가지만 남게 되고, 일년생 식물은 그 생명을 다하고 흙으로 돌아가 다음 세대를 위한 거름이 된다. 이때에 땅에 떨어진 씨앗은 다년생 식물의 뿌리와 함께 다음 봄을 기다리며 혹독한 겨울을 이겨 낸다. 이 시기가 식물의 일생 중에서 겨울에 해당되는 것이다.

동북아시아에서 바라본 지상의 공간도 사시와 비슷한 특성을 갖고 있다. 북쪽은 겨울과 같이 추운 지역이고, 남쪽은 여름과 같이 따뜻한 곳이다. 동쪽은 하루가 시작되는 태양이 뜨는 곳이며, 서쪽은 하루가 저무는 태양이 지는 곳이다. 따라서 지상에는 사시에 대비되는 사방(四方)이 존재하게 된다.

사람의 일생도 식물의 일생과 크게 다를 것이 없다. 태어나서 어린 시절을 보내는 시기가 봄이라고 하면, 가장 왕성한 활동을 하는 청년 시기가 여름이 된다. 장년이 되어서 자신의 젊은 날의 노력이 그 결과를 이루는 시기가 가을이 되며, 몸과 정신이 기운을 잃고 죽음에 이르는 노년 시기가 겨울이 된다.

역사적으로 한 국가도 이와 같은 주기로 탄생되었다가 사라진다. 겨울과 같은 사회의 혼란을 진압하고 새로운 나라가 봄의 새싹처럼 피어난다. 그 나라는 점점 국력이 강성해져서 주변의 나라를 정벌하고 제후국으로 삼는데 이러한 시기가 여름이 된다. 국력과 경제력이 강해지면 문화가 결실을 맺는데 그 모습이 가을과 같다. 그러나 보름달이 되면 다시 하현달과 그믐달로 기울어지듯이 풍족함이 극에 달하면 쇠퇴하게 되고, 다시 혼란한 사회가 되면서 마침내 그 국가는 겨울처럼 그 빛이 약해져 소멸해 버린다. 그러한 혼란의 시기에 뜻있는 사람들이 모여 다시 새로운 국가가 탄생할 기틀을 마련하게 된다.

음양의 원리

사시의 변화와 그 변화에 따른 생명의 변화는 모두 음과 양의 변화다. 생과 사, 성장과 노쇠라는 변화는 양이 발전하면 음이 쇠퇴하고, 음이 발전하면 양이 쇠퇴하는 음양 대립의 모습이다. 그러나 음과 양을 대립의 모습으로만 보는 것은 음양의 진정한 모습을 보지 못하는 것이다. 한여름의 뜨거운 열기를 식히지 못하면 이 세상의 생명체는 살아갈 수가 없으며, 여름이라는 계절도 존재할 수 없다. 또한 한겨울의 추위를 녹이지 못해도 역시 생명체는 살아갈 수 없는 환경이 되고, 겨울이라는 계절도 다시는 존재할 수 없게 된다. 이와 같이 음양이 서로 제어해 주지 못하면 양은 발산되어 완전히 소멸되어 버리고, 음 역시 응축되어 소멸되어 버리고 만다. 음양이 서로 순환할 때 음의 시기에 양은 완전히 소멸하는 것이 아니라 음의 안에 존재하면서 다음 순환을 준비하고 있는 것이다. 양의 시기에 음도 마찬가지다. 이와 같이 음과 양은 대립하는 가운데 서로 보완하고 의존하는 성질이 있다.

한편 음은 항상 음으로, 양은 항상 양으로 존재하는 것이 아니다. 우리가 쉽게 접할 수 있는 고체와 액체를 생각해 보면 의미가 쉽게 다가올 것이다. 고체는 딱딱하고 외부의 힘에 대해 강한 성질을 갖고 있고, 액체는 부드럽고 외부의 힘에 대해 약한 성질을 갖고 있다. 따라서 물질적인 특성을 보면 고체는 양이고 액체는 음이다. 그러나 판자 위에 놓고 기울이게 되면 고체는 경사진 면을 따라 바로 움직이지 않지만, 액체는 쉽게 흘러내린다. 움직이는 측면에서 보자면 정적(靜的)인 고체는 음이 되고, 동적(動的)인 액체는 양이 된다.

또한 회색은 검정색과 비교해서 밝은 색이 되고, 흰색과 비교해서 보면 어둡다. 그래서 회색은 검정색과의 관계에서 양이 되고, 흰색과의 관계에서 음이 된다. 따라서 음과 양은 절대적인 모습이 아니라 항상 상대적인 특징을 갖고 있다. 어떠한 현상이나 사물은 지금 마주하고 있는 상대에 따라서 음이 되기도 하고 양이 되기도 한다. 처음에는 간단한 음과 양으로 시작했지만 시간의 변화와 상대방과의 관계 속에서 세상의 모든 사물은 복잡해지게 된다. 따라서 세상의 복잡한 변화와 상호관계를 풀어나가기 위해서는 가장 단순한 음양의 관계로 이해하면 효과적일 수 있다.

음양의 변화에는 자체의 변화도 있지만, 서로 영향을 미쳐서 새로운 것을 탄생시키기도 한다. 이것은 일이나 환경의 새로운 시작을 말하기도 하며, 새로운 생명의 탄생을 말하기도 한다. 새로운 생명이 탄생하기 위해서는 음과 양이 서로 '교역(交易)'을 해야만 한다. 음양 교역은 생물학적으로 보면, 양의 성질인 남성의 정자와 음의 성질인 여성의 난자가 만나서 새로운 생명을 잉태하는 것이다. 사회적 현상으로 보면, 상대적으로 양의 성질인 자본주의와 음의 성질인 사회주의가 만나서 북유럽식 복지자본주의 사회가 탄생하고, 경제는 자본주의를 택하고 정치는 사회주의를 택하는 중국식 사회가 탄생한 것이 그 예가 될 수 있다. 또한 기술상에서 보면, 상대적으로 음의 성격인 아날로그 방식의 카메라와 양의 성격인 디지털 기술이 결합해 DSLR카메라가 탄생한 것도 과학 기술 발전에 있어서 음양 교역의 예가 될 수 있다. 이처럼 음양 교역의 예는 우리 생활 곳곳에 있다.

사물의 생성, 보전의 원리

고대인들도 우리처럼 이러한 현상들을 관찰하고 다음과 같이 정리했다. 자연환경의 변화는 일정한 주기를 갖고 운행을 한다. 그러한 자연의 변화는 모든 것이 음양의 변화에 의해서 이루어지며, 공통점을 갖고 있다. 시간적으로 사시라는 형태로 주기적인 변화를 한다. 또한 그것에 따라 공간적인 변화가 수반되면서 이것도 사시와 비슷한 네 가지로 구분된다. 시간과 공간의 변화에 영향을 받은 모든 생물은 생로병사의 과정을 거치게 되며, 새로운 생명이 지속적으로 탄생한다. 이러한 변화 역시 사시와 비슷하게 크게 네 가지의 변화와 순환을 한다. 살아 있는 생물뿐만 아니라 역사, 글의 전개, 어떠한 사건의 상황 등도 이와 같은 사시의 형태를 띠고 변화가 전개된다. (이후부터 사물(事物)은 일과 상황이나 사건 등과 같은 사(事)의 의미와 인간을 비롯한 생물과 자연 속에 존재하는 모든 물체를 의미하는 물(物)의 의미를 모두 포함한다.)

고대인들은 이것은 만물의 주재자인 천(天)에 의해서 이루어지는데, 천에게는 이와 같이 공통점을 이루어 낸 동력이 있다고 생각했다. 그것을 천의 사덕(四德)인 원형이정(元亨利貞)으로 규정했다. 그리고 그 사덕에 대한 특징을 사시(四時)의 형태를 갖는 자연의 모든 특성을 고려해 다음과 같이 정리했다.

원(元)은 생명을 탄생시키고 길러 내는 힘을 가졌으며, 가장 지극한 선(善)의 특징을 갖고 있다. 형(亨)은 음양이 합쳐져 새로운 생명을 잉태시키면서 만물의 형상을 갖게 하는 힘을 가졌으며, 아름다움이 모여 있는 특성을 갖고 있다. 이(利)는 시작과 끝을 밝히는 힘을 가졌으며, 의(義)로서 조화를 이루는 성질을 갖고 있다. 정(貞)은 순환하고 반복하는 힘을 갖고 있으며, 모든 일에 뿌리와 줄기가 되는 특성이 있다.

사덕의 특징을 규정한 이후에 그 사덕의 운행을 천도라고 했다. 그리하여 인간이 관찰한 모든 사물은 천이 사덕을 운행하는 천도에 의해서 만들어졌다는 것을 원형이정을 규명한 역순서로 거슬러 올라가 논리를 만들었다. '사시는 천의 사덕의 운행에 따라 운행 주기가 형성되고, 사덕의 특성을 그대로 이어받게 된다. 땅도 천의 사덕에 따라 동서남북의 사방위(四方位)를 갖게 된다. 모든 사물도 이러한 사덕에 의해 생명이 탄생되고, 각자의 특성이 만들어졌으며, 사덕을 닮은 주기를 그대로 지니게 된다. 이러한 일련의 질서에 의해서 우주는 유지되는 것이다.'

사덕의 운행이 사시, 사방, 사물을 만들어 내고, 그것이 소멸되지 않고 항상 유지될 수 있도록 천도에 부합하는 질서가 모든 사물에서 유지된다고 했다. '만든다'는 것은 만들어진 대상의 입장에서 보면 '생명의 탄생'을 의미하며, 소멸되지 않고 '유지된다'는 것은 그 탄생한 '생명의 보전'을 의미한다. 이러한 두 가지의 의미를 한마디로 '생(生)'이라고 한다.

따라서 《주역》〈계사하전 제1장〉에서는 '천지(天地)의 대덕(大德)을 생(生)이라고 이른다'고 했으며, 〈계사하전 제5장〉에서는 '생(生)하고 생(生)하는 것을 역(易)이라고 한다'고 했다. '크다'는 의미의 대(大)는 천이 할 수 있는 영역을 의미하는 것으로, 앞으로 사람에게 대(大)를 붙이면 그 인격이나 행동이 사덕의 움직임에 가까워진 성인(聖人)만이 할 수 있는 것을 말한다. '천지의 대덕'이라고 하는 것은 천도에 의해서 만들어진 우주의 질서의 결과를 말한다. 따라서 천도에 의한 우주의 질서에 따라 생이 이루어지며, 그것은 음양의 변화에 따라 사시의 형태로 변화한다.

결론적으로 천도에 의해 우주와 자연의 질서가 이루어지고,

자연에 존재하는 모든 생명체는 생명이 있게 되고, 무생물은 생명력을 갖게 되며, 그러한 생명은 사물의 질서에 의해서 보전된다는 의미다. 그렇기 때문에 인간이 천도의 길을 따라하게 되면 인간 세상에 질서가 이루어지게 된다는 것이 《중용》의 기본 맥락이다.

제1부

❧

자연은
인성의
본보기다

中庸

제1부

자연은
인성의 본보기다

1

하늘이 내려 준 성품을 회복하자

만물은 천(天)에 의해 만들어졌다

우리는 가장 순수한 모습을 어디에서 찾을까? "어린아이 같이 천진난만하다"는 말이 있다. 어린아이들은 세상에 어떤 이득을 원하지도 않으며, 자신의 이익을 위해 남을 위해하는 행동도 하지 않는다. 단지 배고프면 울고, 배부르면 웃을 뿐이다. 이러한 모습을 바라보는 부모와 주위 사람들은 알 수 없는 흐뭇함과 마음의 평화를 느끼게 된다.

나이가 든 사람들이 어려울 때나 힘들 때 자주 '어린 시절로 돌아가고 싶다'고 말한다. 이 말은 부모님의 품 안에서 아무런 걱정도, 미움도 없이 하루하루를 즐겁게 뛰놀던 시절이 그립다는 의미일 것이다. 성인들의 복잡한 감정이 비롯되는 원인은 여러 가지가 있겠지만, 그중 가장 큰 것은 인간관계에서 오는 갈등일 것이다.

현재 우리나라의 청소년들은 너무 이른 시기에 경쟁과 갈등의 환경에 내몰린다. 아이들은 부모의 욕심 때문에 초등학교에 들어가기 전부터 다양한 학습을 해야 하고, 그로 인해 가장 행복하고 즐거워야 할 시기를 경쟁과 갈등으로 보내고 있다. 이에 대해 각성과 개선을 위한 노력이 절실히 필요하다.

삶에서 인간관계를 본격적으로 맺기 이전인 갓난아기들은 세상의 때가 묻지 않았고, 태어날 때의 순수함을 아직 갖고 있어 바라보는 사람들로 하여금 입가에 미소가 번지게 한다. 세상의 때가 묻지 않았다는 것은 사람이 태어나는 그 순간은 사람들과 감정적으로 접촉하지 않았기 때문에 천도의 작용에 의해서 만들어진 성품에서 멀어지지 않고 가장 근접해 있는 시기라고 할 수 있다.

《중용》에서는 하늘이 인간에게 내려 준 순수한 성품이 성(性)이며, 그러한 성을 기준으로 해서 생각과 행동을 해야 하는 것이 도(道)이며, 그 도를 따라 수양해 나가는 것을 교(敎)라고 했다.

> 천명을 성(性)이라 이르고, 솔성을 도(道)라 이르고, 수도를 교(敎)라 이른다.
>
> 天命謂性 率性之謂道 修道之謂敎
> 천 명 위 성   솔 성 지 위 도   수 도 지 위 교
>
> [제1장 1절]

먼저 "천명을 성이라 이른다"라는 내용은 다음과 같다. 천(天)

은 인간을 비롯한 모든 사물을 창조한 주재자다. 명(命)이란 목숨이나 운명 같은 것을 말할 때도 있고, 명령과 같은 의미도 갖고 있다. 따라서 명은 이러한 세 가지 의미를 모두 내포하고 있다. 천의 명령에 따라 사람의 본질적인 성품이 이루어지고, 생명이 탄생했으며, 일정한 주기와 순환을 이루고 살아가는 운명까지도 정해진다는 것이다.

《논어(論語)》〈요왈(堯曰)〉 편에서 공자는 "명(命)을 알지 못하면 군자가 될 수 없다"고 말했다. 이는 천이 우리에게 내린 명을 이해하고 깨달아야 한다는 것을 말한 것이다. 천이 우리에게 내린 명이 바로 성(性)이다. 천은 변하지 않는 원리에 의해서 생명을 탄생시키고, 그 생명들은 특성까지 천을 닮는다. 이와 같은 원리가 그대로 인간에게 전달된 것이 바로 성이다. 따라서 성은 천이 그대로 물려준 본질적이고 가장 순수한 성품이다. 본질적인 성품에 대해 가장 알기 쉽게 설명한 사람이 바로 맹자(孟子)다. 맹자는 "사람의 원래 성품은 선(善)하다"라는 성선설(性善說)을 주장했다.

《맹자》〈공손추상 제6장〉에서는 다음과 같이 말한다.

"사람은 누구나 함부로 하지 않으려고 하는 마음이 있다. 예전에 세상을 잘 다스렸던 왕들은 이러한 마음으로 정치를 했다. 이와 같이 함부로 하지 않는 마음으로 세상을 다스린다면 세상을 손바닥 위에 놓고 움직일 수 있을 것이다. 사람들은 모두 이러한 마음을 갖고 있다. 그렇기 때문에 어린아이가 물에 빠지면 깜짝 놀라고 불쌍해하는 마음이 있게 된다. 이 같은 마음은 그 아이의 부모와 친분을 맺기 위해서 생기는 것이 아니며, 마을 사람들과 친구들에게 명예를 구하기 위해서 생기는 것도 아니며, 자신이 악한 사람이라고 손가락질 받지 않으려고 생기는 것도 아니다.

이렇게 불쌍해하는 마음을 기준으로 생각해 보면, '불쌍해하는 마음'이 없으면 사람이 아니고, '선하지 못한 것을 부끄러워하고 미워하는 마음'이 없으면 사람이 아니고, '사양하는 마음'이 없으면 사람이 아니며, '옳고 그름을 따지는 마음'이 없으면 사람이 아니다.

불쌍해하는 마음은 인(仁)의 실마리가 되고, 자신이 선(善)하지 못한 것을 부끄러워하고 미워하는 마음은 의(義)의 실마리가 되고, 사양하는 마음은 예(禮)의 실마리가 되고, 옳고 그름을 따지는 마음은 지(知(智))의 실마리가 된다."

이것을 네 가지의 실마리라고 하여 사단(四端)이라고 한다. 맹자는 모든 사람이 이런 마음을 갖고 있다고 했는데, 모든 사람이 공통적으로 갖고 있다는 것은 천명(天命)에 의해서 만들어졌다는 의미다. 따라서 사단에 의해 알 수 있게 된 것은 천도에 의해 만들어진 사람의 가장 본질적이고 순수한 성품인 성(性)이다. 이것은 바로 '인(仁) · 의(義) · 예(禮) · 지(知(智))'다. 따라서 인의예지는 원형이정의 특성을 닮고 있다. 원형이정의 특성은 사시에 그대로 전달되었기 때문에 사계절과 비교해 보면 인의예지를 파악할 수 있다.

인(仁)은 천(天)이 아무런 조건이나 대가를 바라지 않고 생명을 탄생시키고, 그 생명이 성장하도록 환경을 만들어 주며, 그 생명이 끊어지지 않고 지속할 수 있도록 모든 여건을 마련해 주는 순수한 사랑이다. 따라서 인은 부모의 사랑과 같다. 원래 인간의 순수한 성품은 부모가 자식을 사랑하고 아끼는 마음이라고 할 수 있다. 사계절과 비교해 보면, 새싹이 단단한 땅을 뚫고 솟아 나오게 하며, 그 연약한 잎이 자라날 수 있도록 계속해서 따뜻한 온기를 불어넣어 주는 봄과 같다.

서리가 내리면 나뭇잎들은 나뭇가지에 더 이상 붙어 있어서는 안 된다. 이 시기부터 햇빛과 온기가 줄어들어서 나뭇잎은 더 이상 광합성을 할 수 없기 때문에 낙엽이 되어 떨어지지 않으면 나무의 줄기와 뿌리에 있는 영양소를 빼앗아 가게 된다. 그렇게 되면 그 나무는 혹독한 겨울을 견뎌 낼 수 없다. 또한 씨앗을 퍼뜨리기 위해서는 과일도 나무에서 떨어지거나 동물의 먹이가 되어야만 제 역할을 하게 된다. 계절의 순환 속에서 나뭇잎과 과일이 계속해서 나무줄기에 매달려 있다면, 나무가 생명을 유지하고 새로운 생명을 탄생시키는 것을 방해하는 것이다. 이는 자연의 섭리에 어긋나는 일이다. 그래서 자연의 섭리에 따라 나무는 자신의 가지에 있어서는 안 될 나뭇잎들과 과일 등을 떨어뜨려 자연의 이치(理致)를 지키게 된다. 이와 같이 이치에 따르는 가을과 같은 마음은 의(義)가 된다.

여름은 햇빛이 강렬하고 기나긴 장마가 있는 계절이다. 이 시기에는 비와 햇살이 번갈아 땅에 내린다. 여름이 되면 새싹에서 자라난 식물들은 큰 나무, 작은 나무, 풀 등으로 자라난다. 또한 높은 산에서 자라는 것들도 있고, 낮은 강가에 자라는 것들도 있다. 이러한 식물들에게 내리쬐는 햇빛은 그 양과 순서가 제각각 다르고, 물이 공급되는 양과 순서도 제각기 다르다. 가까운 곳에 있는 것은 멀리 있는 것보다 순서가 빠르고 양도 많이 받으며, 멀리 있는 것은 가까이 있는 것보다 순서가 늦고 양도 덜 받게 된다. 또한 햇빛이 많이 필요한 나무는 높이 자라고, 햇빛이 부담스러운 이끼 같은 것들은 큰 나무의 그늘 밑에서 자라면서 수분을 유지하고 큰 나무에게 도움을 준다. 이와 같이 위치와 필요에 따라 순서와 양이 정해지고, 서로 필요한 환경 등을 제공하면서 상생 관계를 유지하도록 하는 여름은 예(禮)의 마음과 같다.

혹독한 겨울을 견뎌 내기 위해서 식물들은 적당한 시기가 되면 스스로 보호하려는 움직임을 보인다. 살기 위해서 스스로 반응을 하는 것이다. 낙엽을 떨어뜨려 담요처럼 땅 위를 덮어 자신의 뿌리와 씨앗이 얼지 않도록 한다. 그리고 뿌리 쪽으로 영양을 집중적으로 공급해 겨울을 견뎌 내고 봄을 기다린다. 이는 본능이든 부모세대에서 물려받았든 간에 나무가 계절의 변화를 알고 있다는 것이다. 한편 다음 세대인 씨앗의 DNA에 자신이 경험한 일들을 저장해 자식 세대의 생명들이 더욱 번성할 수 있도록 진화의 준비를 한다. 이와 같이 자신의 생명과 다음 세대의 생명을 유지해 나가기 위해 알고 있는 것과 그것을 필요한 시기에 사용하는 지혜를 갖는 겨울의 마음이 지(知(智))가 되는 것이다.

인간의 네 가지 덕 - 인, 의, 예, 지

이와 같은 특성의 인의예지를 인간관계에 대입해 보면 다음과
같다. 인(仁)이란 부모의 자식을 향한 사랑과 같은 무조건적인 사
랑이다. 열 손가락 깨물어서 아프지 않은 손가락이 없는 것처럼
인간관계 속에서 인은 초월적인 사랑이다. 인은 사사로운 감정과
같은 욕심을 없애고 공적인 마음으로 모든 사람에게 베풀 수 있
는 마음으로서 그 한계가 없을 정도의 무한한 사랑을 의미한다.
인은 대자연과 일체가 되는 진정한 사랑으로 욕심의 얽매임에서
벗어난 자연스러운 성품이다.

의(義)는 올바른 것을 요구하고, 그 올바른 것을 이 세상에 실
현하기 위한 마음이다. 올바른 것을 판단하는 기준은 인(仁)이다.
사사로운 감정 없이 모든 것을 초월하고 무조건적인 사랑이 온
세상에 베풀어지게 하는 것이 의(義)다. 의는 정당함, 마땅함, 도
리 등으로 표현되기도 한다.

예(禮)는 의(義)를 기준으로 삼아서 실천하는 것을 말한다. 과
거의 잘못된 관념으로 인해 우리는 흔히 예란 어떠한 형식적인
절차나 남에게 보여 주기 위한 과정이라고 생각한다. 그러나 예
의 진정한 의미는 바로 행동하는 적극적인 성품을 말한다. 물속
에 빠진 아이를 무조건 구하려는 자연스러운 마음은 인(仁)이고,
그렇게 하는 것이 당연하고 정당하다는 것이 의(義)고, 이것저것
생각할 것 없이 당장 달려가서 구하려는 행동이 예(禮)다.

지(知(智))는 두 가지로 볼 수 있다. 어떠한 것을 알고 있다는 의미의 지(知)와 그것을 알맞은 때와 장소에서 실천할 수 있는 지혜의 지(智)다. (이후부터 지(知(智))는 지(知)로 사용한다.) 이러한 지는 사단의 시작과 끝이 되는 위치에 있다. 원래 순수한 인간의 성품 속에 천명에 의해 만들어진 인의예(仁義禮)가 있기 때문에 마음속에 잠재해 있는 지가 있게 된다. 그러나 사람은 그 순수한 성품을 완전하게 보전하기가 힘들다. 그것은 인간의 욕심에서 비롯된 감정들이 끼어들기 때문이다. 사람의 순수한 성품에 의한 마음속의 지가 작은 실마리가 되어서 인의예를 실천하면 깨달음이 있게 된다. 그 깨닫게 된 결과의 지는 최초에 실마리가 된 지보다 성(性)에 가까운 것이다. 이것을 반복해서 실천하면 인의예지(仁義禮知)가 점점 원래의 성(性)으로 근접하게 된다. 이것이 성의 순환 과정이며, 지가 사단의 시작과 끝이 되는 이유다.

생명의 순환 과정 속에서 죽음은 생명의 시작이 되고 끝이 되는 위치에 있다. 자연의 주기에서 하루의 순환을 보면 자정은 하루의 시작과 끝이 되고, 사계절의 순환을 보면 겨울은 일 년의 시작과 끝이 된다. 이러한 자연의 순환 주기처럼 성(性)도 역시 지(知)를 처음과 끝으로 하여 순환의 주기를 갖고 있다. 이러한 모습은 천의 사덕에서 영향을 받은 것임을 알 수 있다. 그래서 인의예지를 천의 사덕인 원형이정과 비교해 사람의 사덕이라고 하며, 그냥 사덕이라고도 한다.

"솔성을 도라고 이른다"라는 의미는 다음과 같다. 천도는 우주 만물을 생성하고 유지하는 변하지 않는 규칙이며 원리다. 그 원리에 의해 사람의 생명뿐만 아니라 성(性)까지 만들어졌다. 이처럼 천도는 자연과 만물을 살아 숨 쉬게 하고, 우주의 질서를 만들었다. 그러므로 사람들이 천도를 본받아서 그대로 따르면, 인간 세상에 질서가 유지될 수 있다.

천도란 천의 사덕인 원형이정의 운행이다. 그래서 인간 마음 속에 내재되어 있는 성(性)이며, 사덕인 인의예지를 따라 행동해야 하는 것이 인도(人道)다. 따라서 성(性)을 따르는 솔성(率性)은 도(道)가 되는 것이다.

유학(儒學) 중에서 인간의 본성을 주제로 우주와 인간의 관계를 철학적으로 규명한 학문이 성리학(性理學)이다. 이 성리학을 국가이념으로 삼았던 조선은 한양에 도읍을 정하면서 한양성의 각 방위의 문을 인의예지로 이름 지었다. 동대문은 흥인지문(興仁之門), 남대문은 숭례문(崇禮門), 서대문은 돈의문(敦義門)이라고 했다. 북대문은 북악산 중앙에 위치해 사람들이 드나들지 않았기 때문에 숙정문(肅靖門)으로 하고, 지금 상명대학교 앞에 사람들이 자주 드나들던 길에 문을 세워 홍지문(弘智門)이라고 했다. 이것은 사시(四時)와 방위(方位)에 맞춘 것이다. 여기에는 성리학이 국가이념이었던 조선이 백성에게 도(道)의 실천을 통한 본성의 회복을 권장하고 국가의 질서를 유지하려는 의미가 담겨 있다.

천도가 우주의 규칙과 질서를 만들었기 때문에 자연의 움직임은 천도를 닮아 있다. 우리는 자연 현상을 관찰하면 천도를 어느 정도 이해할 수 있게 된다. 자연 현상 중에서 관찰하기가 쉽고, 그 결과를 명확하게 알 수 있는 것이 바로 사시다. 하루의 변화, 일 년의 변화는 천도를 가장 쉽게 관찰할 수 있는 현상으로 천도를 가장 간단하게 파악할 수 있는 방법이다. 봄은 여름으로 넘어가고 여름은 가을로 넘어가며 가을은 겨울로 넘어간다. 그리고 겨울은 다시 봄으로 넘어가면서 이러한 순환은 정해진 길을 따라 끊임없이 유지된다. 이와 같은 길이 천(天)에 존재하는데, 사덕의 원(元)·형(亨)·이(利)·정(貞)을 따라 닦여 있는 길이다. 이것이 바로 천도다.

사람에게도 이러한 것이 있는데 사덕의 인(仁)·의(義)·예(禮)·지(知)를 따라 닦여 있는 길이 도(道)다. 쉽게 말하면 이렇다. 동남서북 방향으로 순환하는 버스가 있다고 하자. 각 방향에 인의예지란 정류장이 있고, 그 정류장을 따라 도로가 있다. 이 도로가 바로 인도(人道)인 도(道)다. 인의예지의 정류장에 정차하기 위해 건설되어 있는 길이 바로 도인 것이다.

욕심이라는 것은 이익을 좇기 때문에 항상 사람의 마음을 유혹한다. 유혹을 받은 마음은 이기심을 만들고, 인간관계에서 그러한 이기심이 활발하게 될 때 범죄를 일으킨다. 그래서 고대부터 사람들은 법률이나 형벌을 정해 강제적으로 사람들의 이기심을 단속했다. 그러나 법률이나 형벌로 다스리면 질서가 잡힐 듯하지만, 강제로 속박하는 것은 한계가 있고, 또 속박에 저항하는 반발이 일어나게 된다. 한편 이 세상의 일들이 너무 복잡하고 나름대로 이유가 있기 때문에 법률과 형벌을 모든 인간관계에 적용하기는 불가능하다. 따라서 항상 법률에만 의지해서 질서가 유지되기는 어렵다. 법률이나 형벌은 범죄가 일어났을 경우를 대비해 타율적인 긴장을 갖게 함으로써 질서를 유지하는 도구라 할 수 있다. 그러나 도(道)는 범죄가 일어나지 않도록 사전에 사람들이 자발적으로 질서를 유지하게 하는 작용을 한다. 따라서 인간은 도가 유지될 수 있도록 끊임없이 노력해야 한다. 그러한 노력이 바로 교(敎)다. 이것이 바로 "수도를 교라고 한다"는 문장의 의미다.

수(修)는 닦다, 익히다, 연구하다, 고치다, 손질하다, (도덕, 품행을)기르다 등의 의미이고, 교(敎)는 가르치다, 본받다, 가르침 등의 의미다. 즉, '수도는 도를 익히고 실천하는 것은 하늘의 가르침을 본받는 것이며, 그 가르침을 현재의 타인과 후대의 자손들에게 교육시키는 것이다'라는 의미다. 교육을 하기 위해서는 강의를 하고 책을 편찬하는 방법도 있지만, 무엇보다 중요한 점은 원리를 알려 주고 본받아 행동하게 하는 것이다.

따라서 수도(修道)란 천도를 본받는 행위로서 인의예지를 익히고 실천하는 것이며, 그것을 교육을 통해 후대에 전달하는 일이다. 성(性)·도(道)·교(敎)도 역시 자연의 원리에 따라 순환하며 지속된다. 그 원리에 맞춰 성(性)에 따라 도(道)를 익히고 그 도를 다른 사람들과 후대에 전하면, 다른 사람들과 후손들은 다시 성에 따라 도를 익히고 다시 그 도를 다른 사람들과 다음 세대에 전하게 된다.

천(天)은 원형이정이 순환하는 천도에 따라 우주의 질서를 유지하고 생명이 태어나고 보전할 수 있게 해 주었다. 따라서 인의예지와 성도교(性道敎)는 인간관계 속에서 생명 보전을 위해 상생의 질서를 이루기 위한 체계적인 개념들이다.

인의예지와 성도교는 갓난아기의 순수한 성품에서 시작된다. 천(天)이 내려준 순수한 성(性)을 보유하고 있던 그 순간으로 돌아가기 위해서는 자연의 원리를 이해하고, 이해하는 것에 그치지 말고 실천해야 한다. 《중용》을 공부하는 목적은 천의 원리를 일상에서 일어나는 일들과 접목해 쉽게 이해하고, 그것을 다시 우리의 일상생활에 적용하기 위함이다.

교(敎)는 가르침과 배움이라는 두 가지의 의미를 동시에 지니고 있다. 일반적으로 교육이라고 하는데, 교육도 음양과 같이 상대적인 것을 모두 포함해야 완성된다. 학(學) 또한 이론적으로 알아가는 공부와 몸으로 익숙해지는 공부가 함께해야 완성된다. 배고프면 어떤 방법으로 음식을 구하고 그것을 먹어서 영양을 섭취해야 살 수 있다는 이론만 안다고 생명을 유지할 수는 없다. 자신이 아는 방법으로 음식을 구해 그것을 실제로 먹어야만 영양이 섭취되어 생명을 유지할 수 있는 것과 같다.

따라서 학문은 지식과 실천이 동시에 이루어져야 한다. 실천을 반복하고 완전하게 자신의 것으로 만들어 나가는 과정을 학습이라고 한다. 이러한 학습까지 나아가야 진정한 교(敎)라고 할 수 있다.

2
아는 것을
실천으로
옮기는 것이 도다

아는 것보다 실천이 중요하다

앞에서 나온 내용에서 알 수 있듯이, 천도에 의해서 하늘의 사시
가 만들어지고, 하늘의 사시에 의해서 세상의 만물이 생성되었
다. 사람이 접하는 모든 것 중에서 천도에 의해 만들어지지 않은
것은 존재하지 않는다. 따라서 모든 사물에 천도에 따른 특성이
깃들어 있기 때문에 그것들을 대하거나 접할 때 도(道)에 맞추어
행동해야 한다.

도(道)라는 것은 잠시라도 떠날 수 없는 것이니, 떠날 수 있다면
도가 아니다. 그렇기 때문에 군자는 보이지 않는 바에 계신(戒
愼)하고, 듣지 않는 바에 공구(恐懼)하는 것이다.

道也者 不可須臾離也 可離 非道也 是故 君子 戒愼乎其所不睹 恐懼乎其
도야자 불가수유리야 가리 비도야 시고 군자 계신호기소부도 공구호기

"도라는 것은 잠시라도 떠날 수 없다"는 말에는 '항상 자신의 몸을 닦는다'는 수신의 의미와 '항상 주변에 존재하기 때문에 항상 실천해야 한다'는 의미가 함께 들어 있다. 수신의 문제는 다음에 상세하게 설명하고 먼저 주변과 관련된 것에 대해 이야기하겠다.

천도에 의해 모든 사물이 생성되었다. 그래서 인간도 생명과 성(性)이라는 순수한 성품까지 천도에 의해서 부여받았다. 또한 우리가 대하는 살아 있는 동식물의 생명과 그 특성도 천도에 의해 만들어졌으며, 우리가 접하는 일이나 사건, 혹은 자연환경 등도 모두 천도에 의해서 만들어지고 특성이 만들어진 것이다.

그러므로 우리 주변에 있는 모든 것에는 천도의 흔적이 남아 있고, 인간이 그 대상들과 조화를 이루어 나가기 위해서는 우리가 갖고 있는 천도의 흔적인 인의예지의 성(性)을 따라야 한다. 그래서 "떠날 수 있다면 도가 아니다"라고 한 것이다.

"군자는 보이지 않는 바에 계신하고, 듣지 않는 바에 공구하는 것이다"의 의미는 잠시라도 자신의 몸에서 도가 떠나는 것을 경계해 삼가고, 떠날까 걱정하는 것이다. 그러므로 우리가 접하는 모든 환경이나 대상들이 도를 실천할 수 있는 대상임을 명심해야 한다.

어떤 일을 할 때나 인간관계에서 사람을 대할 때에는 항상 인의예지를 생각하고 실천해야 한다. 《논어》〈공야장 제13장〉에 따르면, 자로(子路)[1]는 "좋은 말을 듣고 아직 그것을 실행하지 못했으면 행여나 다른 말을 들을까 두려워했다"고 한다. 공자는 자로의 이러한 면을 칭찬했다. 처음에는 그 원리에 맞춰 실천하는 것이 무엇인지 알기 쉽지 않을 수도 있고, 혹은 잘못 이해하고 행동할 수 있지만, 이것을 계속 실천하다 보면 어느덧 익숙해져 점점 원리에 근접하게 실천할 수 있다. 앞에서 인의예지 중에서 지(知)는 사덕의 시작과 끝이라고 말했다. 먼저 원리를 제대로 이해하고, 그 원리에 가장 근접하게 행동하는 것이 바로 지행합일(知行合一)이다.

《논어》〈자한 제3장〉에서 공자는 다음과 같이 말했다. "귀한 삼베로 면류관을 만드는 것이 본래 예(禮)에 맞지만, 나라가 어지럽고 생활이 궁핍한 지금은 대다수의 사람이 값싼 실로 만들어서 검소하다. 나는 대다수 사람이 이렇게 하는 것을 따르겠다. 한편 어른이 대청마루 위에 있으며, 인사드리는 사람은 대청마루 아래에서 절을 하는 것이 본래 예절이다. 그러나 지금은 인사드리는 사람의 대다수가 대청마루 위에서 절을 하고 있으니, 이것은 교만한 일이다. 비록 내가 대다수 사람과 다르다고 할지라도 나는 대청마루 아래에서 절을 하겠다."

1 공자의 제자다. 성은 중(仲), 이름은 유(由), 자는 자로(子路)다. 공자보다 9세 연하이며, 성격이 용맹하고 강직했으며, 효성이 지극했다고 전한다. 공자는 그의 과감하고 강직한 성격을 칭찬했으나, 성급하고 경솔한 태도에 대해서는 꾸짖었다. 자로는 공자의 가르침을 받으면 반드시 지키고자 노력했다.

이것이 도를 제대로 알고 실천하는 것이다. 예(禮)란 최선을 다해서 실행하는 것이다. 귀한 삼베로 면류관을 만든다는 것은 그 값어치만을 중요하게 생각하는 일이다. 겉으로 보이는 것을 중시한다면 이는 도를 제대로 이해하지 못한 것이다. 그러나 값싼 실로 만든다는 것은 자신의 처지에서 최선을 다하는 실천이다. 또한 대청마루 아래에서 인사를 하는 것은 마음의 공손한 표현이기 때문에 지나치지 않다면 바로 실천하는 것이 당연하다. 바로 이러한 행동이 지행합일의 본보기라 할 수 있다.

우리는 흔히 유학은 형식과 겉치레에 중점을 두었으며, 과거에 집착하는 고리타분한 전통 중의 하나라고 생각한다. 그러나 유학의 창시자인 공자의 가르침을 살펴보면 우리의 이러한 생각은 잘못된 편견임을 알 수 있다. 공자의 가르침을 정치에 활용했던 일부 유학자들이 공자의 본뜻과는 전혀 다르게 법과 절차만을 중점적으로 다루었기 때문이다. 유가(儒家)에서 말하는 도는 자신이 알고 있는 지식의 참뜻을 명확하게 알고 그 참뜻에 가장 접근해 실천하는 것을 말한다.

지행합일의 도는 학문적으로는 인문과학을 넘어서 사회과학과 자연과학까지 그 원리를 적용할 수 있다. 실천하지 않는 학문은 이론만 존재하기 때문에 죽은 학문이다. 그 학문이 생명력을 발휘하기 위해서는 실행되어야 한다. 도의 목적은 모든 사물의 생명력을 보전하는 데 있기 때문이다. 일상생활뿐만 아니라 학문의 전 분야에 이 원리가 적용됨으로써 도는 잠시라도 떠나지 않게 된다. 간단히 예를 들어 보면 다음과 같다.

기계 조립 매뉴얼이 있다고 당장 조립을 할 수 있는 것은 아니다. 어린이 완구에 조립 설명서가 있다고 짧은 시간 내에 조립할 수는 없다. 매뉴얼이나 설명서를 보고 조립을 해 본 다음에 쉽게 조립할 수 있다는 경험은 남자라면 한 번 쯤은 경험해 보았을 것이다. 최근 자연재해가 아닌 인재(人災)가 자주 발생해 소중한 생명들이 안타깝게 꺼져 가는 것을 보면서 국민의 슬픔과 상심은 말할 수 없을 정도로 크다. 이러한 인재는 비상대책의 경험이 없는 행정 인사가 중심이 되어 만들고, 현장에서 구조를 담당해야 할 사람들이 평소에 대응 훈련을 하지 않아 결국 큰 참사로 이어진 것이다.

피아노 연주자가 악보를 읽는 방법을 배우고, 피아노 건반의 순서를 배운다고 피아노를 칠 수 있는 것은 아니다. 이론적으로 배운 것을 자신이 몸소 실행하고 연습함으로써 진정한 피아노 연주자가 될 수 있는 것이다.

또한 인성 교육도 지행합일을 통해 중점적으로 육성할 필요가 있다. 인성 교육이 이루어지지 않는다면 지식이 아무리 풍부해도 그것은 결국 개인의 발전에 걸림돌이 되고 만다. 일제 강점기 이후부터 지금까지 한국의 수재들은 일류대학교의 법대, 경영대, 의대, 공대 등의 인기학과에 진학하고, 그중에서 소수의 인력은 행정고시, 사법고시, 의사고시 등의 어려운 시험들을 통과해 고위 공무원, 법조계 인사, 저명한 인사 등으로 성공의 길을 달리고 있다. 이러한 인재들 가운데 국회의원이나 고위 관료 등으로 배출되는 비율이 매우 크다. 그러나 이들 중 일부의 사람들은 비리와 불법, 유착 관계 등에 연루되어서 하루아침에 명예를 잃어버린다. 수재들이 국가의 진정한 인재로서 그 능력의 생명력이 유지되기 위해서는 인성 교육의 지행합일이 반드시 이루어져야 한다.

인성 교육은 지행합일을 바탕으로 어린 시절부터 습관화되어야 한다. 죄를 짓고 벌을 받는 사람들이 이론적으로 도덕과 윤리를 알지 못하기 때문일까? 그렇지 않다. 평소에 실천하지 않던 습성이 그러한 결과를 만든 것이다. 인성 교육의 실천은 가정에서부터 시작된다. 가장 가까운 가족에 대한 예의를 지킬 수 있는 사람은 사회생활을 할 때에 지나친 욕심을 부리지 않게 되기 때문이다.

우리 대부분은 사회의 상위직급 사람들에게 잘 보이려고 부단히 노력하며 살아간다. 그러나 많은 사람이 가족에게는 다정한 말 한마디 건네지 않고, 나쁜 감정을 거침없이 드러낸다. 그런 사람들의 마음속에는 가족이기 때문에 이해해 줄 것이며, 또 이해해 줘야만 가족이라는 생각이 자리잡고 있다. 그것은 예(禮)의 참뜻을 모르고 그냥 예의를 표현하는 방법만 어릴 때부터 이론으로 배워 왔기 때문이다.

어릴 때부터 가정에서 인성 교육을 실천해 나간다면, 대다수의 사람은 대인관계에서 예의를 지킬 수 있는 사람으로 자라날

것이다. 이러한 사람들 중에서 뛰어난 인재가 공직에 있어야 공
직사회가 제대로 자리를 잡을 수 있다.《논어》〈안연 제2장〉에서
공자는 다음과 같이 말했다. "집 밖으로 나가서 사람들과 마주할
때 귀한 손님을 대하듯이 하고, 아랫사람들에게 일을 시킬 때에
는 중요한 제사를 지내듯이 하고, 자신이 하고 싶지 않은 일을 남
에게 시키지 말아야 한다. 이렇게 하면 공직에 있어도 원망을 듣
지 않고, 사사로운 일에도 원망하는 말을 듣지 않을 것이다." 사
회 지도층에 있던 공자의 이러한 말은 당시에 제후와 관료들에
게 바른 인성을 지닐 것을 요구한 것이다.

배움이란 단지 글을 배우고 지식만 채우는 일이 아니다. 지금
우리나라에서 벌어지고 있는 교육의 문제점 중 하나가 현장을
활용한 교육이 아니라 이론의 암기식 교육이다. 그 이유는 공부
를 대학에 진학하기 위한 수단으로 생각하기 때문이다. 그렇기
때문에 대다수 청소년이 충분한 휴식을 취하지 못하고, 성장기
에 필요한 운동이 부족하며, 사고의 폭을 넓힐 수 없는 환경 속에
서 자라나고 있다. 현재의 교육 방법은 가까운 문제점만을 해결
하기 위해 좀 더 먼 미래를 전혀 고려하지 않은 것이다. 물론 현
재의 교육 방식과 유사한 방법으로 대한민국이라는 국호가 만들
어진 이후부터 지금까지 단기간에 수많은 인재가 배출되었고, 그
러한 인재들에 의해서 현재의 경제력을 지닌 대한민국이 이루어
졌다는 것은 부정할 수 없는 사실이다. 그러나 이제는 주변의 환
경과 우리가 나아가야 할 목표가 달라졌다. 이러한 변화에 적응

해 우리의 교육도 미래를 고려한 교육 방법으로 바뀔 필요가 절실하다.

청소년 시절에 실제적이며 풍부한 경험을 접하지 못한 우리나라의 인재들은 성인이 되어서 그 능력을 제대로 발휘하지 못한다. 어떤 사건이 발생할 경우 그 해결책을 주도적으로 이끌어 내지 못하고, 타인이 만든 관련 제도 등에 매달려 있는 경우가 많다. 이것은 어릴 때부터 다양한 환경을 접하지 못하고 오직 이론과 암기 위주의 교육을 받았기 때문이다. 한마디로 말해서 우리의 현재 교육 시스템은 도(道)에 맞지 않는다.

도에 따른 교육을 실시하게 되면 우리의 뛰어난 인재들의 역량이 지금보다 훨씬 커질 것이다. 한마디로 큰 그릇이 될 수 있는 가능성이 더 높아질 수 있다. 《논어》〈위정 제12장〉에서 공자는 "군자는 용도에만 쓰이는 그릇처럼 제한을 받지 않고 사는 사람이다"라고 했다. 용도에만 쓰이는 그릇이란 밥그릇은 밥만을 담고, 커피 잔에는 커피만 담는 것을 말한다. 이 말은 전문가가 되지 말라는 의미가 아니라, 자신이 맡은 전문 분야에서 어떠한 일을 해결할 때에 다양한 방법을 이해하고, 어느 것이 합리적인지를 판단할 수 있는 능력을 갖추라는 의미다.

사회 구조가 복잡하지 않았던 춘추 시대에도 이러한 생각을 했는데, 하물며 사회 구조가 복잡한 지금의 시대에는 이러한 생각이 더욱더 필요한 때라고 할 수 있다. 전자공학은 기계공학과 결합해야 훌륭한 자동차, 비행기, 배 등을 만들 수 있고, 이러한 산업은 재료학과 경영학 등 다양한 분야의 전문가가 유기적으로 결합해야 대외적인 경쟁력을 확보할 수 있다. 그러한 유기적인 결합은 내부적으로 상대 전문가들과의 협조와 대외적인 협상 능력, 그리고 미래를 위한 정책 결정에 가장 합리적인 결과를 이루어 낼 수 있다.

도라는 것은 당장에는 손해를 보는 것처럼 보일 수 있지만, 그 결과는 달콤한 성과로 보답한다. 특히 인성에 관련된 도는 생각보다 어려운 일이 아니다. 우리가 교과서에서 배운 것들을 일상생활에서 그대로 실천하면 되는 것이다. 그럼에도 불구하고 대다수의 사람이 실천에 인색하다. 《논어》〈이인 제6장〉에서 공자는 "하루라도 인자한 마음에 자신의 힘을 모두 사용한 사람이 있을까? 나는 그렇게 행동한 다음에 자신의 힘이 없어져서 힘이 부족하게 된 사람은 보지 못했다"라고 했다. 예를 들어 부모님께 좋은 표정을 짓고 "사랑한다"는 한마디 말을 하면서 힘들어서 지쳐 버리는 사람은 없을 것이다. '내 이익이 발생할 때만 행동하면 된다'는 생각이 우리의 사회에 전반적으로 퍼져 있어 지금과 같은 사건 사고들이 끊임없이 발생하고 있는 것이다.

행동에 앞서 생각하고 말하라

도를 실천하는 것은 남자가 여자를 좋아하듯이, 여자가 남자를 좋아하듯이 기쁜 마음으로 실천해 나가는 것이다. 기쁜 마음으로 행하는 것은 남에게 보여 주려는 것이 아니라 혼자 있을 때에도 실천하는 정직한 마음이 있을 때 가능하다.

> 숨겨진 것보다 드러나는 것은 없으며, 미미한 것보다 나타나는 것은 없으니, 그렇기 때문에 군자는 그 홀로 있음을 삼가는 것이다.
>
> 莫見乎隱 莫顯乎微 故 君子 愼其獨也
> 막 현 호 은 막 현 호 미 고 군 자 신 기 독 야
>
> [제1장 3절]

잘못은 아무리 감추려고 해도 언젠가 드러나게 되어 있다. 그러므로 올바른 사람은 하늘로부터 부여받은 성(性)을 지닌 인간으로서 자존심이 상처받지 않도록 혼자 있을 때 능동적으로 삼가는 신독(愼獨)을 한다는 것이다.

따라서 도가 잠시라도 자신의 몸에서 떠나지 않도록 스스로 정직해야 한다. 정직함은 자존심의 표현이며 인간이 살아 있는 가치이기도 하다. 《논어》〈옹야 제17장〉에서 공자는 이렇게 말했다. "사람이 살아 있다고 하는 것은 정직함이 있는 것이다. 정직하지 않고 살아 있는 것은 죽음을 요행히 면한 것일 뿐이다." 이 말은 정직하게 살아가는 것이 가치가 있는 삶이라는 의미다. 이는 정신적 가치만을 중요하게 생각하는 것이 아니다. 정신적 가치만을 추구하고 물질적 가치를 경멸하게 된다면 경제와 과학의

발전은 있을 수 없다. 다만 사람들의 욕심이 과도하게 작용해 정신적 가치가 무시되기 때문에 정신적 가치를 되돌아보기를 권하는 의미다.

정직이란 남에게 정직한 것이 아니라 스스로 정직한 것을 말한다. 계신공구(戒愼恐懼)와 신독(愼獨)이 밖으로 가장 잘 드러나는 것이 말과 행동이 일치하는 언행일치다. 도를 실천하고 홀로 있을 때 삼가고, 자신의 의지를 초지일관 강력하게 나타내는 모습은 언행일치에서 찾아볼 수 있다. 언행이 일치하는 사람은 다른 사람 앞에서 당당하다. 당당한 사람은 쓸데없는 걱정은 하지 않는다. 성실하고 정직한 마음을 행동으로 옮기기에 부끄러울 것이 없기 때문이다. 언행일치는 공자가 말한 여러 가지 예를 들어 설명하면 쉽게 이해할 수 있을 것이다.

어떤 사람이 군자에 대해서 묻자, 공자는 "군자는 근심하지 않고 두려워하지 않는다"라고 했다. 그러자 그 사람이 "근심하지 않고 두려워하지 않으면 군자라고 말할 수 있습니까?"라고 다시 물어보자 공자는 "자기 마음속을 살펴보아 하자가 없으니, 근심하고 두려워하지 않는 것이다"라고 했다. 보통 사람들은 행동보다 말을 쉽게 한다. 말은 생각나는 대로 할 수 있지만, 실천은 몸을 움직이는 수고를 해야만 하기 때문이다. 그래서 《논어》에서는 말보다 실행을 우선적으로 하라고 가르치고 있다. 《논어》 〈위정 제13장〉에서 공자는 이렇게 말했다. "말보다 먼저 실행하고, 그 뒤에 말이 행동을 따른다." 실천이 없는 말은 아무런 의미가 없으며, 그 말은 오히려 미래에 자신에게 피해를 입힌다.

또 공자는 "옛날에 말을 함부로 입 밖으로 나타내지 않는 것은 몸으로 실천하지 못하게 될 것을 부끄러워했기 때문이다"라고 했다. 공자가 매사에 이렇게 조심했던 이유는 자신의 행동이 작은 일에서 지켜 나가지 못하면 나중에 큰일까지 말에서 벗어나게 되는 것을 우려했기 때문이다. 대통령 선거나 국회의원 선거 때 후보들의 공약을 보면 우리나라가 서민이 살기 좋은 곳이 될 것처럼 느껴진다. 그러나 현실은 그렇지 못하다. 이러한 현실이 되풀이되는 이유는 위정자와 국민 모두가 일상생활에서 언행일치가 되지 않는 것을 쉽게 생각하면서 지내왔기 때문이다.

《논어》〈안연 제3장〉에 따르면, 어떤 사람이 인자한 것에 대해 묻자, 공자는 "인자한 사람은 그 말을 조심해서 해야 한다"라고 대답했다. 그러자 그 사람이 "말을 조심하면 인자함을 이루겠습니까?"라고 묻자, 공자는 "실천을 행하는 것이 어려운 것이기 때문에 말을 조심하는 것이다"라고 말했다.

말이란 거짓을 가장할 수 있기 때문에 본질을 흐려 놓을 수 있다. 또한 거짓이 탄로가 나면 반성하고 개선하는 행동을 보이지 않고, 그것을 합리화하려고 하는 변명도 말을 통해서 한다. 그래서 공자는 "말은 뜻만 통하게 할 뿐이다"라고 했다. 즉흥적으로 내뱉은 말은 실천이 따르지 않기 때문에 머지않아 그 말이 진실성이 없다는 사실이 드러나게 마련이다. 그래서 공자는 "말하는 것을 부끄러워하지 않으면 실천하기 어렵다"라고 일렀다. 말하는 것을 부끄럽게 생각한다고 하면 현대 사회에서 커다란 약점이 된다고 생각할 수 있다. 그러나 여기서 '말하는 것을 부끄럽게 생각한다'는 것은 자신감이 없이 대중 앞에서 수줍고 부끄러워 머뭇거린다는 의미가 아니라, 자신이 실천할 수 없는 말을 하는 것을 부끄럽게 생각한다는 뜻이다. 자기가 한 말에 책임을 지고 실천할 수 있는 사람이 말까지 잘한다면 금상첨화일 것이다. 말로 아름답게 묘사하고 청중을 감동시키는 언어 구사의 재능은 좋은 능력이라고 할 수 있다. 그러나 실천이 함께하지 않는다면 가치가 없는 말장난에 불과할 뿐이다.

지행합일이나 언행일치를 제대로 할 수 없는 것은 천(天)이 우리에게 내려준 성(性)을 제대로 지키지 못하고 도(道)를 행하지 못하며, 제대로 된 교(敎)를 이루지 못하기 때문이다. 앞에서 말한 것처럼 성을 지키는 것이나, 도를 실천하는 것이나, 도를 닦아 교를 하는 것은 모두 천도를 거울삼아 실천하는 도다. 이러한 도의 실천에 가장 핵심이 되는 것이 중용(中庸)이다.

3

모자라지도 넘치지도 않게 하라

중용은 질서를 유지하는 중심축이다

천도에 의한 우주의 질서는 중(中)에 의해 균형이 이루어진다. 인간세상의 질서를 유지하기 위해서는 사람이 천도와 같은 중을 유지해야만 한다. 그것이 바로 중용(中庸)이다. 중이란 개념을 알기 위해서는 앞에서 말한 천도의 전반적인 내용과 연관해 이해해야 한다. 천도의 원형이정 가운데는 주재자 천(天)이 중심을 잡고 있다. 이와 마찬가지로 일 년의 사계절의 중심에는 태양이 중심을 잡고 있으며, 달의 사시(四時)는 지구라는 중심이 존재한다. 하루 사시의 중심은 지구의 자전축이 중심을 잡고 있다.

중이라는 것은 천도에 의해 모든 사물에 적용되었기 때문에, 근원의 중과 그 근원의 중을 중심으로 움직이는 다양한 작은 중, 그리고 작은 중을 중심으로 한 더 작은 중이 수없이 존재하고 있다. 우주를 보면 천체에는 다양한 중이 존재한다. 나선형의 은하계에도 은하계의 중이 있고, 태양계의 중은 태양이다. 그리고 지구와 달에도 중이 존재한다. 이와 같이 근원의 중을 중심으로 크기와 힘의 세기가 각각 다른 다양한 중이 산재해 있다. 하나의 중이 그 중을 잃게 되면, 그 중의 주변에 있는 모든 환경과 사물은 혼란에 빠진다.

천체에만 중이 있는 것은 아니다. 우리가 방송과 통신 등의 목적으로 사용하는 인공위성의 경우 원심력과 구심력이 평형을 이루어야만 그 궤도를 돌 수 있다. 그 궤도의 균형을 이루는 중이 사라져 구심력이 강하게 되면 지구로 추락하게 되고, 원심력이 강하면 우주 밖으로 이탈할 수밖에 없다. 비행기의 경우도 지구의 중력과 비행기를 띄우는 양력이 균형을 이루는 중을 이루어야만 하늘을 날 수 있으며, 선박도 지구의 중력과 배를 띄우는 부력이 균형을 이루는 중이 있어야 배로서의 역할을 할 수 있게 된다. 한편 강이나 바다를 건너기 위한 다리는 수많은 교각이나 줄에 의해서 그 무게의 중을 유지하고 있다.

인간관계나 국가 간의 관계에서도 중이 유지되어야만 평화가 찾아온다. 한 국가의 힘이 필요 이상으로 강해지고 도덕성이 상실되면 군사력을 이용해 주변의 나라를 침략한다. 한 나라의 경제력이 지나치게 강해지면 약한 나라의 경제를 좌우하면서 나라 전체를 혼란에 빠뜨리고 경제적으로 종속한다. 이러한 현상이 극에 달한 것이 제1·2차 세계 대전이라 할 수 있다. 인간관계에서

도 서로의 의견이 중을 이루지 못하면 극한 대립을 이루어 투쟁과 폭력으로 변하게 된다.

식량을 증산할 목적으로 유전자를 조작해 곡물이 생산되고 있다. 이러한 곡물을 섭취하게 되면 향후에 인간의 유전자 구조에 어떤 영향을 미칠지 모른다. 혹시라도 우리 후손에게 나쁜 영향을 미치게 된다면 이것 역시 과학 발전이 중을 잃고 지나치게 전개된 나쁜 사례다.

이와 같이 자연 현상과 인간세상에서 중은 모든 사물의 질서가 유지되게 하는 정도(正道)다. 중은 한쪽으로 편벽되거나 치우치지 않고 넘치거나 모자람도 없는 상태를 말한다. 한편 용(庸)이란 변하지 않는 것을 뜻한다. 중을 잡아 변하지 않게 일상에서 유지하는 것이 용이다. 따라서 중용이란 '원래 인간에게 천도의 섭리에 따른 중이 있는데, 그 중이 제자리를 잡도록 일상 생활에서 항상 성실하게 중화(中和)를 유지하고자 실천하는 것'을 말한다.

《논어》〈선진 제15장〉에는 중용의 의미를 알 수 있는 일화가 나온다. 자공(子貢)²이 공자에게 "자장 (子張)³과 자하(子夏)⁴중에서 누가 낫습니까?"라고 묻자, 공자는 "자공은 지나치고 자하는 부족하다"라고 대답했다. 그러자

2 공자의 제자. 성은 단목(端木), 이름은 사(賜), 자는 자공(子貢)이다. 위나라 사람으로 공자보다 31세 연하다. 공자의 대표적인 제자 중 한 명으로 말을 잘하고, 이재에 밝아 경제적으로 공자를 많이 도와준 것으로 전한다.

3 공자의 제자. 성은 전손(顓孫), 이름은 사(師), 자는 자장(子張)이다. 공자보다 48세 연하로 공자의 제자 가운데 자천(子賤)과 함께 나이가 어리다. 재주가 뛰어나고, 넓은 아량을 보였다고 전해진다.

4 공자의 제자. 성은 복(卜), 이름은 상(商), 자는 자하(子夏)다. 위나라 사람으로 공자보다 44세 아래였다. 예를 중시한 것으로 전한다. 공자의 제자 가운데 자유(子游)와 함께 문학에 뛰어났다.

자공이 "그러면 자장이 낫습니까?"라고 말하자, 공자는 "과유불급, 즉 지나친 것은 부족한 것과 같다"라고 했다. 이렇게 넘치지도 않고 부족하지도 않게 적절한 판단을 하고 행동하는 것이 중용이다.

> 희로애락 등의 감정이 일어나지 않은 것을 중(中)이라고 이르고, 그러한 감정이 일어나더라도 중절(中節)하는 것을 화(和)라고 이른다. 중(中)이라는 것은 천하의 대본(大本)이고, 화(和)라는 것은 천하의 달도(達道)다.
>
> 喜怒哀樂之未發 謂之中 發而皆中節 謂之和 中也者 天下之大本也 和也
> 희노애락지미발　위지중　발이개중절　위지화　중야자　천하지대본야　화야
>
> 者 天下之達道也
> 자　천하지달도야
>
> [제1장 4절]

"희로애락 등의 감정이 일어나지 않은 것을 중이라 이른다"라는 의미는 다음과 같다. 인간이 어떠한 상대방과 접촉을 하지 않거나 관계가 만들어지지 않으면, 기쁨, 분노, 슬픔, 즐거움의 감정은 생기지 않게 된다. 그 상대방은 사람이 될 수도 있고, 혹은 사물이 될 수도 있으며, 아니면 주변 환경이 될 수도 있다. 그런 상태는 천명(天命)에 의해 만들어진 성(性)의 상태를 유지하는, 바로 인의예지가 균형을 이루고 있는 상태다. 그것을 중이라고 말한 것은 "중(中)이라는 것은 천하의 대본(大本)이다"에서 설명된다. 천하라는 것은 하늘 아래 인간이 사는 세상 전체를 말한다. 앞에

서 말한 것처럼 대(大)라는 것은 천(天)이 할 수 있는 영역을 의미한다. 따라서 중이란 천이 천도를 이루는 상태와 동일한 균형을 이루고 있는 모습으로, 인간이 천도와 같은 도를 행할 수 있는 근본적인 표준이 된다.

"희로애락과 같은 감정들이 일어나더라도 중절하는 것을 화라고 이른다"라는 의미는 다음과 같다. 인간은 상대방이 생기면 그 상대방에 대한 어떤 감정이 발생하기 때문에 천도의 중을 유지할 수는 없다. 그러한 감정들이 생기게 되면, 사람의 마음에 욕심이 자리잡게 된다. 이러한 욕심을 없애고 자신의 감정을 성(性)에 맞추어 최대한 천도의 중에 근접하게 접근하기 위해 상황과 여건에 따르는 것을 중절이라고 하며, 희로애락이 성에 맞춰져 그 시점과 그 위치에서 천도의 중에 가장 근접하게 된 상태를 화라고 한다. 우리가 자주 쓰는 조화(調和), 화합(和合), 화목(和睦) 등이 화(和)의 종류들이다. 다시 말해, 희로애락 등의 감정을 상황에 따라 인의예지에 맞춰 상대방과 화목하게 조화를 이루는 것을 중화라고 한다. 그래서 "천하의 달도다"라고 한 것이다. 달도는 인간이 사는 세상 전체에 끝까지 이루어져야 하는 보편적이고 공통적인 도라는 것이다.

화를 이루기 위해 절도에 맞추는 일을 권도(權道)라고 한다. 권도를 하기 위해서는 음양의 상대적인 성질을 이해하는 것처럼, 나와 상대방이 서로 의존과 보완적인 관계라는 사실을 인식해 상황에 따라 인의예지에 감정을 맞추는 것이다.

예전에 물건의 무게를 재는 저울은 막대 저울이었다. 막대 저울에 물건을 올려놓고 추를 움직여서 수평을 이룰 때 그 무게를 알 수 있었다. 이와 같이 추를 움직여서 추와 물건과의 수평을 유지하는 것을 권도라고 한다. 막대가 수평이 되었을 때 물건이 지닌 무게를 올바로 알 수 있는 것처럼, 어떤 일에 대해서 그것을 올바르게 판단해 주변 상황에 맞게 융통성이 있게 결정하는 것을 말한다.

권도를 행하기 위해서는 본말(本末)을 이해해야 한다. 어떠한 일이 발생했을 때 그 겉모습을 말(末)이라고 하고, 그 겉모습의 원인이나 본질을 본(本)이라고 한다. 본말의 관계에서 권도가 이루어질 때 첫째 본이 화를 이루기 위한 중의 기준이 되는 경우도 있고, 둘째 본과 말이 제3의 중에 의해 평형을 이루도록 할 때가 있다.

첫 번째의 예는 이러하다. 우리가 기쁘거나 슬플 때에 그러한 감정을 무조건 발산해도 안 되고 무조건 억제해서도 안 된다. 기쁜 마음이 너무 지나치면 쾌락으로 발전하고, 기쁜 마음을 억제하면 우울해진다. 슬픈 감정도 지나치면 자신의 건강을 해치고, 너무 억제하면 감정이 메마른 사람이 된다. 이러한 감정은 말이 되고, 감정의 절제를 관장하는 본은 성(性)이 된다. 그리하여 인의예지를 중의 기준으로 잡고 적절한 감정을 느껴야 감정이 중화를 이루게 된다. 예를 들면, 배우들이 완숙해지면 감정에 치우치지 않고 절제된 연기를 보여 주는 것과 같다. 이 경우 감정의 절제가 권도가 된다.

두 번째의 예는 다음과 같다. 어떤 환자가 몸에 염증이 생겨서 체온이 급격하게 올라가는 상황이 되었다. 체온이 급격하게 올라가는 현상은 말이 되고, 염증이 발생한 것이 체온이 올라간 것에 대한 본이 된다. 또한 염증이 생기게 된 이유의 관점에서는 염증의 이유가 본이 되고, 염증이 생기게 된 것은 말이 된다. 음양의 상관관계처럼 상대방에 의해 본말이 바뀔 수도 있다. 그렇다 해도 의사는 이 환자를 치료하기 위해 해열제와 소염제, 그리고 염증이 생기게 된 원인을 제거하는 약을 처방한다. 이것은 본말의 평형을 유지한 상태에서 적절하게 약을 투여하는 것이며, 본말의 평형은 환자를 치료해 살려야 한다는 마음이 중이 되는 것이다. 이 경우 환자의 증상에 따라 약의 종류와 그 투여량 등을 결정하는 의사의 행위가 권도가 된다.

본말 관계가 아닌 단순한 음양의 관계에서도 중을 이룰 필요가 있다. 예를 들면, 이성과 감정의 중을 이루는 것이다. 이성이 감정의 본이 될 수 없고, 감정이 이성의 본이 될 수는 없다. 그러나 인간의 이성과 감정은 적절한 중을 이루어야 한다. 유가에서는 교육의 방법으로 항상 예(禮)와 악(樂)을 중요하게 생각했다. 예는 인간관계에서 어떠한 절차나 형식을 통해 서로의 마음을 표현하는 것이며, 악은 인간의 감성을 발산하고 흥기시킴으로써 조화를 이루는 것이다. 유가의 교육에서 예와 악은 '예악'이라 하여 항상 함께하게 했다. 이것 역시 중을 유지하며 교육하고자 하는 의도가 담겨 있다.

이와 같이 권도를 행하는 방법은 여러 형태로 나타난다. 따라서 권도를 행할 경우 여러 가지 상황을 잘 고려해서 판단해야 한다.《논어》〈자한 제29장〉에서 공자는 "함께 배울 수는 있어도 마음으로 깨닫는 도(道)에는 함께 도달할 수가 없으며, 함께 도에 도달할 수는 있어도 함께 권도(權道)를 행할 수는 없다"라고 했다. 이는 사람의 욕심이 인간의 행동에 미치는 영향이 크기 때문이다. 권도를 실천하기 위해서는 자신의 감정을 성(性)에 의지해야 하지만, 사실상 이익이 눈앞에 있으면 의리를 생각하기 힘들다. 그만큼 권도는 어렵고 중요한 것이다. 권도가 어렵더라도 인간세상에서 질서를 유지하기 위한 상생의 정신이 중요하다는 점을 잊지 말아야 한다.

유가에서는 본말을 이야기할 때 대부분 말보다는 본을 중요하게 생각했다.《논어》〈선진 제1장〉에서 공자는 이렇게 말했다. "지금의 사람들이 말하기를 '선배의 예악은 화려하거나 거창하지 않아서 촌스러운 사람들이었고, 후배들이 행하는 예악은 장중하고 아름답게 보이기 때문에 군자들이다'라고 했다. 그러나 내가 만일 예악을 쓴다면 선배들을 따르겠다." 이 말은 당시 예악을 표현할 때 겉으로 보이는 모습에만 충실하고자 하는 사람들에게 교훈을 주고자 한 것이다.

《논어》〈술이 제35장〉에서 공자는 또 "사치스러우면 공손하지 못하고, 검소하면 고집스러운데, 공손하지 못한 것보다는 차라리 고집스러워야 한다"라고 말했다. 사치스럽다는 것은 겉모습을 잘 꾸미는 것이다. 사람을 만날 때 겉모습이 잘 꾸며진 사람에게 마음이 가는 것은 당연한 일이다. 그러나 겉모습을 잘 꾸미는 사람들은 공손하지 못하고 진실성이 부족할 때가 많다는 단점이 있다. 검소한 사람은 자기 소신에 따라 행동하고 남에게 아부하지 않는 의지가 있는 사람이다. 그러나 의지가 강한 사람은 고집스러울 때가 많다는 단점이 있다. 비록 어떠한 형태의 사람이든지 단점은 있지만, 외형적인 것을 추구하는 사람보다 내면적인 본질을 추구하는 사람이 더 낫다. 왜냐하면 외형을 꾸미는 사람은 한결같지 않지만 내면의 본질을 추구하는 사람은 한결같기 때문이다.

《논어》〈팔일 제4장〉에는 다음과 같은 이야기가 나온다. 임방(林放)[5]이란 사람이 예의 근본을 묻자, 공자는 예의 근본을 알고 싶어 하는 그를 높이 평가했다. 그래서 질문이 훌륭하다고 칭찬하면서 "예는 사치하기보다는 차라리 검소해야 하며, 상(喪)은 형식보다는 차라리 슬퍼해야 하는 것이다"라고 대답해 주었다. 본(本)은 인간에게 내려 준 천(天)의 섭리에 가까운 것이기 때문에 어떤 일이든지 말보다는 본에 중점을 두어서 설명하고 있다. 또한 본질을 알게 되면 겉으로 보이는 모습은 쉽게 행할 수 있기 때문이다.

이와 같이 중화를 이루는 것이 성(性)을 따르는 도다. 정치를 할 때에는

5 자는 자구(子丘)로 노나라 사람으로 알려져 있다. 공자의 제자인지는 분명치 않다.

모든 사람이 잘 살 수 있도록 정책과 규제에 중화를 유지해야 한다. 수입과 수출은 한 국가의 경제에 반드시 필요한 사항이다. 수출을 많이 하는 나라는 돈을 많이 벌을 수 있지만, 적절한 수입을 하지 않는다면 상대 국가에서 그 나라의 제품을 수입할 때에 규제를 하게 된다. 따라서 국가 간에 수출과 수입이 중화를 이룰 필요가 있다. 교육을 할 때도 잘 받아들이는 학생과 조금 늦게 받아들이는 학생이 있다. 모든 학생이 잘 따라올 수 있도록 학생들 사이의 중화를 이루게 해 주어야 한다. 이와 같이 중화를 이루는 것은 정치 · 경제 · 사회 · 문화 · 교육 · 과학 · 예술 등 모든 분야에서 필요하다. 이렇기 때문에 도는 잠시도 떠날 수 없는 것이며, 떠나서는 안 되는 것이다.

중용을 이루려는 끊임없는 노력이 중요하다

우주와 자연의 현상도 인간이 사는 세상의 기준으로 볼 때 천도와 완벽하게 일치하지는 못한다. 하루를 24시간으로 놓고 보았을 때 한 달이 정확하게 30일이 되지 못하며, 일 년이 정확하게 360일이 되지 못하고, 일 년은 정확하게 12달이 되지 못한다. 하물며 인간의 성품과 도가 우주의 근원인 천도에 완전하게 일치가 되기를 바랄 수는 없다. 그러나 자연의 현상을 윤일이나 윤달로 보상해 하루와 한 달과 일 년을 꾸준하게 맞추어 가듯이, 또한 인공위성을 정해진 궤도에 오르도록 원심력과 구심력을 지속적으로 보상해 주는 것처럼 성에 가장 가깝게 접근하도록 노력해 나가는 것이 중화를 이루기 위한 권도다.

 치중화(致中和)가 된다면 천지가 자리를 잡고 만물이 생육된다.

致中和 天地位焉 萬物育焉
치 중 화   천 지 위 언   만 물 육 언

[제1장 5절]

"치중화가 된다면 천지가 자리를 잡고 만물이 생육된다"는 의미는 이러하다. '치중화'는 화(和)가 궁극적으로 중(中)에 거의 근접했다는 뜻이다. "천지가 자리를 잡는다"는 의미는 우주와 자연의 질서가 유지된다는 것이며, "만물이 생육된다"는 것은 만물의 생명이 보전된다는 뜻이다. 따라서 이는 천도에 가장 근접하게 되는 것이다.

사람이 접하는 모든 일에서 중화를 계속 이루어 나가 그 상태가 지극하게 된다면, 인간들이 사는 사회는 혼란이 없는 상태를 유지해 평화로운 세상이 될 것이다. 이러한 세상이 오면 천도가 항상 질서를 유지하고 생명을 유지하게 하는 것처럼, 세상에 질서가 유지되고 사람들 사이에 상생하고자 하는 생각이 앞서기 때문에 행복한 삶을 영위할 수 있는 세상이 이루어진다. 이것을 더 확장해 나가면, 인간들의 사회뿐만 아니라 지구의 환경과 생태계까지도 안정될 수 있다.

《중용》에서는 중용이라는 용어뿐만 아니라 비슷한 개념이 여러 개 나온다. 바로 앞에서 설명한 중화(中和), 중절(中節) 이외에 시중(時中), 중립(中立), 중도(中道), 중정(中正)이란 개념들이 사용된다. 시중이란 시간적인 것을 고려해 성(性)에 맞추어 나가는 것을 말하며, 중립이란 자신의 현재 위치와 사회 전반의 상황에 따라 성에 맞추어 나가는 것을 말한다. 중도란 상황이나 현상, 아니면 사물에 대응해 성에 맞추어 나가는 것을 말하며, 중정이란 중도를 하여 중(中)에 이른 상태를 말한다.

이러한 개념들은 뒷부분에서 상세하게 설명할 예정이다. 중용은 이상과 같은 모든 것을 일상생활에서 자연의 변화처럼 항상 유지하는 것이다.

다시 정리하면 유가의 원리와 논리는 다음과 같다.

하늘의 움직임과 땅의 위치를 관찰해 천지자연의 변화와 순환을 파악하고, 그 원리에 따라 천도라는 개념을 이끌어 냈다. 그리고 이러한 천도에 따라 인의예지로 표현되는 성(性)을 이끌어 내고, 그 성을 기준으로 중화에 이르기 위한 중용을 실천할 것을 다양한 경전을 통해 주장했다. 그 이유는 대자연의 질서가 유지되듯 사회의 질서를 유지하기 위해서였다. 따라서 인간은 자연의 섭리를 본받아 인간다운 삶을 살기 위해 노력하고, 인간답게 행동하는 데 힘쓰라는 가르침을 전하고 있다.

여기까지의 내용이 《중용》에서 중용을 실천하기 위한 천과 인간과의 관계에 대한 체계적인 논리다. 다음 장부터는 이 체계에 따라서 중용을 이루어 나가기 위한 구체적인 내용이 소개된다.
따라서 제1장의 체계와 여러 개념의 설명은 이해를 돕기 위해
지속적으로 반복적으로 설명될 것이다.

中庸

제2부

중용은
사람답게
사는 길이다

1

상황과 시대에 맞춰 행동하는 것
– 시중

모든 사물은 변화를 겪는다

《중용》,《논어》 등의 경전은 춘추 전국 시대의 상황을 이해해야만 그 참뜻을 이해할 수 있다. 이 시기는 주(周)나라가 수도를 동쪽으로 옮긴 기원전 770년 이후부터 진나라 시황제[6]가 중국을 통일한 기원전 221년까지의 시기를 말한다. 춘추 시대는 공자가 역사서인 《춘추(春秋)》[7]에서 이 시대의 역사적 사건들을 서술한 것에서 붙여진 이름이다. 이 시대는 각 지방의 제후국들이 주나라의 영향력에 있던 지방분권적인 봉건 제도가 해체되는 시기였다. 즉, 제후들이 주나라의 왕을 존중하고

---

6 중국 최초의 통일국가인 진나라를 건설한 전제군주. 군소 제후국을 통일하고, 봉건제도를 폐지하고 군현제를 실시했다. 문자, 도량형, 화폐 등을 통일했으며, 법가사상으로 강력한 군주제를 실시했다. 사상 서적을 불태우고 선비들을 생매장한 분서갱유 사건의 장본인이다.

7 춘추 시대 노나라 은공(隱公)부터 애공(哀公)까지의 역사를 기록한 사서로 유가의 오경 중 하나다.

그 명령에 따르던 기존의 질서가 붕괴되는 시기였다. 춘추 시대만 해도 제후들이 주나라의 왕을 숭상하는 정신이 존재하는 가운데 각 지방의 제후국들이 자체 권력을 갖는 양상이었지만, 전국 시대에 들어서자 이러한 정신은 완전히 사라지고 오로지 약육강식의 논리만 남게 되었다. 따라서 춘추 시대에는 군주를 후(候)라고 칭했지만, 전국 시대에는 군주를 왕(王)이라 칭하는 등 기존의 질서가 완전히 붕괴되었다.

춘추 시대 말기에는 철제농기구가 사용되기 시작했고, 전국 시대에는 소를 이용한 경작이 시작되었으며, 치수관개 공사도 각 국에서 시행되어 경지 면적이 늘어났다. 이런 조건하에서 농업과 어업 등의 생산물이 늘어나고 이에 따른 세금을 거둬들임으로써 전국 시대의 각국 군주는 자신의 권력을 강화해 나갔다.

이러한 경제와 권력의 변화는 사회 조직에도 변화를 일으키면서 씨족 결합이 무너지고, 가족 단위로 독립할 수 있는 경제적 여건이 마련되었다. 사회적으로는 하극상의 풍조가 만연했다. 신하가 군주를 시해하고, 아들이 아버지를 살해하는 사건이 발생하는 등 사회 질서에 혼란이 일어났다. 경제적인 변화는 사람들의 신분에 변화를 가져왔다. 씨족사회로부터 독립한 가족들 중 몰락해 노예가 되는 사람들도 있었고, 한편으로는 부를 축적한 사람들이 등장하기도 했다. 이와 같이 이 시대는 사회 질서가 붕괴되고 부의 양극화가 이루어져 혼란이 가중된 시기였다.

또한 이 시기는 가문의 배경이 없어도 자신의 재능을 발휘할 수 있는 시대이기도 했다. 몰락한 귀족의 자손을 비롯해 상공업자나 농민들도 입신출세하기 위해 군주나 유력 인사에게 접근해 법률·군사·외교 등의 분야에서 각자의 능력에 따라 두각을 나타내고자 했다. 군주나 관료들은 자신이 속한 집단의 힘을 키우기 위해 널리 인재를 구할 필요가 있었기 때문에 타국에서 온 망명자까지도 등용했다. 이러한 사회의 흐름에 따라 다양한 사상을 주장하는 지식인들이 있었는데, 공자와 맹자[8] 등을 비롯한 사상가들을 '제자백가'라고 했다.

또 한 가지 이해해야 할 개념은 군자(君子)다. 군자는 주나라의 지배계층을 말하는 용어였다. 즉, 왕이나 제후, 그리고 경(卿)과 대부(大夫)[9]와 같은 관료들을 세련되게 부르는 호칭이었다. 그러나 공자가 지배계층은 문화적, 지식적인 학식과 도덕적인 인성을 함께 갖추어야 한다는 측면을 강조하면서부터 유학적 지식과 도덕을 겸비한 인격자와 권력을 가진 지배계층을 뜻하는 두 가지 의미로 사용되기 시작했다. 따라서 유가 경전에 등장하는 군자라는 용어는 지배계층을 말하는 일부분을 제외하고, 대부분 유학적 인격체를 완성한 사람을 말하는 것임을 이해할 필요가 있다.

앞에서 중용, 중절, 중화에 대해서 이야기했다. 이번에는 시중(時中)에 대해 알아볼 필요가 있다. 시간의 흐름

8 성은 맹, 이름은 가, 자는 자여 혹은 자고다. 전국 시대의 유가 사상가다. 공자의 유가사상은 증자(曾子)와 중용의 저자인 자사(子思)를 통해 맹자에게 이어진다. 성선설과 왕도정치를 주장했다.

9 중국의 봉건 시대였던 주나라는 왕 밑에 공(公), 경(卿), 대부(大夫), 사(士)라는 계급으로 나뉘어져 있었다. 공은 봉토를 받은 제후이고, 경과 대부는 천자와 공이 임명한 높은 벼슬로서 경이 대부보다 높았다. 사는 하급관리였다.

속에서 환경과 조건은 변화하는 것이 자연의 섭리다. 그러한 주변의 여건과 그 시기의 정황 등을 고려해 실천하는 것이 시중이다. 앞에서 화(和)는 감정이 발생했으나 상황에 따라 중절하는 것이라고 했다. 따라서 시중은 시간에 따라 변화하는 상황에 중절(中節)하는 방법이다. 시중의 기준은 중(中)을 이루고 있는 인의예지를 기준으로 해야 한다.

자연의 현상 중에서 특히 사시를 파악해 천도와 인도(人道)를 도출했기 때문에, 앞에서 자주 예를 들었듯이 개념을 설명할 때 계절에 맞추어 설명하는 것이 이해를 돕는다. 벼농사를 지을 때 봄에는 씨를 뿌리고, 여름에는 잡초를 뽑고 햇빛과 물을 충분하게 보충해 주고, 가을이 되면 수확하며, 겨울에는 다음 해에 농사를 시작할 씨앗을 저장해 두는 것이 농사에 대한 농민의 시중(時中)이다. 즉, 때에 맞게 생각하고 실천하는 것이다.

따라서 앞의 내용과 군자를 함께 정리해 보면, 유학적 인격체를 완성한 사람이란 다음과 같다. 자연의 이치를 깨달아 인의예지로 대변되는 성(性)을 이해하고, 자신이 처한 상황이나 자신이 상대하는 사람 등을 대할 때 자신의 감정을 성에 맞추어 중화를 이루기 위한 도를 실천하는 사람이다. 또한 이러한 도를 행하면서 자신이 깨우친 내용을 사회에 전파하고, 이것을 후대에 전하는 임무도 맡은 학문적·도덕적 인격체다. 《중용》에서 군자라는 지칭이 나오면 군자는 춘추 전국 시대의 혼란한 사회를 바로잡고 질서를 유지하기 위해 노력했던 인격자임을 이해하고, 군자의 마음가짐과 몸가짐을 우리의 일상생활에 접목할 수 있는 관점에서 바라보아야 한다. 그래야 《중용》을 우리 일상생활에 접목할 수 있다.

《논어》〈학이 제5장〉에서 공자는 "나라를 다스릴 때 일을 공경하고 믿음이 있게 하며, 재물을 쓸 때에 적절하게 하면서 다른 사람을 사랑하는 마음을 갖고, 백성을 이끌 때에는 때에 맞게 해야 한다"라고 했다. 농부가 모내기를 해야 하는 시기에 모내기를 하지 않으면 벼를 수확할 수 없다. 그러므로 농번기에 백성에게 성을 쌓게 하거나 백성을 병력으로 동원해서는 안 된다. 농업이 나라 산업에 기본이 되었던 고대에는 정확한 달력을 만들어서 백성에게 알리는 일이 국가가 해야 할 가장 중요한 일 중의 하나였다. 안연이 공자에게 나라를 다스리는 것을 묻자, 공자는 "농사일에 가장 알맞은 하(夏)나라 달력을 쓰겠다"고 가장 먼저 말했다. 때에 맞게 행동하려면 주변 변화를 잘 파악해야 한다. 달력이란 일 년의 변화를 장기간 관찰해 만든 것이다.

일 년에 봄·여름·가을·겨울과 같은 사계절이 있는 것과 같이 하루에도 사시가 있고, 인생도 사계절과 같은 시기가 있다. 청소년의 시기는 봄에 해당한다. 봄의 새싹은 여리기 때문에 물이 넘치거나 모자라면 싱싱하게 자랄 수 없다. 햇빛이나 땅의 영양분도 마찬가지다. 또한 적절한 꽃샘추위는 예방 백신과 같은 역할을 함으로써 힘든 상황을 헤쳐 나갈 수 있는 힘을 길러 준다. 청년 시기는 한여름처럼 활발하게 일을 해야 한다. 무성한 나뭇잎으로 햇빛을 받아들이고 꽃을 피워서 가을의 결실과 후손을 이을 준비를 해야 하는 시기이기 때문이다. 중장년은 가을에 해당한다. 봄부터 여름까지 자신을 가꾼 인생의 결과를 열매로 맺는 계절이다. 또한 자신의 열매를 다른 사람들에게 베푸는 시기이기도 하다. 노년은 겨울이다. 무성했던 잎들과 탐스러웠던 열매가 모두 사라진 것처럼 보이지만 자신이 경험했던 일에서 얻은 지혜를 씨앗에 담아 두는 것처럼 후세에게 지혜를 알려 주어야 하는 시기다.

청소년 혹은 청년 시기에 자신이 해야 할 일을 하지 못하면 중장년이 되어서 좋은 결과를 얻지 못한다. 《논어》〈양화 제26장〉에서 공자는 "나이가 40이 되어서도 미움을 받으면 그대로 끝날 뿐이다"라고 말했다. 40세는 자녀들이 교육을 한창 받을 때이고, 어느 정도 기반이 마련되어야 하며, 인격적으로 완성되는 때다. 그런데 남에게 미움을 받는다는 것은 그 때를 맞추지 못한 것이다. 그렇기 때문에 항상 시기에 합당한 생각을 하고, 그것에 최선을 다해야 한다.

《논어》〈위정 제4장〉에서 공자는 이렇게 말했다. "나는 15살에 학문에 뜻을 두었고, 30살에 자립했으며, 40살에 사물의 이치에 따라 판단이 흔들리지 않았고, 50살에는 천명을 알았고, 60살이 되어서는 어떤 말을 들으면 바로 이해되었고, 70살에 마음에서 하고자 하는 바를 따라도 법도에 어긋나지 않았다." 공자는 15세에 학문에 뜻을 가진 계획대로 실천하고 노력했기 때문에 후세에 이름을 남길 수 있는 성인이 되었다. 그리고 그 뜻에 맞추어 열심히 공부하고 실천한 결과 30세가 되어 자신의 가치관을 확립하게 되었다. 40세가 되어서는 모든 일에 부화뇌동하는 일이 없게 되었으며, 50세에는 비로소 천명에 대한 완전한 뜻을 알게 되었고, 60세가 되어서는 중용에 입각해 자연스럽게 세상을 알게 된 것이다. 나이가 들어서도 꾸준하게 중용을 실천한 결과 70세가 되어서는 완성된 중용을 행할 수 있게 되었다.

공자 시대보다 다양한 문화를 접할 수 있는 현재의 우리는 30세에는 스스로 가치관을 확립하고, 경제적으로 자립해야 할 시기다. 그러나 이 시기에도 부모에게 의존하고 자신의 역할을 하지 못하는 사람도 있다. 뜻만 높고 실천을 하지 않을 바에는 자신의 능력에 맞게 뜻을 세우고 실천해야 한다. 40세의 중년이 되면 대체로 자식이 학교에 다니고 있을 나이다. 이 시기에는 자식에게 귀감이 되고, 자신의 경험을 토대로 자식을 가르쳐야 하기 때문에 마음가짐과 몸가짐이 완성되어 당연한 일에 의심을 품지 않을 정도가 되어야 한다. 50세를 거쳐서 60~70세에 이르는 노년으로 접어드는 나이가 되면, 나이가 먹는 것에 비례해 세상 사는 이치를 더욱 정확하게 깨달아 가는 단계다. 이 시기에는 풍부한 경험을 후진에게 가르쳐 주는 역할이 때에 맞는 행동이라 할 수 있다.

사람의 인생을 한 해의 사계절이라고 볼 수도 있지만, 인생을 살면서 다양하게 발생하는 일에도 사계절과 같은 어려움과 희망

그리고 목적을 이루어 가는 성취의 단계가 존재한다. 그래서 어려운 일도 겪고 기쁜 일도 겪으면서 살게 되는 것이다. 지금은 힘들고 어려운 겨울이지만 반드시 봄은 찾아오게 되어 있으므로 희망을 잃지 말고 노력하는 자세가 필요하다. 희망을 갖고 자신이 인생에서 목표하는 바를 포기하지 않고 이루기 위해 끊임없이 노력해야 한다.

올바른 사회를 만들 힘은 국민에게 있다

시중은 교육에서도 사용되어야 한다.《논어》〈공야장 제12장〉에 보면 자공은 "선생님의 문장은 들을 수 있으나 선생님께서 인간의 본성과 하늘의 도리를 말씀하시는 것은 들을 수 없었다"고 말했다. 자공이 그 말을 들을 수 없었던 까닭은 그가 그것을 말해주어도 이해할 수 없는 단계였기 때문이다. 능력이 되지 않는 자에게 넘치게 가르치는 것은 오히려 독이 될 수 있다. 아무리 좋은 교육도 때에 맞게 가르칠 필요가 있다. 과도한 선행학습은 청소년 시기에 오히려 부담이 될 수 있다. 능력이 있는 학생이라면 당연히 선행학습으로 잠재 능력을 이끌어 낼 필요가 있지만, 그런 학생은 소수에 불과하다. 그럼에도 대부분의 학생이 선행학습을 하고 있는 현실은 경쟁에 따른 욕심일 뿐이다.

한편 공자가 50세에 천명을 알았지만 우리는 공자를 비롯한 유학자들의 가르침 덕분에 나이와 상관없이 중용을 접할 수 있게 되었다. 공자는 50세에 천명을 이해했지만, 《중용》을 접한 사람들은 조금이나마 천명을 이해할 수 있으니 좋은 기회를 얻게 되는 것이라 할 수 있다.

현재 우리가 처해 있는 현실을 살펴보자. 우리 민족은 일제로부터 독립을 쟁취함과 동시에 외부 세력에 의해 이념적으로 둘로 나뉘어져 60년이 넘게 분단되어 있다. 남한과 북한이 사회주의 체제와 자본주의 체제의 경쟁을 하고 있다. 1980년대를 지나면서 남한이 경제적·사회적으로 우위를 유지하게 되었으나, 북한은 핵무기와 게릴라 전술 등의 비대칭 군사력을 주된 전략으로 남한을 위협하고 있다. 남한은 정치적으로는 지역감정으로 인해 동서로 나뉘어져 있다. 사회 전반적으로 단체 이기주의가 팽배해 있고, 경제계·정치권 등은 부정을 청산하지 못하고 있다. 소수의 진보 성향을 가진 자들은 시대착오적인 이데올로기에 심취해 발전적인 모습으로 기득권을 견제하는 것이 아니라 서민의 아픈 곳을 파고들어 대중을 선동한다. 또한 정치적·경제적으로 한탕주의가 만연해 있어 여론을 자극해 자신들의 이익을 추구하는 사람이 점점 늘어나고 있다. 경제력은 수출과 수입이 세계 10위 안에 진입했지만, 국민의 의식 수준과 생활 여건은 그것을 따라가지 못하고 있다.

새벽부터 밤늦게까지 청소년들은 대부분의 시간을 학교와 학원에서 보내고, 가장들은 일에 매달려 산다. 경제 활동을 해야 하는 성인들은 안정적인 직장이 있는 것만으로도 다행으로 여긴다. 대학을 졸업하고 일을 찾지 못한 젊은이들과 많은 베이비붐 세대가 직장에서 밀려나 생업을 찾지 못하고 있다. 소수의 재벌 대기업들이 전체 경제를 좌우하며 막강한 영향력을 행사하고, 중소기업과 서민의 모든 경제 활동이 이들에게 종속되어 있다. 이와 같은 부의 양극화가 확대되어 가면서 국민은 국가 경제 규모만큼의 생활을 누리지 못하고, 사회 구성단위인 가정은 붕괴되기 시작했다. 패륜 범죄가 늘어나고, 재벌들 중에서 부모와 형제 간 재산 다툼은 흔한 일이 되어 버렸다. 변태적인 범죄가 늘어나면서 아이들을 마음 놓고 밖에서 놀게 할 수 없으며, 1인 가정이 점점 늘어나고, 아이를 낳지 않거나 아이를 갖더라도 한 명만 낳아 기르는 것이 당연시되고 있다. 양육비를 부담스럽게 생각하고, 자식보다 자신들의 인생을 즐기고자 하는 젊은 부모가 늘고 있기 때문이다.

어떠한 사회도 장단점이 있는 것은 당연하다. 그러나 지금의 우리 사회는 물질적 욕구가 비정상적으로 커져 부와 권리만을 지향하는 사람들이 그것을 획득하기 위해 정당하지 못한 방법을 동원하고, 일단 그것을 획득하면 유지하고 놓치지 않기 위해 또 다른 부정부패를 자행하며 자신들만의 이득을 꾀하고 있는 실정이다. 개인의 자유와 지도자를 선택할 수 있는 권리, 그리고 의식주 및 교통수단이 발전한 것을 제외하고 현재 우리 사회는 춘추전국 시대와 다를 것이 없다.《맹자》〈이루하 제33장〉에 다음과 같은 내용이 있다.

"제(齊)나라에 본처와 첩을 두고 사는 사람이 있었다. 그 사람은 외출해서 돌아올 때마다 술과 고기를 배부르게 먹은 뒤에 귀가했다. 그의 아내가 남편에게 누구와 음식을 먹었는지 물어보면 항상 부유한 사람들과 먹었다고 대답했다. 이것을 의심스럽게 생각하던 아내는 첩에게 '남편이 외출하면 반드시 술과 고기를 배부르게 먹은 뒤에 돌아오는데, 내가 누구와 같이 음식을 먹었는지 물어보면 항상 부귀한 사람과 먹었다고 대답을 한다. 그러나 우리 집에 부유한 사람이 찾아온 적이 없으니, 내가 남편을 미행해 봐야겠다'고 말하고, 다음 날 아침에 일찍 일어나 남편을 몰래 따라가 보았다. 그 남편은 여기저기 배회를 하고 다녔으나 함께 서서 말하는 사람조차 없었다. 한참을 배회하다가 그가 도착한 곳은 동쪽 성곽에 있는 공동묘지였다. 그는 그곳에서 제사를 지내는 사람들에게 음식을 빌어먹고, 부족하면 다른 곳을 살펴보고, 음식을 얻어먹을 만한 곳으로 찾아갔다. 이것이 그 남편이 술과 고기를 배불리 얻어먹는 방법이었다. 그의 아내가 집으로 돌아와서 '남편은 우리가 우러러보면서 인생을 마쳐야 할 사람인데 지금 이 모양이다'라고 첩에게 말하고 첩과 함께 남편을 원망하고 질책하면서 마당 한가운데에서 울고 있었다. 때마침 남편이 의기양양하게 집으로 돌아와서 아내와 첩이 우는 이유를 알지 못하고, 아내와 첩에게 교만하게 행동했다. 군자의 입장에서 볼 때에 지금 사람들 중에 부귀와 영달을 구하는 사람들은 자신들이 부귀와 영달을 구하는 모습을 자신들의 아내와 첩이 보게 된다면 서로 부끄러워하며 울지 않을 사람이 별로 없을 것이다." 맹자가 비판한 모습은 지금의 정치인을 비롯한 권력 계층과 부정한 방법으로 재산을 모은 자들과 하나도 다를 것이 없다.

역사는 계속해서 반복된다. 그 주체는 바뀌었지만 권력의 흐름과 인간의 욕심은 바뀌지 않는다. 왕권 시대에 왕과 귀족은 평민들의 노동력을 착취해 쉽게 재산을 모으며 살았음에도 평민들을 핍박하고, 권력을 휘두르면서 자신들의 이권을 유지했다. 이것에 저항해 평민들이 전제군주와 귀족들을 몰아내고 시민혁명을 일으켰다. 평민의 대표는 지식이 있고 경제력을 갖춘 부르주아들이 맡게 되었다. 지식 계층과 자본가들은 자신들의 권력과 돈벌이를 위해 다시 서민들을 착취하고 핍박했다. 이러한 부르주아들의 지나친 권력에 맞서서 프롤레타리아 혁명으로 사회주의 국가가 탄생되었고, 자본주의를 유지한 국가에서는 시민들이 평등과 권리를 내세우는 운동을 전개했고, 노동자들은 노조활동을 통해 기업가들을 압박했다. 이에 굴복해 대부분의 국가는 법률과 제도로 자본가들을 제어하게 되었다.

사회주의 국가나 자본주의 국가 모두 스스로 민주주의 국가라고 부른다. 민주주의 국가란 국민이 주인인 국가를 말한다. 인간의 욕구를 바탕으로 한 자본주의 국가가 사회주의 국가에게 경제적·이념적인 승리를 한 것은 사실이지만, 일부 복지 국가를 제외하고 사회주의 국가나 자본주의 국가 모두 소수의 지배 계층이 정치와 경제의 기득권을 차지하고 서민들의 생활을 좌우하고 있다. 그렇기 때문에 소수이면서 막강한 영향력을 갖고 있는 기득권의 욕심에 따라 대다수 국민이 그 피해를 입을 수밖에 없는 구조다.

그렇지만 지금의 기득권을 제어할 수 있는 세력은 힘없는 일반 시민이다. 그들의 투표에 의해서 정치인이 선출되고, 그들의 구매 성향으로 기업가들이 재산을 만들어 간다. 그렇다면 현재 사회가 이렇게 혼탁한 것은 일반 시민에게도 책임이 있다는 의미다. 따라서 우리 스스로 행복한 세상을 만들 책임이 있으며, 그 결과를 누릴 수 있는 권리도 우리 자신들에게 있음을 명심해야 한다.

이제 소수의 기득권자 때문에 대다수 서민이 불이익을 받는 역사는 반복되지 않게 끊어 내야 한다. 그러한 요구는 옛날부터 현재까지 수많은 이념이나 윤리 덕목에 포함되어 있다. 유학도 그중 하나이며, 이러한 불합리한 역사가 반복되기에 유학 경전은 한 번쯤 반드시 읽어 볼 필요가 있다.

인류 역사에서 세상이 항상 어려웠던 것은 아니다. 유가에서 말하는 요순시대의 태평성대가 있었던 것처럼, 지배자의 인덕과 능력에 따라 평화롭고 문화가 융성했던 시대도 있었다. 그러한 평화는 당시 지도자들에 의해서 이루어진 것처럼 보이지만, 사실 그 힘은 백성에게서 나온 것이다. 단지 과거와 현재가 다른 점은 과거에 백성은 스스로 지배자를 선택할 수 없었지만, 현재는 국민이 지도자를 직접 선택할 수 있는 권리가 있다는 것이다. 따라서 행복한 세상을 만들 기회는 과거보다 훨씬 더 많다고 볼 수 있다. 행복한 세상을 만들어 가기 위해서는 국민 개개인이 상식적으로 알고 있는 질서의 기본을 유지하고 실천해 전체 사회의 흐름을 바꾸어야 한다. 이와 같은 것이 바로 시중(時中)하는 자세다.

2

상생이
바로
발전의 답이다

중화가 상생을 이루는 길이다

우리는 흔히 자기가 맡은 일을 성실하게 수행하고, 남에게 피해를 주지 않으며, 신뢰가 있는 사람을 "됨됨이가 된 사람"이라고 한다. 그러한 성품을 지니고 다른 사람의 좋은 일과 어려운 일에 기쁨과 슬픔을 나누며, 의리(義理)에 따라 행동해 다른 사람에게 존경을 받는 사람에게 덕(德)이 있다고 말한다. 의리는 조직폭력배들이 쓰는 그러한 의미가 아니라, 질서가 유지되고 상생할 수 있는 여건에 합당한지를 판단하는 것이다. 따라서 덕이 있다는 것은 천도에 의해서 질서가 유지되고 생명을 보전하는 사랑의 정신을 그대로 본받아, 인의예지라는 사람의 사덕을 실천하는 태도를 갖고 있음을 의미한다.

성(性)은 사람에게만 있는 것이 아니다. 인간을 비롯한 모든 사물에 자신들만의 성이 있다. 그것은 천도에 의해 사람만이 아니라 모든 사물이 탄생했기 때문이다. 따라서 개에게는 개의 특성이 있고, 공기 중의 산소에는 산소의 특성이 있으며, 어떠한 일에는 그 일의 특성이 있고, 어떠한 환경에는 그 환경에 따른 특성이 있다. 그러므로 덕은 사람에게만 있는 것이 아니다. 그래서 《논어》〈헌문 제35장〉에서 공자는 다음과 같이 말했다. "빠르고 잘 달리는 말을 칭찬하는 것은 그 힘을 칭찬하는 것이 아니라 그 덕(德)을 칭찬하는 것이다." 사람의 성에 바탕이 되는 것이 인의예지 사덕이듯이, 말의 성품의 바탕은 길이 잘 들어 양순하고 빨리 달리는 것이다. 물론 인간의 입장에서 말한 내용이지만, 모든 사물에 천명에 의한 성이 있다는 사실을 이 말을 통해 설명하고 있다.

다시 말해서 덕이란 사람이 사람다운 것을 말하며 말은 말다운 것을 말한다. 지도자는 지도자다워야 덕이 있는 것이고, 학생은 학생다워야 덕이 있는 것이며, 학자는 학자다워야 덕이 있는 것이다. 나라의 지도자가 지도자로서 덕이 없으면 나라에 큰 변란이 발생하고, 학생들이 학생으로서 덕이 없으면 나라의 미래가 불투명해지고, 학자가 학자로서 덕이 없으면 그 학자가 속한 학문의 발전은 이루어질 수 없다.

기업인은 이익을 창출하고, 그 이윤을 종업원들과 의리에 맞게 나눠 가져야 한다. 또한 자신의 업종에 충실해야 한다. 업종이 사향산업으로 바뀔 때를 대비해 남은 자금을 연구 개발과 신규 사업 개척에 투자하고, 부동산 투자나 원부자재의 사재기를 통한 이윤 창출을 꾀하지 말아야 한다. 종업원도 종업원답게 지나친 요구를 삼가고, 파업 등의 극한 대립을 자제하고, 맡은 임무에 충실하게 임해야 한다. 이것이 기업다운 것이며, 종업원다운 것이다.

대기업은 대기업답게 기술 개발과 생산성 향상을 통해 경쟁력을 확보해야 한다. 중소기업의 기술을 빼앗고, 자금이 있음에도 불구하고 고의적으로 중소기업에 지불할 대금을 늦추어 자신들의 불합리한 이득을 챙기거나, 중소기업의 이윤을 보장하지 않고 갑의 우월성을 무기로 해 무리하게 공급가를 낮추는 일들은 대기업다운 행위가 못 된다.

사람다운 사람은 더 나아가 사람이 상대하는 모든 사물의 생명력까지 존중한다. 산기슭에 굴러다니는 돌멩이도 자연의 섭리에 따라 현재 그 위치에 존재하고 있는 것이다. 그것이 비록 생명이 없는 무생물이지만 함부로 대하거나 자신의 욕심 때문에 무분별하고 과도하게 채취하면, 자연환경의 생명력에 나쁜 영향을 미치게 된다. 책을 쓰고, 그림을 그리고, 악기를 연주하고, 노래를 부르고, 운동을 하는 등의 모든 행위는 그 행위의 과정과 결과에 따른 생명력이 존재하는 것이다. 작은 일에서부터 이러한 사실을 명심하고 성실하게 실천하면, 《중용》 제1장에 나온 내용처럼 천지(天地)가 제자리를 잡는 질서가 유지되고, 만물이 생육되는 상생(相生)이 이루어지게 된다.

어떤 사람의 사람다움, 즉 덕은 그 사람이 다른 사람을 대하는 도덕성을 통해 파악할 수 있다. 사람이 사사로운 욕심 없이 예의를 지키고, 잘못된 일에 대해서는 충고할 줄 알고, 잘한 일은 존경을 표하면서 일을 바르게 처리하면, 사람들은 그 사람을 가리켜 '착하다', '예절 바르다', '의리가 있다', '똑똑하다' 등의 말로 칭찬한다. 사사로운 욕심이 없다는 것은 착한 인(仁)의 마음이고, 예절 바른 행동은 예(禮)이며, 옳고 그름을 정확하게 판단해 상대방을 억제하고 독려하는 것은 의(義)고, 이러한 모든 상황을 알고 적절하게 대처하는 똑똑한 면모는 지(知)다. 따라서 인·의·예·지의 사덕을 모두 갖추고 있는 사람이라고 할 수 있다. 이러한 사람에게 주변의 친구나 선배들은 마음이 끌리게 되고, 후배나 아랫사람은 존경심을 갖게 된다. 그래서 《논어》〈이인 제25장〉에서 공자는 "덕이 있는 사람은 외롭지 않기 때문에 반드시 이웃이 있다"라고 했다.

위와 같은 행동은 인간관계에서 상생의 기쁨을 알고 중용을 실천하는 것이다. 한의학 등에서는 오행(五行)을 말하는데, 오행이란 목(木)·화(火)·토(土)·금(金)·수(水)의 다섯 가지 기운이 서로 도와주고 상대를 억제하면서 상호 균형을 이루는 우주의 모습을 표현한 것이다. 목은 나무의 기운이고, 화는 불의 기운이며, 토는 흙의 기운이다. 또한 금은 금속의 기운이고, 수는 물의 기운이다. 나무는 물이 있어야 살고, 불은 나무가 있어야 살며, 불에 타 버린 재는 흙이 된다. 흙이 뭉쳐지면 금속을 함유한 바위가 되고, 이러한 암반에서 샘물이 나온다. 이렇게 다음 단계를 도와주면서 순환하는 것이 바로 서로 살려 주는 상생이다.

그러나 상생이 지나치면 그 결과가 상극(相剋)으로 나타난다. 물이 넘치면 나무가 뽑히거나 뿌리가 썩고, 불길보다 나무의 크기가 크면 불이 꺼지며, 뜨거운 기운이 강하면 흙은 생명력을 잃고 사막화되고, 흙 성분이 지나치게 많으면 바위의 금속성은 약화되며, 암반으로만 존재하는 곳은 물길이 막히거나 물이 새어 버려 존재할 수가 없다.

상극은 오행의 기운이 서로 대립하는 것처럼 보이지만 이것이 적당한 균형이 유지되면 오히려 상생의 결과로 나타난다. 나무가 너무 많이 자라면 그 가지를 쳐서 알맞게 해 주는 금속이 있고, 단단한 금속은 불에 의해 모양이나 성질이 바뀌어 쓸모가 있게 된다. 모든 것을 태워 버리는 불은 물에 의해 억제되어 그 불길을 오래 유지할 수 있고, 물은 흙이 제방으로 가두거나 흡수해 버림으로써 증발해도 일정량을 유지할 수 있다. 또한 흙은 나무뿌리에 의해서 붕괴될 수 있지만, 나무가 있기 때문에 많은 비가 내릴 때 산사태의 위험이 줄어든다. 상극은 자신의 욕심을 채우기 위해 있는 것처럼 보이지만, 상극도 궁극적으로 상생을 위해 존재하는 것이다.

상생과 상극이 조화를 이루게 되면, 자연은 사물들이 서로 균형을 유지하면서 생명력을 갖고 순환하게 된다. 상대방에게 예절을 지키고 잘한 일을 독려하는 것은 상생의 자세이며, 잘못을 억제하는 것은 상생을 위한 상극이 되는 것이다. 그러나 상대방을 칭찬할 때나 충고할 때에도 그 정도가 지나치면 그것 또한 중화에서 벗어난다. 따라서 일반적인 상생은 상극을 포함해 결과적으로 중화를 이루는 상생을 말한다.

중화를 위해 반드시 욕심에 따른 감정을 성(性)에 따라 조절해야 상대방의 잘못을 올바르게 지적할 수 있고, 칭찬해 줄 수 있는 기본적인 입장이 되는 것이다. 그래서《논어》〈이인 제3장〉에서 공자는 "오직 인(仁)한 사람만이 남을 좋아할 수 있고, 남을 미워할 수 있다"고 했다. 또한 옳은 일에 대한 칭찬과 잘못한 일에 대한 억제를 인의예지에 의거해 지나치게 하지 말아야 한다. 자유(子游)[10]는 "임금을 섬길 때에 옳지 못한 일이나 잘못된 일을 고치기 위해 번거롭게 자주 간하면 수치를 당하고, 친구 사이에 번거롭게 자주 충고하면 멀어지게 된다"고 충고했다. 본뜻은 상생을 위한 것으로 시작했지만 실천이 중화를 이루지 못하고 끝을 맺는다면 이 행동이 상대방에 대한 상생이든 상극이든 간에 결국 상극이 되고 만다. 따라서 좋은 행동이나 말도 항상 인의예지의 관점에서 중용을 이루고 실천해야 된다는 사실을 잊지 말아야 한다.

한편 상대방의 충고를 받거나 칭찬을 받은 사람도 중화를 고려해야 한다. 《논어》〈헌문 제36장〉에서 공자는 "원망하는 것은 정직함으로 갚고, 덕(德)은 덕(德)으로 갚아야 한다"고 가르쳤

10 공자의 제자다. 성은 언(言), 이름은 언(偃), 자는 자유(子游)다. 공자보다 45세 연하였고, 공문십철 중 한 사람이다. 안연, 자하와 함께 공자가 가장 아낀 제자였다.

다. 원망을 두 가지 관점에서 본다면, 첫째 내가 잘못이나 실수를 해서 원망을 받는 것이고, 둘째 상대방이 나를 오해해 원망을 하는 경우다. 이럴 경우 자신의 잘못을 반성하거나 오해의 원인을 찾아 그 원인을 규명한다. 이와 같은 일들이 자신의 행동으로 인해 일어났다는 것을 깨닫고 스스로 반성해 개선하고, 상대방을 고맙게 생각하고 상대를 위해 덕을 행하려는 마음을 갖고 실천해야 한다. 이러한 행동이 원망을 정직함으로 갚는 것이다.

"덕을 덕으로 갚는다"는 것은 상대방이 상생을 하기 위해 중화에 입각해 나에게 충고와 칭찬을 하듯이 나도 상대방과 상생하기 위해 충고와 칭찬을 실천할 때 중화를 이루는 것이다. 따라서 원망하는 사람에게 한결같은 마음으로 공평하고 사사로움이 없이 정직하게 대하는 것은 중화를 이루기 위한 자세이며, 자신을 사람답게 대해 준 사람에게는 똑같이 사람답게 대해 주는 것도 중화를 이루기 위한 자세다.

군자와 소인의 차이

앞에서 군자란 자연의 이치를 깨달아 인의예지로 대변되는 성(性)을 깨닫고, 그 성을 회복하기 위해 자신이 처한 상황이나 자신이 상대하는 사람 등을 대할 때 중화를 이루기 위해 도를 실천하는 사람을 말한다고 설명했다. 소인은 군자의 반대 의미를 갖

고 있다. 따라서 군자와 마찬가지로 신분을 표현할 때 사용되기
도 하고, 인간 됨됨이를 말할 때 쓰기도 했다. 군자가 신분이 높
은 왕이나 제후, 그리고 경(卿)과 대부(大夫)와 같은 관료 등의 사
람이라면 소인은 하인, 노예 등의 신분이 낮은 사람을 가리키는
말이다. 또한 군자는 지식과 도덕을 겸비한 인격자를 말하는 것
이며, 소인은 품성이 천하고, 욕심이 많고, 성격이 비뚤어진 인물
을 가리킨다.

> 중니(仲尼)[11]께서 말씀하셨다. "군자는 중용을 하고, 소인은 중용
> 에 반(反)한다. 군자가 중용을 하는 것은 군자이면서 시중(時中)
> 을 하기 때문이며, 소인이 중용에 반하는 것은 소인이면서 거리
> 낌이 없기 때문이다."

仲尼曰 君子 中庸 小人 反中庸 君子之中庸也 君子而時中 小人之(反)中
중니왈 군자 중용 소인 반중용 군자지중용야 군자이시중 소인지 반 중

庸也 小人而無忌憚也
용야 소인이무기탄야

[제2장]

　　"군자는 중용을 하고, 소인은 중용에 반한다"는 의미는 인간관
계 속에서 군자란 도덕적으로 매사에 상대방에 대해 중화를 이
루기 위해 한결같은 도를 실천하는 사람을 말하는 것이다. 따라
서 군자는 사람다운 사람이며, 자신의
위치와 직분에 맞게 행동하는 사람이
다. 군자와 소인이라는 표현은 지금의

11 공자의 자(字)다.

이미지로 생각해 본다면, 사람다운 사람과 사람답지 못한 인간이라고 할 수 있다.

"군자가 중용을 하는 것은 군자이면서 시중을 하기 때문이며, 소인이 중용에 반하는 것은 소인이면서 거리낌이 없기 때문이다"의 의미는 사람다운 사람은 상생을 하기 위해 어떤 일을 할 때에 그 상황과 여건에 맞는 중화를 이루기 위해서 시종일관 시중에 따른 도를 행한다는 것이다. 그러나 소인은 자신의 이익만을 추구하기 때문에 중용에는 관심이 없는 사람이다. 그래서 당장의 이익에 결과가 나타나지 않으면 전전긍긍하는 속성을 보인다. 그 결과, 도를 따라 자신을 다스리지 않고 서슴없이 행동하는 것이다.

사람다운 사람은 의롭지 못한 상태에서 부와 명예를 추구하지 않고, 부와 명예에 휩쓸리기보다는 사람답게 살고 있는 자신의 모습에 자부심을 느낀다. 《논어》〈술이 제15장〉에서 공자는 이렇게 말했다. "소박한 음식을 먹고 팔베개를 하고 눕더라도 즐거움이 그 가운데 있다. 의롭지 못하면서 부유하고 귀한 것은 나에게 뜬구름과 같다."

또한 의롭지 못한 상황 때문에 가난하게 되고 자신의 명예가 본의 아니게 실추되더라도, 그것에 대한 분노를 표출하지 않고, 그러한 어려움을 견뎌내며, 상황이 의롭게 되도록 노력해 나가는 것이 사람다운 사람의 참모습이라고 했다. 위령공(衛靈公)[12]이 공자에게 전쟁할 때 필요한 진법을 물었을 때,

---

12 춘추 시대 위나라의 무도했던 제후다.

공자는 "예법에 대한 것은 알고 있으나 군대에 관한 일은 배우지 못했습니다"라고 말하고는 다음 날 위나라를 떠나 진나라로 가버렸다. 그리하여 진나라에 머무를 때 양식이 떨어져 공자를 따르는 사람들이 쇠약해져 일어나지도 못하게 되었다. 자로가 이러한 상황에 분노를 느끼며 공자에게 "군자도 곤궁할 때가 있습니까?"라고 묻자, 공자는 "군자는 곤궁한 것을 견뎌낼 수 있지만 소인은 곤궁해지면 그것을 모면하기 위해서 무슨 짓이든지 하게 된다"라고 말했다. 이처럼 백성이 어려움에 처해 있고, 질서가 무너진 상황에서 전쟁 준비에 급급한 지도자는 지도자답지 못한 인간이다.

1990년대에 김일성이 사망하고 북한의 경제가 급격하게 악화되었다. 이에 따라 북한은 식량난이 발생해 식량 배급제도가 제 역할을 하지 못하게 되었다. 굶주림을 견디다 못한 북한 어린이들은 탈북해 일정한 거처 없이 두만강 인근과 연변에서 구걸이나 소매치기로 하루하루를 연명하게 되었는데 이러한 청소년들을 가리켜 '꽃제비'라고 한다. 북한의 청소년들뿐만 아니라 부녀자들도 생계를 해결하기 위해 중국으로 나갔다가 인신매매범들의 표적이 되었다. 자신들의 백성이 굶주림에 시달리고, 중국으로 밀입국하기 위해서 탈북을 감행하는 현실에 처해있음에도 불구하고 평양에 거주하는 당 간부들은 3대 세습체제의 권력을 유지하기 위해서 핵무기 등 군사력 비용을 증강하고, 경제적으로 큰 어려움 없이 지내고 있다. 이러한 지도자답지 못한 지도자들이 이끌어 가는 국가는 국가답지 못한 국가라 할 수 있다.

미국도 이러한 점이 있다. 미국은 인권과 자국민의 생명을 소중하게 생각하고 행동한다는 것에 자부심이 강한 나라다. 외국에서 미국인이 납치되거나 살해될 경우 확실하게 보복을 감행함으로써 자국민에 대한 보호를 철저히 한다. 또한 어린아이가 부모에게 학대를 받을 경우 지체 없이 친권을 상실하게 할 만큼 엄중한 처벌을 하는 등, 아동 학대에 대해서는 우리나라와는 비교도 할 수 없을 정도로 강력한 법을 집행한다. 그러나 매년 총기 관련 사망자가 상당수에 이르고 있고, 많은 시민이 마약 등의 범죄에 노출되고 있음에도 이해관계가 있는 기업들의 로비활동에 막혀 있어 특별한 대책을 마련하지 못하고 있다. 이것 역시 국가답지 못한 국가의 모습이다. 미국뿐만 아니라 세계 대부분의 국가가 정도의 차이는 있지만 국가답지 못한 측면이 존재한다.

우리나라도 국가답지 못한 점이 곳곳에서 발견된다. 자연재해가 아닌 인재에 의해 수많은 생명이 희생되는 일이 연이어 발생하고 있다. 사고가 발생하면 행정 관료들은 수시로 대책회의를 열어 열심히 대책을 마련하는 척한다. 정치권은 행정 관료들을 비난하며 책임을 돌린다. 언론도 발생 원인을 찾고 사고를 예방하지 못한 내용을 전문가들을 초대해 심층적으로 보도한다. 그러나 정부나 정치권이나 언론들은 근본적인 해결책을 마련하지 못하고 같은 행동만 되풀이하고 있다.

《논어》〈헌문 제36장〉에서 공자는 "사람이 미래를 고려하지 않으면 반드시 가까운 시일 안에 근심이 생기게 된다"고 했다. 또 〈위령공 제15장〉에 보면 "어찌할까? 어찌할까? 라고 말하지 않는 사람은 나도 어찌할 수 없다"라고 했는데 우리 일반 국민의 국가답지 못한 국가를 바라보는 답답한 심정을 대변하는 듯하다. 사람답지 않은 인간들이 영향력이 커질 때 안타깝게도 피해를 받는 것은 바로 일반 시민들이다.

공자께서 말씀하셨다. "중용은 지극하구나. 백성 중에서 이 중용을 할 수 있는 사람들이 드물게 된 것이 오래되었다."

子曰 中庸 其至矣乎 民鮮能 久矣
자왈 중용 기지의호 민선능 구의

[제3장]

공자께서 말씀하셨다. "도가 행해지지 못하는 이유는 내가 안다. 지혜로운 사람은 지나치고, 어리석은 사람은 미치지 못하기 때문이다. 도가 밝아지지 못하는 이유를 내가 안다. 현명한 사람은 지나치고, 그렇지 못한 사람은 미치지 못하기 때문이다. 사람들이 마시고 먹는 것을 하지 않음이 없지만, 그 맛을 알 수 있는 사람은 드물다."

子曰 道之不行也 我知之矣 知(智)者 過之 愚者 不及也 道之不明也 我
자왈 도지불행야 아지지의 지 지 자 과지 우자 불급야 도지불명야 아

知之矣 賢者 過之 不肖者 不及也 人莫不飲食也 鮮能知味也
지지의 현자 과지 불초자 불급야 인막불음식야 선능지미야

[제4장]

공자께서 말씀하셨다. "도가 행해지지 못하겠구나."

子曰 道其不行矣夫
자 왈 도 기 불 행 의 부

[제5장]

　　정치가와 관료들 그리고 사회를 이끌어 가야 할 지식층이 사람답지 못한 사람이 많기 때문에 국가답지 못한 국가가 되는 것이다. 지식층이 머리로 아는 것은 넘쳐 나지만, 몸으로 실천하는 것은 부족한 것에서 그 원인을 찾을 수 있다. 모든 사회 조직이 조직다운 조직이 되기 위해서는 반드시 사람다운 사람들이 이끌어 나가야 한다. 사람답지 못한 인간들은 세상을 어지럽히는 인재 발생의 원인 제공자이면서도, 자신의 이익만을 꾀하기 때문에 어떠한 예방 조치를 적극적으로 마련하지 않는다. 《논어》〈위령공 제26장〉에서 공자는 "말만 교묘하게 꾸미는 것은 덕(德)을 어지럽히고, 작은 것을 참지 못하면 큰 계책을 어지럽힌다"고 일깨웠다. 수천 년 전에도 지금의 정치가들처럼 말로만 국민을 위하는 사람이 대부분이었다. 이제는 사회 전반에서 질서가 유지되고 서로 상생할 수 있는 분위기가 형성되어야 한다.

　　사시(四時)라는 자연 현상에 대입해 보면, 우리사회에서 상생의 질서가 자리잡지 못한 것은 겨울에 해당된다고 생각한다. 동물이든 식물이든 겨울을 겪어 봐야 봄에 더욱 왕성한 생명력을 가질 수 있다. 그러므로 다음 세대들은 지금보다 좋은 봄과 같은 세상에서 살아갈 수 있도록 이러한 난관을 헤쳐 나가야 한다. 이것을 극복하는 방법은 자신 스스로 사람다운 사람이 되는 것이다. 사람답게 사는 방법은 성(性), 인의예지, 도, 중화, 시중 등과 같이 아직은 낯선 용어들보다는 한마디로 상생을 위해 '착하게 사는 것'이다.

3
진정한 선을
이루기 위해서는
강해져야 한다

선하다는 것은 자신과 만물을 이롭게 하는 것이다

선(善), 즉 착하다는 것은 천도를 따라 실천한다는 의미다. 그래서 '맞다', '잘한다'라는 의미로도 사용했다. 선이란 상생하는 자세로 사람들과 사물을 대하고, 스스로 마음을 바로잡아 모두 잘 살 수 있도록 노력하는 것이다. 또한 의리에 맞으면 실천하고, 맞지 않으면 절대로 돌아보지 않는 태도다. 성격이 유순한 것과는 전혀 다른 의미다. 그리고 다음 세대를 위해 준비하고 교육하는 행동이다. 따라서 원형이정의 천(天)의 사덕을 본받아 천도에 부합하는 도를 따라 실천하는 것이 바로 선한 행동이다.

착하지 않은 것은 악(惡)함이 아니라 불선(不善)이라고 한다. 그것은 도를 따라 성실하게 생활하지 않거나 못 할 뿐이지, 결코 악을 행하는 것은 아니다. 악은 도를 실천하려는 행동 자체를 포기하고 사람이 당연히 지켜야 할 도리를 고의적으로 역행하는 것이다. 그래서 이러한 사람들을 사람다운 사람이 싫어하고 미워하기 때문에 악이란 한자는 '오'라고 발음하며 '미워하다' 또는 '추하다'라는 뜻도 지니고 있다.

공자께서 말씀하셨다. "순임금은 대지(大知)가 있는 분이시다. 순임금은 묻기를 좋아하시고 가까운 말을 살피기를 좋아하셨지만, 악(惡)한 것을 숨겨 주고 선(善)한 것을 드러내셨다. 그리고 그 양 끝을 잡아 그 중(中)을 백성에게 사용하셨으니, 바로 이것 때문에 순임금이 되신 것이다.

子曰 舜 其大知(智)也與 舜 好問而好察邇言 隱惡而揚善 執其兩端 用其
자왈 순 기대지 지 야여 순 호문이호찰이언 은악이양선 집기양단 용기
中於民 其斯以爲舜乎
중어민 기사이위순호

[제6장]

공자께서 말씀하셨다. "사람들 모두가 '내 자신이 지혜롭다'고 말하지만, 그들을 그물이나 덫이나 혹은 함정 속으로 몰아넣으면 피할 줄을 알지 못한다. 사람들 모두가 '나 자신은 지혜롭다'고 말하지만, 중용을 택해 한 달도 지켜낼 수 없다."

子曰 人皆曰予知(智) 驅而納諸罟擭陷阱之中而莫之知辟(避)也 人皆曰予
자왈 인개왈여지 지 구이납저고확함정지중이막지지피 피 야 인개왈여
知 擇乎中庸而不能期月守也
지 택호중용이불능기월수야

[제7장]

우선 유학의 계보에 대해서 간단하게라도 알아야만 유가의 경전을 이해하는 데 도움이 된다. 공자는 항상 요순시대를 칭송하면서 그 시기를 본받자고 했다. 그리고 유학에서 꿈꾸는 이상적인 정치도 요순시대를 기준으로 삼고 있다. 요순시대는 이상적인 정치가 이루어졌던 태평성대의 시기였다. 그렇기 때문에 그때의 요임금과 순임금을 유가에서는 가장 이상적인 군주로 존경했다. 그때는 군주가 정치를 할 때 자연스럽게 다스려서 백성의 생활이 풍요롭고, 군주의 존재까지도 잊을 정도로 행복한 때였다. 또한 왕권을 자식에게 세습하지 않고 백성을 위한 적임자를 선택해 왕위를 물려주는 선양이 이루어짐으로써 권력 다툼이 없었다. 이러한 선양은 요(堯)임금, 순(舜)임금, 우(禹)임금으로 이어졌다.

특히 순임금에 대한 일화가 유명하다. 그는 가난하게 살았지만 아버지와 계모에게 효성이 지극하고 이복동생을 사랑하고 아꼈다. 이러한 인품이 소문이 나서 요임금이 알게 되었고, 요임금은 자신의 두 딸을 그에게 시집보내면서 재물도 함께 주었다. 이것에 질투심을 느낀 계모와 이복동생은 순임금의 친아버지와 짜고 그를 죽이려고 했다.

어느 날, 순임금의 아버지 고수(瞽瞍)가 순임금에게 식량 창고의 지붕을 고치라고 하고, 그가 사다리를 타고 위로 올라가자 사다리를 치우고 창고에 불을 질러 친아들인 순임금을 죽이려 했다. 불이 나자 그는 햇빛을 가리는 데 쓰는 두 개의 삿갓을 새의 날개처럼 이용해 지붕에서 뛰어내렸다. 이 일이 실패하자, 다음에는 순임금에게 우물을 파게 했다. 그가 우물 안으로 들어가자 고수와 이복동생은 그를 생매장하려고 우물을 돌로 메워 버렸다. 순임금은 우물 밑으로 내려가 굴을 파고 탈출해 무사히 집으로 돌아왔다. 그런 일이 있었지만 순임금은 부모에게 효도하고 이복동생과 사이좋게 지냈다. 악행을 저질렀던 그들은 더 이상 순임금을 해칠 생각을 하지 못하게 되었다.

　요임금은 이러한 순임금의 사람됨을 보고 덕이 높은 사람임을 인정해 임금의 자리를 그에게 넘겨주었다. 순임금은 왕위에 즉위한 이후 여러 신하를 전문적인 직분에 따라 임명했으며, 사방의 외적들을 정벌하고 회유함으로써 그의 통치력이 넓은 지역으로 확장되었다. 특히 홍수를 다스리기 위해 우임금을 등용해 마침내 치수에 성공했다. 이후에 순임금은 요임금이 자신에게 했던 것처럼 우임금에게 왕위를 선양했다.

　이와 같이 순임금은 효도를 몸소 실천했고, 억지로 무엇을 하려고 하지 않았으며, 통치자가 되었을 때에는 능력 있는 관리들이 자연스럽게 공을 세울 수 있도록 도와주는 역할만 했을 뿐이다. 순임금은 비록 목숨까지 위태로운 어려움에 처했을 때에도 평소에 어김없이 도를 실천하는 중용이 몸에 배어 있었기 때문에, 중도(中道)에 따라 판단해 위기에서 탈출할 수 있었던 것이다.

　중도란 상황이나 현상, 혹은 사물에 따라 중절해서 대응해 상생을 이루기 위한 성(性)에 맞춰 나가는 것을 말한다. 순임금은 부모와 이복동생이 자신을 해치려고 했음에도 그들의 악함을 세상에 퍼뜨리지 않고, 자신의 선을 발휘해 생명에 대한 사랑으로 그들을 상대했다. 인덕이 이러한 경지에 도달한 그는 군주가 되어서도 중용을 유지했기에 그가 다스렸던 시기는 태평성대를 이루었다. 순임금은 사람다운 사람의 대표적인 인물이라고 볼 수 있다.

"순임금은 대지가 있는 분이시다. 순임금은 묻기를 좋아하시고, 가까운 말을 살피기를 좋아하셨다"는 의미는 다음과 같다. 먼저 "대지가 있었다"는 것은 이렇다. 앞에서 말했듯이 대(大)라는 의미는 천도와 근접한 것이다. 따라서 완벽한 지(知)를 가졌다는 의미다. 지는 인의예지의 처음과 끝이다. 따라서 인의예지가 천에 근접한 인물이었다는 것이다. "묻기를 좋아하고 가까운 말을 살피기를 좋아했다"는 것은 제1장에 있는 "도를 잠시라도 몸에서 떠나지 않게 하였다"는 의미다. 그러한 중용이 몸에 체화되었기 때문에 모든 일에 적용해 죽음이라는 위험에 노출되어도 탈출할 수 있었던 것이다.

"악한 것을 숨겨 주고 선한 것을 드러내셨다. 그리고 그 양 끝을 잡아 그 중을 백성에게 사용하셨으니, 바로 이것 때문에 순임금이 되신 것이다"라는 것은 극명하게 대비되는 선악(善惡)에 대한 대응을 중용으로 하여, 자신의 아버지의 악함은 숨겨 주지만 자신의 행실은 선하게 실천함으로써 아버지의 잘못에 대해 대신 용서를 구하고, 아버지가 스스로 반성해 선한 사람이 될 수 있도록 효성으로 대했다는 의미다. 이러한 일이 널리 알려져 선이 세상에 퍼지도록 함으로써 평화로운 나라를 만들었다는 것이다.

이와 비슷한 사례가 《논어》 〈자로 제18장〉에 등장한다. 초나라의 제후 섭공(葉公)[13]이 공자에게 "우리나라에는 정직하게 행동하는 사람이 있습니다. 그 사람은 자신의 아버지가 양을 훔치자 이 범죄를 증명했습니다"라고 자랑하며 말했다. 그러자 공자는 "우리나라의 정직한 사람은 이와 다릅니다. 아버지는 자식을 위해 그 자식의 나쁜 일을 숨겨 주고, 자식은 아버지를 위해 그 아버지의 나쁜 점을 숨겨 줍니다. 정직함은 그 가운데 있는 것입니다"라고 말했다. 앞에서 정직은 신독과 관련해서 설명했다. 자신이 홀로 있을 때 부끄럽지 않고 바르게 생활하는 측면에서 정직을 말했다. 항상 자신에 대해서는 엄격한 잣대를 세우고, 타인에 대해서는 너그러운 잣대를 세우는 것이 정직의 중용이 된다.

 공자께서 말씀하셨다. "안회(顏回)[14]의 사람됨은 중용을 택해 하나의 선(善)을 얻으면 그것을 받들어 잡아 가슴에 두고 잃지 않았다."

子曰 回之爲人也 擇乎中庸 得一善 則拳
자왈 회지위인야 택호중용 득일선 즉권
拳服膺而弗失之矣
권 복 응 이 불 실 지 의
[제8장]

공자가 순임금을 칭송하듯이 공자의 제자 중에 가장 사랑을 받았던 인물이 안회다. 공자는 안회에 대해 "중용을 택해 하나의 선을 얻으면 그것을 받들어 잡아 가슴에 두고 잃지 않았다"고 표현했다. 안회도 '도를 잠시라도 몸에서 떠나지 않게 했다'는 사실을 말한다. 공자는 "내가 안연과 함께 하루 종일 이야기 해 본 결과 내 말을 어기지 않고 의심을 하거나 반박하지 않아서 알아듣지 못하는 것처럼 어리석게 보였다. 그러나 그가 물러간 뒤에 그의 사생활을 살펴보았더니 나와 말한 대로 충분하게 실천하고 있었으니, 그가 알아듣지 못한 것이 아니었구나!"라고 했다. 선한 사람은 남들이 볼 때 어리석은 모습으로 비춰질 수 있다. 그러나 공자가 "굳세고 의연하고 수수하고 어눌함이 인자함에 가깝다"라고 말한 것처럼 착한 사람은 겉으로 보기에는 어리석어 보여도 그 사람의 바른길을 향한 의지는 자신의 생명을 바칠 정도로 강하다.

이러한 의지에 관해 《논어》 〈위령공 제8장〉에 보면 공자는 "지사와 어진 사람은 자신이 살기 위해 인(仁)을 해치지 않고 자신의 몸을 바쳐 인을 이룬다"라고 했다. 말 그대로 살신성인하는 사람이다. "자신이 살기 위해"라는 것은 사람답지 못한 인간의 모습을 보이며 살고자 하는 것을 말한다. 이것은 자신의 생명을 쉽게 여기라는 의미가 아니다. '많은 수의 생명과 비교해 한 사람의 생명은 별것 아니다'라는 의미도 결코 아니다.

선한 사람의 행동은 자신도 살고 만물도 함께 살 수 있도록 부모와 같은 사랑을 베푸는 것이다. 다만 어떠한 상황에서 만물을 살리기 위해 자신이 희생할 수밖에 없는 상황이 되었을 때 정의

를 위해 자신의 목숨을 희생할 수 있는 행동이 바로 살신성인이
다. 선한 사람이 중용을 이루어 불가피한 상황에 처했을 때 할
수 있는 최선의 행동이라고 할 수 있다. 일제 강점기의 독립운동
가, 외적의 침입에 항거한 의병, 그리고 현대에는 자신을 희생해
많은 사람의 생명을 구한 사람이 바로 살신성인을 이룬 사람들
이다.

진정한 화합은 가까운 사람과 이루는 것이 아니라 전체에서 이루는 것이다

공자께서 말씀하셨다. "천하와 국가를 고르게 할 수 있고, 벼슬
과 녹봉을 사양할 수 있으며, 흰(시퍼런) 칼날을 밟을 수는 있지
만, 중용은 잘할 수가 없다."

子曰 天下國家 可均也 爵祿 可辭也 白刃 可蹈也 中庸 不可能也
자왈 천하국가 가균야 작록 가사야 백인 가도야 중용 불가능야

[제9장]

자로가 강한 것을 묻자, 공자께서 말씀하셨다. "남방의 강함인
가? 북방의 강함인가? 아니면 너 자로의 강함인가? 관대하고 유
순하게 가르쳐 주고, 무도한 것에 보복하지 않는 것이 남방의
강함이니, 군자는 이렇게 처신한다. 병기와 갑옷을 깔고 죽어도

싫어하지 않는 것은 북방의 강함이니, 강한 자가 이렇게 처신한다. 그렇기 때문에 군자는 화이불류(和而不流)를 하니, 강하다 꿋꿋함이여. 중립해 치우치지 않으니, 강하다 꿋꿋함이여. 나라에 도가 있으면 옹색해도 의지가 변치 않으니, 강하다 꿋꿋함이여. 나라에 도가 없으면 죽음에 이르더라도 의지가 변치 않으니, 강하다 꿋꿋함이여.

子路 問强 子曰 南方之强與 北方之强與 抑而强與 寬柔以敎 不報無道
자로 문강 자왈 남방지강여 북방지강여 억이강여 관유이교 불보무도
南方之强也 君子居之 袵金革 死而不厭 北方之强也 而强者居之 故 君子
남방지강야 군자거지 임금혁 사이불염 북방지강야 이강자거지 고 군자
和而不流 强哉矯 中立而不倚 强哉矯 國有道 不變塞焉 强哉矯 國無道
화이불류 강재교 중립이불의 강재교 국유도 불변색언 강재교 국무도
至死不變 强哉矯
지사불변 강재교

[제10장]

"천하와 국가를 고르게 할 수 있고, 벼슬과 녹봉을 사양할 수 있으며, 흰(시퍼런) 칼날을 밟을 수는 있지만, 중용은 잘할 수가 없다"는 의미는 정치를 잘하고, 명예와 재물을 남에게 양보하고, 고통을 두려워하지 않는 것보다 실천하기 어려운 것이 중용이라는 것이다. 그것은 사람의 욕심이 너무나 강하고, 시시각각 변화하기 때문에 모든 일에 중용을 적용하기가 힘들기 때문이다. 그렇게 할 수 있다면 순임금과 같이 성인이 될 수 있다.

살신성인은 천도에 부합하는 진정한 용기에서 나오는 숭고한 행동이다. 이것은 쓸데없는 상황에서 객기를 부리는 어리석은 행동과는 차원이 다르다. 용맹함을 실천하는 것과 인의예지를 실천

하기 위한 노력도 중도를 지켜 실행해 나가야 한다.《논어》〈태백 제10장〉에서 공자는 "사람이 용맹함을 좋아하고 가난을 싫어하면 난리를 일으키고, 사람으로서 인자하지 못한 것을 너무 미워하는 것도 난리를 일으킨다"라고 지적했다. 인간관계에서 강직함과 인자함은 서로 화합을 이루기 위해 필요한 덕목이다. 그러한 덕목을 이루기 위해 질서가 무너지게 된다면, 그것은 진정한 강직함도 아니며 자연의 섭리를 따르는 인자함도 아니다. 그러므로 모든 일은 중도에 따라 행해야 한다.

《논어》〈자로 제28장〉에는 화합에 대한 내용이 나온다. 자로가 "어떤 사람이 선비다운 사람입니까?"라고 묻자, 공자는 "간절하고 자상해 화락(和樂)하면 선비라고 말할 만하니, 친구 간에 간절하고 자상하며, 형제간에는 화락해야 한다"라고 대답했다. 사람들 간에 화합을 이루는 가장 처음 단계는 바로 형제간의 우애다. 형제는 가장 가까운 사이인데, 실생활에서는 그렇지 않을 때가 많다. 형제간에 중화를 이루지 못해 서로 화목하지 못하다면, 다른 인간관계에서도 화합을 이룰 수 없다는 것은 말할 필요도 없다. 어떤 조직에서 화합을 이루고자 할 때 인의예지에 부합하는가를 판단하고 실행해 중화를 이루어야 한다. 서로 화합해 살기 좋은 사회를 이루기 위해서 노력하는 의지가 진실로 강하고 용감한 자세라고 할 수 있다.

"화이불류하니, 강하다 꿋꿋함이여. 중립하여 치우치지 않으니, 강하다 꿋꿋함이여"라는 의미는 다음과 같다. 앞에서 '화(和)

는 희로애락이라는 감정을 성(性)에 맞춰 그 시점과 그 위치에서 천도의 중(中)에 가장 근접하게 된 상태'라고 설명했다. 그렇기 때문에 성에 맞춘다는 것은 한 집단만의 조화를 이루는 것이 아니다. 그렇게 되면 중화를 이루지 못하고 한쪽으로 흐르는 류(流)일 뿐이다. 한 집단을 넘어서 전 사회에서 상생하는 질서가 유지되도록 중용을 이루는 것이 진정한 화인 것이다. 따라서 한 집단만을 위한 화합은 화가 아니라 동(同)일 뿐이다.

그래서 《논어》〈자로 제23장〉에서는 "군자는 화(和)하고 동(同)하지 않으며, 소인은 동하고 화하지 않는다"라는 '화이부동(和而不同)'이라고 했다. 화이불류는 화합하지만 휩쓸리지 않는다는 것이고, 화이부동은 화합을 하지만 정의로움과 상관없는 일에 무조건 동조하지 않는다는 것이다. 그리하여 자신의 현재 위치에서 개인과 조직과 사회와 국가, 인류 등 모든 상황에 맞추어 중절해 전 사회의 상생을 위해 성에 맞추어 나가는 것을 중립이라고 한다. 이러한 중립을 유지하는 것이 진정한 강함을 위한 중도이며, 선한 것이다.

이러한 동(同)의 모습을 우리 사회의 다양한 단체에서 찾아볼 수 있다. 정치·경제·사회·문화·예술·종교 등과 같은 집단에서 관행적으로 행해지고 있으며, 단체와 단체 간에 유착관계를 맺어 마피아와 같은 역할을 하고 있다. 이러한 집단 이기주의 문화는 강함이 아니라 나약함에서 비롯된다고 볼 수 있다. 나약한 자들은 뭉쳐서 강하게 보이려 하고, 상대방의 약점을 파고들어 욕심을 채우려고 한다. 사람답지 못한 사람들이 뭉쳐 있는 단체들의 속성은 세상의 좋은 말은 모두 인용하면서 실천은 하지 않는다. 그리고 자신들이 강하다는 착각에 빠져 교만하게 된다. 이러한 사람들이 기득권을 갖고 그러한 단체들이 사회에 중요한 자리를 잡고 있을 때에 질서가 붕괴되고 혼란에 빠지게 되는 것이다.

4
사회가 혼란할수록 신비주의가 성행한다

유학은 종교가 아닌 인간답게 사는 법을 가르치는 도덕철학

사람답지 못한 인간들이 난무하는 사회는 질서가 자리잡지 못한다. 질서가 붕괴되면 사람들은 경제적으로 곤란해지고 정신적으로 피폐해진다. 대중은 이렇게 희망이 없는 세상에 환멸을 느끼고, 이러한 현실을 고칠 수 있는 무엇인가를 찾기 위해 중도를 잃고 괴이한 것을 좇게 된다.

공자께서 말씀하셨다. "(앞의 세대에서) 은벽한 것을 찾고 괴이한 것을 행하는 것을 후세에 칭찬하며 말하는 사람이 있지만, 나는 그렇게 하지 않는다. 군자가 도를 좇아서 행하다가 중도에 그만두지만, 나는 그만둘 수 없다. 군자는 중용에 의지해서 세상을

피해 숨어서 (사람들이) 알아주지 않더라도 후회하지 않으니, 오직 성인만이 이럴 수 있다.

子曰 素(索)隱行怪 後世 有述焉 吾弗爲之矣 君子遵道而行 半塗(途)而
자왈 소 색 은행괴 후세 유술언 오불위지의 군자준도이행 반도 도 이

廢 吾弗能已矣 君子 依乎中庸 遯世不見知而不悔 唯聖者能之
폐 오불능이의 군자 의호중용 돈세불견지이불회 유성자능지

[제11장]

참다운 진리는 혹세무민하지 않는다. 아직도 이데올로기에 빠져 '사회주의가 최고다', '자본주의가 최고다'라고 하는 것은 이념주의자들의 신비주의일 뿐이다. 편협한 생각으로 치닫는 이념 논쟁은 사람들에게 또 다른 혼란만 가중시킬 뿐이다. 노동자가 착취당하던 시절에는 당연히 공산주의 혹은 사회주의가 해결책으로 작용할 수도 있었다. 그러나 지금은 사회주의가 시장의 경쟁력을 잃고 나라와 국민이 가난해진다는 것을 역사가 증명했다.

이것은 예(禮)가 붕괴되어 중용을 이루지 못한 사회가 되어 버린 결과다. 그래서 예에 대해 생각해 볼 필요가 있다. 예의 기본은 부모에게는 부모에 맞는 예를 행하고, 자식에게는 자식에 대한 예를 행하는 것이다. 또한 예라는 것은 예절이라는 것으로만 생각해서는 안 된다. 예는 생각보다 다양하다. 사람에게 대하는 예절도 예이고, 노력에 따라 정당한 보상을 해 주는 것도 예가 되며, 복잡한 풀이를 하나의 공식으로 만들어서 체계화하는 것도 예다. 따라서 사회주의는 노력과 투자를 많이 한 사람에게 이익을 많이 주고, 덜한 사람에게 적게 주는 예를 실천하지 못했다.

결국 사회주의는 사회적인 중화를 이루지 못했음을 알 수 있다.

또한 지금 자본주의가 사회주의를 표방한 공산국가와의 경쟁에서 승리한 것처럼 보이지만, 자본주의 역시 나름대로 문제점이 있다. 자본주의가 인간의 경쟁력을 강화하는 측면은 있지만, 자본가의 부가 지나치게 거대해지면서 정치가에게 영향력을 발휘해 자신들의 이익을 위한 정책과 제도를 만들도록 압박하고, 국민의 경제생활이 자신들에게 종속되게 함으로써 부의 양극화를 조장한다. 이것은 중산층 비율이 점차 줄어들게 하고, 사회적 불안을 가중한다. 현재 우리나라를 비롯한 대다수의 자본주의 국가가 경제적 중화를 이루지 못하고 부가 편중되는 사회가 되었다.

그것뿐만 아니라 사회주의 국가와 자본주의 국가 모두 기득권층이 부와 명예를 독차지하고 있다. 이러한 기득권층이 대중의 신뢰를 받지 못하면 음모론이 출현한다. 음모론이란 사회적으로 큰 충격을 일으킨 사건의 원인이 명확하게 밝혀지지 않았을 때 나오게 된다. 그 사건의 배후에 거대한 권력 조직이나 비밀스런 단체가 있다고 해석하고, 그것을 믿는 사람들이 늘어나게 된다. 이러한 음모론은 과거에 정확한 정보를 듣기 힘든 시기에 많이 유포되었는데, 인터넷과 SNS와 같은 것에 의해 정보가 지나칠 정도로 많은 현대 사회에서도 급속하게 퍼지고 있다. 이것은 결국 권력층에 있는 사람들이 대중에게 신뢰를 주지 못한 결과다. 그것은 권력층이 그동안 중용에 입각해 선을 행하지 못하는 모습만을 보여 주었기 때문이다. 또한 자신의 잘못을 감추거나 남에게 전가했던 일이 자주 있었기 때문이다.

한편 길거리를 지나다 보면 "도에 관심이 있냐?"고 접근하는 사람들을 자주 보게 된다. 사이비 종교집단이 정신적으로 불안한 사람들을 유혹해 신도를 늘리기 위한 전도 활동이다. 도라는 것은 신비한 것이 아니다. 말 그대로 사람이 사람답게 살기 위해 가야 할 길이지 그 이상도 그 이하도 아니다. 천도 역시 앞에서 말한 것처럼 하루가 있고, 사계절이 있는 자연의 변화와 물과 산소 등이 존재함에 따라 동물과 식물 등 생물이 탄생하고 생물이 살아갈 여건을 만들어낸 이치다. 그것을 마치 신비한 주술이나 양생법으로 말하고, 불로장생의 비결로 내세워 사람들을 속이고 있다.

또한 기성 종교의 교리를 왜곡해 신도들을 착취하고 범죄를 일으키는 사이비 종교들도 이러한 신비주의를 등에 업고 사회에 기생하고 있다. 종교란 절대 신에게 의지해 선을 추구하고 악을 경계하는 것으로 인간의 고민을 해결하고 삶의 근본 목적을 찾아 행복을 얻고자 하는 일을 말한다. 돈벌이로 생각해 신도들을 모집하지 말고, 참다운 종교의 역할을 하는 것이 진정한 종교의 자세다. 어떠한 종교도 신비주의를 표방해 인간관계를 분열시키고 단체의 이익만을 추구한다면, 이는 악덕 기업집단이나 다름없다.

예전부터 유교라고 하여 유학을 종교라고 생각하는 사람이 많다. 그러나 유학은 결코 종교가 아니다. 유학은 죽음 이후의 내세관이 없다. 현재 인간들의 실제 생활에서 인간답게 살 수 있는 실천을 요구하는 도덕철학이며, 천(天)과 성(性)과 같은 개념은 그 원리를 파악하는 철학적인 논리의 근거를 제시하기 위해서 정리한 용어다.

제사는 종교적인 행사가 아니라 자신의 부모님이 돌아가셨을 때를 기리는 일이다. 부모님이 살아계실 때와 마찬가지로 음식을 차려 드리고 부모님을 추모하는 행위다. 또한 설날이나 추석 때 차례를 지내는 것도 돌아가신 부모님과 함께 명절을 나누고 싶은 마음의 표현이다. 이와 같이 제사를 지내거나 초상을 치르는 것은 귀신을 섬기는 것이 아니라, 자식이 돌아가신 부모님께 효도의 마음으로 슬퍼하고 공경하는 모습이다. 《논어》〈자장 제14장〉에서 자유는 "사람이 죽어서 초상을 치를 때는 오직 슬퍼하는 마음을 다하면 그만이다"라고 말했다. 원래 유가에서는 제사의 절차를 너무 엄격하게 하고, 형식을 거창하게 하는 것을 권장하지 않았다. 단지 그 절차와 형식이 슬퍼하는 마음을 담고 있다는 점을 중요하게 생각했다.

한편 제사를 지낼 때 절을 하는 것은 귀신을 섬기는 것이 아니라, 부모와 조상에 대한 공경의 표현이다. 절을 하는 행위는 남에게 공경하는 뜻으로 몸을 굽혀 하는 인사다. 공경하는 정도나 상황 및 대상에 따라 표현하는 방법이 다를 뿐이다. 절을 두 번 하는 의미는 공경의 마음을 더하는 것이지 귀신한테 절하는 것이 아니다. 할아버지나 할머니의 환갑잔치 때에 술을 따라 드리면서 절을 두 번 한다. 그것은 오래 사신 날을 기뻐하면서 더욱 공경하겠다는 표시로 두 번을 하는 것이다. 그리고 왕권 시대에 임금에게는 그 권위를 인정하는 의미로 네 번의 절을 했다. 따라서 제사에서 두 번 절하는 것은 귀신을 향해 절하는 것이 아니라, 돌아가신 부모님을 공경하는 마음의 표현이다.

장례 절차 역시 부모님에 대한 공경의 표현이며, 부모님이 돌아가신 것을 슬퍼하는 것이다. 예전에는 부모님이 돌아가신 후 3년 동안 살아계신 듯이 모시고 탈상했다. 귀신이 3년 동안 이 세상에 머무른다고 생각해서 그러한 형식이 만들어진 것이 결코 아니다. 그것은 부모님이 자신을 키울 때 태어난 후 3년 동안 온갖 정성을 다해 이 세상에 적응할 수 있도록 보살펴 주신 것에 보답을 하는 모습이다. 부모님이 돌아가셔도 영혼이 있으면 좋겠다는 생각은 종교를 떠나 대부분의 사람이 느끼는 감정이다. 그러한 감정에 의해서 이 세상을 떠나 낯선 세상으로 가시는 부모님의 영혼이 고독하고 불안해하실 것 같아 애절함을 느끼는 것은 자식으로서 당연한 감정이다. 그렇기 때문에 3년 동안 곁에 계시는 것처럼 돌봐 드리는 것을 당연한 도리라고 생각한 것이다.

《논어》〈양화 제21장〉에는 이러한 내용이 실려 있다. 재아(宰我)[15]가 공자에게 말했다. "부모님이 돌아가셨을 때에 삼 년의 상은 너무 깁니다. 군자가 삼 년 동안 예(禮)를 행하지 않으면 예가 반드시 무너지고, 삼

15 공자의 제자다. 성은 재(宰), 이름은 여(予), 자는 자아(子我)다. 성격이 솔직하고 언변이 뛰어났으나 실천이 언변을 따라가지 못했다.

년 동안 음악을 익히지 않으면 음악이 반드시 무너질 것입니다. 일 년이라는 기간은 묵은 곡식이 이미 없어지고 새 곡식이 익으며, 불을 피우는 부싯돌도 삼 년이면 다 달아 새것으로 바뀌게 될 정도로 긴 시간이니, 일 년 정도만 해도 괜찮을 것 같습니다." 그 말을 듣고 공자가 "쌀밥을 먹고 비단옷을 입으니 네 마음이 편안하더냐?"라고 물어보니, 재아가 "편안합니다"라고 대답했다. 그러자 공자는 "네가 편안하거든 그렇게 하여라. 군자가 부모님의 상을 치를 때에 맛이 있는 것을 먹어도 달지 않으며, 음악을 들어도 즐겁지 않으며, 처소에 있어도 편하지 않은 것이다. 그러나 네가 편안하다면 그렇게 하여라"라고 말했다. 재아가 밖으로 나가자 공자는 "재아는 인자하지 못하구나! 자식이 태어나서 삼 년이 지난 후에야 부모의 품에서 벗어난다. 삼년상은 천하에 공통된 것이니, 재아는 진정으로 그 부모에게서 삼 년 동안의 사랑을 받았던 사람이었는가?"라고 말했다.

부모는 자식이 태어나 걸음마를 하고, 어른들의 말을 따라 할 수 있으며, 자신이 원하는 것을 어느 정도 표현할 수 있을 때까지 자신의 품 안에서 애지중지 키운다. 물론 자식들이 아무리 나이가 많이 들어도 걱정하고 잘되기를 바라지만, 최소한 삼 년까지는 자신의 품과 시야에서 벗어나 있으면 몹시 불안해하는 것이 부모의 마음이다.

그러므로 부모님이 돌아가셨을 때 슬퍼하는 것은 부모님이 자신에게 베풀어 주신 것을 생각해 보면 당연한 일이다. 그 슬퍼하는 마음이 제사와 초상을 치를 때에 표현되게 한다는 의미로 효도가 인간의 기본적인 도리라는 입장에서 유학은 제사와 초상 치르는 일을 큰일로 생각했다.

더욱이 유학은 귀신에 대해서 특별하게 다루지 않았다. 공자는 괴이한 것과 정의(正義)를 어기고 정도(正道)를 어지럽히며 모반을 일으키는 것과 귀신을 말하지 않았다. 춘추 시대는 사회 질서가 혼란했기 때문에 권력에 아첨하고, 힘이 있는 자의 편에 서서 살아가는 것이 살아남을 수 있는 길이었다. 이와 같이 혼란스러운 사회에서 대중의 마음을 쉽게 얻고, 권력이 있는 자들에게 신임을 얻을 수 있는 방법이 신비주의를 내세우는 것이었다. 그러나 공자는 정연한 논리를 갖고 진정으로 백성이 살기 좋은 세상을 만들기 위해 노력했다. 이것이야말로 진정한 중화를 이루기 위한 도를 실천한 모습이라 할 수 있다.

《논어》〈선진 제11장〉에서 계로(季路)[16]가 귀신을 섬기는 방법에 대해 묻는 대목이 나온다. 이에 대해 공자는 "사람도 잘 섬기지 못하면서 어떻게 귀신을 섬길 수 있겠는가?"라고 대답했다. 계로가 "죽음은 과연 무엇입니까?"라고 다시 묻자, 공자는 "삶을 모르는데 어떻게 죽음을 알 수 있겠느냐?"라고 말했다. 이와 같이 유학은 죽었을 때를 대비하는 종교가 아니라, 살아 있을 때 성실하게 살려고 노력하는 현세(現世)의 학문이다. 또한 현재 살고 있는 세상에서 남에게 피해를 주지 않고 이웃과

16 자로의 다른 호칭이다.

조화를 이루고 살아가기 위해 중용이라는 방법을 제시하고 있는 학문이다.

신비주의를 벗어나는 길은 중용을 유지하는 것

신비주의에 빠진다는 것은 중용을 이루지 못한 것이다. 그것은 사람의 성(性)에 기준을 두지 않고 신비한 무엇인가에 근본을 두고 찾아 헤매는 것이다. 신비주의에 빠지지 말고 올바른 판단을 하기 위해서는 겉으로 드러난 모습인 말(末)과 그 내면에 있는 본질을 잘 알아야 한다. 중용을 행할 때에 겉으로 드러나는 일에 대해 항상 그 본(本)을 파악해야 한다.

《논어》〈팔일 제8장〉에는 기본에 대한 이야기가 나온다. 공자가 "그림 그리는 일은 그림을 그릴 흰색 비단을 준비한 후에 하는 것이다"라고 말했다. 그러자 자공이 "예(禮)를 행하는 것은 충신(忠信)을 바탕으로 삼은 다음에 하는 것이군요"라고 말했다. 그림을 그릴 때에 물감의 색상이 최대한 표현될 수 있는 종이나 캔버스의 색은 흰색이다. 사람의 행동에 있어서도 충(忠)과 신(信)이 있어야 예의범절이 바르게 드러나게 되는 것이다. 충이라는 것은 마음 심(心) 자와 가운데 중(中) 자가 합쳐진 글자다. 마음의 중심을 잡는다는 것은 그 사람의 마음에 중화를 이루기 위해 도를 실천할 수 있는 기본적인 자세가 마련되었다는 것이다. 신비주의는 맹신에서 비롯된다. 그리고 신비주의를 표방하는 사람들은 자신의 마음에 충심을 갖지 않고 사람들을 유혹하는 일을 자행한다.

《논어》〈위령공 제17장〉에서 공자는 "군자가 의(義)를 밑바탕으로 삼고, 예(禮)로써 그것을 행하며, 겸손하게 그것을 나타내고, 신(信)으로 그것을 이루어야 한다"고 했다. 신으로 이룬다는 것은 중용의 결과라고 할 수 있다. 중용은 인의예지 사덕을 모두 고려해야 하는 것이 원칙이지만, 그중에서도 마땅한지, 정의로운지, 의리에 맞는지를 인(仁)을 바탕으로 한 의(義)를 기준으로 중(中)에 다가가는 것이 가장 일반적이다. 따라서 신은 사덕이 이루어진 결과를 뜻한다고 할 수 있다.

그리하여 신(信)을 사덕의 중앙에 놓기도 한다. 앞에서 설명한 대로 봄이나 동쪽에 해당하는 자리에 인(仁)이 있고, 여름과 남쪽에 해당하는 자리에 예(禮)가 있으며, 가을과 서쪽에 해당하는 자리에 의(義)가 있다. 끝으로 겨울과 북쪽에 해당하는 자리에 지(知)가 있는데, 이 사덕의 한결같은 순환이 이루어지기 위해서는 중도를 기준으로 하는 마음과 믿음이 있어야만 된다는 의미다.

한편 앞에서 말한 바와 같이 노력에 대한 보상도 이러한 충신을 바탕으로 행해져야 하고, 어떠한 과학 공식을 만들 때에도 충신을 바탕으로 만들어져야 한다. 공식에서 그 공식을 만들 때 정연한 논리로 이치에서 벗어나지 않게 하는 것은 충(忠)이 되고, 숫자 대입에 항상 비례해서 답이 나올 수 있는 것이 신(信)이 된다고 할 수 있다.

따라서 충신과 중용과의 관계를 생각해 보면 중화를 이루기 위해 항상 지녀야 하는 기본적인 마음의 자세라고 할 수 있다. 즉, 도를 실천할 때 충신의 자세를 유지해야만 한다는 것이다. 한마디로 말하면, '사람다운 사람은 진실하고 신념이 있다'로 표현할 수 있다. 진실하고 신념이 있는 사람은 선한 사람으로서 혹세무민하지 않는다.

《논어》〈자장 제10장〉에서 자하는 "군자가 백성에게 신임을 얻게 된 이후에 백성에게 어떠한 일을 시킬 수 있는 것이다. 신임을 얻지 못한 군주를 백성은 자신들을 괴롭히는 권력자라고 생각한다. 또한 아랫사람은 윗사람에게 신임을 얻은 뒤에 윗사람의 잘못을 말씀드리는 간(諫)을 해야 하니, 신임을 얻지 못하고 간하면 자신을 비방한다고 생각한다"라고 말했다. 신임을 얻는다는 것은 사덕을 두루 갖추고 있다는 의미로 인간의 성(性)에 가까워진 사람이다. 그런 사람이 윗사람에게 직언을 한다면, 그의 충심이 느껴지기 때문에 윗사람이 믿고 그 말을 따르게 된다. 또 아랫사람에게 일을 시킬 때에도 그들도 충심에 감화되어, 자신들을 위한 일이라고 생각하고 맡은 일을 적극적으로 수행한다.

사람들이 이론적인 이념에 몰두하거나, 사이비 종교에 빠진다거나, 음모론에 심취해 있다는 것은 현재 그들이 사는 사회의 지도자들에 대한 신임이 없기 때문이다. 그러나 지도자들뿐만 아니라 이웃, 동료, 친구를 못 믿는 세태가 지속되고 있다. 때때로 가족끼리도 서로 못 믿어서 소송을 하고 주먹다짐을 하는 경우를 언론을 통해 접하게 된다. 이것은 지도자나 권력자 등 기득권에 있는 사람들만의 책임이 아니라, 이 사회를 구성하고 있는 우리 모두의 책임이라 할 수 있다. 우리 사회가 다시 중심을 잡기 위해서는 인간관계에서, 특히 인간관계가 시작되는 가족관계에서부터 중용을 유지해야만 한다.

中庸

제3부

✿

모든 도덕은
가까운 곳에서부터
시작된다

1
각자의
본분에 맞게
행동하라

정명의 현대적 해석

유학에서 말하는 가르침은 인간관계에서 당연히 해야 할 도리를 말하고 있다. 이 책의 내용은 중용을 바탕으로 인간관계에서 실천해야 하는 도리로 구성했다. 그래서 중용의 다음 내용에 들어가기 전에 잠시 사서삼경에 대해 소개하고자 한다. 유학의 기본 경전을 보통 사서삼경이라고 한다. 사서삼경은 직간접적으로 서로 연결되어 유학의 가르침을 전하고 있다. 이 책《중용(中庸)》을 설명할 때에《논어(論語)》,《맹자(孟子)》,《대학(大學)》,《역경(易經)》 등을 인용해 설명하는 것이 바로 그 때문이다. 사서란《논어》·《맹자》·《대학》·《중용》이고, 삼경은《시경(詩經)》·《서경(書經)》, 그리고 흔히 주역이라고 말하는《역경》이다.

《논어》는 공자의 가르침을 전하는 내용으로, 공자와 그 제자들의 문답 형태로 이루어져 있다. 공자의 발언과 행적 등을 토대로 인생의 교훈이 되는 말들이 인(仁)을 주제로 전개된다. 다만 내용의 체계가 일관성이 있는 것은 아니다.

《맹자》는 처음부터 끝까지 일관된 체계로 이루어져 있다. 공자의 인(仁)을 의(義)로 확장해 왕도정치를 주제로 내용이 이루어져 있다. 또한 앞에서 설명한 사단(四端)을 바탕으로 사람의 본성이 선(善)하다는 성선설과 민의에 의해 폭군을 내쫓는 혁명론을 포함하고 있다.

《대학》은 격물(格物), 치지(致知), 성의(誠意), 정심(正心), 수신(修身), 제가(齊家), 치국(治國), 평천하(平天下)의 여덟 가지 항목으로 정리되어 있다. 모든 사물에서 천도를 이해하고 도덕의 원리를 깨닫는 수신을 우선적으로 실천하고, 그것을 토대로 가정과 사회와 나라의 질서를 이루게 되면, 궁극적으로 온 세상을 평화롭게 만들 수 있다는 내용이다. 즉, 전체적인 유학의 수기치인(修己治人) 체계를 제시하고 있다.

《중용》은 어느 한쪽으로 치우치지 않는 중도를 항상 실천하는 중용의 가르침을 말하고 있다. 인간의 성(性)이 천부적인 것이기 때문에 그 성을 좇아 도를 행해 중화에 이르는 것을 기본 맥락으로 한다. 천도는 성(誠)으로 일관되고 순수한 것의 극치로서 무위로 세상을 이루고, 사람은 그 성을 따라 선을 굳게 지켜 실천하는 성지(誠之)를 하여 본성을 회복한다는 내용이다.

《서경》은 58편으로 구성되어 있고, 상서(尙書)라고도 한다. 우

서(虞書) · 하서(夏書) · 상서(商書) · 주서(周書) 등 요순시대부터 주
나라까지의 중국 고대 역사를 기록한 내용이다.

《역경》은 앞에서 자연 현상과 자연법칙의 원리를 설명할 때
소개했고, 《시경》은 주나라 초기부터 춘추 시대 초기까지의 시
305편을 수록하고 있는데, 〈풍(風)〉, 〈아(雅)〉, 〈송(頌)〉으로 분류
된다. 〈아(雅)〉는 〈대아(大雅)〉와 〈소아(小雅)〉로 나뉜다. 〈풍(風)〉은
주로 남녀 간의 정(情)과 이별을 다루었고, 〈아(雅)〉는 공식 연회
의식에 쓰이는 의식가이며, 〈송(頌)〉은 종묘의 제사에 쓰는 악시
(樂詩)다. 공자는 《시경》 공부가 감정을 흥기시켜서 배움에 도움
이 된다고 하여 중요하게 생각했다. 《논어》, 《중용》, 《대학》 등은
《시경》에 나온 자연적인 현상과 일상적인 내용들을 비유해 가르
침을 현실감 있게 전달하고 있다.

군자의 도는 비은(費隱)하다. 어리석은 부부라도 참여해 알 수
있지만 그 지극함에 이르러서는 비록 성인이라도 알지 못하는
바가 있고, 어리석은 부부라도 행할 수 있지만 그 지극함에 이
르러서는 비록 성인이라도 행할 수 없는 바가 있다. 천지가 큼
에도 사람이 오히려 한(恨)스러워 하는 바가 있다. 그러므로 군
자가 큰 것을 말하면 천하가 담지 못하고, 작은 것을 말하면 천
하가 쪼갤 수 없다.

君子之道 費而隱 夫婦之愚 可以與知焉 及其至也 雖聖人 亦有所不知焉
군자지도 비이은 부부지우 가이여지언 급기지야 수성인 역유소부지언
夫婦之不肖 可以能行焉 及其至也 雖聖人 亦有所不能焉 天地之大也 人
부부지불초 가이능행언 급기지야 수성인 역유소불능언 천지지대야 인

猶有所憾 故 君子語大 天下莫能載焉 語小 天下莫能破焉
유 유 소 감 고 군 자 어 대 천 하 막 능 재 언 어 소 천 하 막 능 파 언

[제12장 1절]

"군자의 도는 비은하다"는 의미는 다음과 같다. 비(費)라는 것은 '세상에 널리 퍼져 있다'라는 뜻이고, 은(隱)이라는 것은 '원리가 드러나 있지 않고 은미하다'라는 뜻이다. 천도는 우주의 모든 사물을 만든 원리다. 그렇기 때문에 원자보다 작은 것부터 시작해서 광대한 우주까지 그 영향력이 도달하지 않은 곳이 없다. 그러나 그 원리는 자연의 움직임 속에 감춰져 있다. 군자의 도는 천도를 본받는 것이기 때문에 세상 어느 곳에나 적용할 수 있다는 것이다. 그리고 천도처럼 상대방에게 내세우지 않고 상대방이 알아주지 않아도 된다. 단지 천도가 모든 사물의 도를 만든 것처럼 자신이 수신하고 중용을 실천함으로 해서 상대방에게 자연스럽게 전파되는 것이다. 그래서 군자의 도는 비은(費隱)이라고 말하고 있다.

"어리석은 부부라도 참여해 알 수 있지만 그 지극함에 이르러서는 비록 성인이라도 또한 알지 못하는 바가 있고, 어리석은 부부라도 행할 수 있지만 그 지극함에 이르러서는 비록 성인이라도 또한 행할 수 없는 바가 있다. 천지가 큼에도 사람이 오히려 한(恨)스러워 하는 바가 있다. 그러므로 군자가 큰 것을 말하면 천하가 담지 못하고, 작은 것을 말하면 천하가 쪼갤 수 없다"는 것은 군자의 도는 보통의 부부가 일상생활을 하는 가운데 일어

나는 소소한 일에서부터 성인이 사람들을 다스리는 위대한 일까지 모두 적용할 수 있음을 의미한다. 소소한 것과 위대한 것뿐만 아니라 그것들을 넘어서 사람들이 아직까지 경험해 본 일이 없는 것에도 적용할 수 있다는 것은 무한한 천도가 모든 분야에 적용될 수 있다는 것이다. 즉, 일상생활을 넘어서 대자연을 향하고, 우주를 향해 간다면 끝도 없이 무한한 것이 되며, 작은 것을 향해 간다면 원자를 쪼개는 것을 반복해 더 이상 쪼갤 수 없는 미세한 곳까지 도달할 수 있는 것이 군자의 도라는 의미다.

> 《시경》에서 이르기를 '솔개는 날아 하늘에 이르는데, 물고기는 연못에서 뛰논다'고 했으니, 그 위와 아래가 살펴져 드러난 것을 말하는 것이다.
>
> 詩云 鳶飛戾天 魚躍于淵 言其上下察也
> 시 운 연 비 려 천 어 약 우 연 언 기 상 하 찰 야
>
> [제12장 2절]

"솔개는 날아 하늘에 이르는데, 물고기는 연못에서 뛰논다고 했으니, 그 위와 아래가 살펴져 드러난 것"이라는 의미는 자연의 모든 현상을 관찰하면 천도의 이치를 알게 되고, 천도의 이치를 알게 되면 사람이 실천해야 될 도리를 알 수 있다는 것이다. 앞에서 사시(四時)의 변화와 지상의 방위, 그리고 인간을 비롯한 모든 생명의 생로병사의 주기를 관찰해 원형이정에 의한 천도를 알게 되었다는 것이 바로 이러한 의미다.

또한 솔개가 날아 하늘에 이르는 이유는 날개가 있기 때문이고, 날개가 있기 때문에 솔개는 하늘을 날 수 있다. 물고기가 연못에서 뛰놀 수 있는 것은 아가미가 있기 때문이고, 아가미가 있기 때문에 물고기는 물속에서 살 수 있다. 따라서 날개가 있는 새는 당연히 하늘에 있어야 하고 하늘에서 생활해야 한다. 날개가 있는 새가 물속이 편하고 먹이가 많다고 물속에서 살려고 한다면 생명을 잃을 수 있다. 물고기 역시 하늘에서 바라보는 경치가 좋다고 날개가 없이 하늘을 날 수 없으며, 혹시 하늘을 날 수 있는 방법이 생기더라도 아가미로 호흡하는 한 공기 중에서 질식하고 만다.

인간 사회도 마찬가지다. 자신의 위치와 능력에 맞게 처신해야 한다. 또한 그 위치에 있는 사람을 그 위치에 맞게 대우해 주어야 하는 것이 인간관계에서 그 지위에 따른 중용이다. 이러한 것을 공자는 정명(正名)이라고 일컬었다. 정명이란 자신의 현재 지위와 일에 따라 중절해 중(中)에 근접하도록 행동하는 것과, 상대방의 지위와 일에 따라 중절해 중(中)에 근접하도록 행동하는 것을 말한다.

정명은 '이름을 바르게 하다'라는 의미로, 《논어》〈안연 제11장〉에는 그에 대한 설명이 나온다. 제(齊)나라의 제후인 경공(景公)[17]이 공자에게 정치를 잘하는 방법을 묻자, 공자는 "군군(君君)·신신(臣臣)·부부(父父)·자자(子子)"라고 대답

17 춘추 시대 제후국인 제나라의 임금으로 성은 강(姜), 이름은 저구(杵臼)다.

했다. 군군신신부부자자란 '임금은 임금다워야 하고, 신하는 신하다워야 하며, 아버지는 아버지다워야 하며, 자식은 자식다워야 하는 것이다'라는 것과 '임금을 임금답게 대하고, 신하를 신하답게 대하며, 아버지를 아버지답게 대하고, 자식을 자식답게 대하는 것이다'라는 두 가지 의미를 갖고 있다. 정명이란 바를 정(正) 자와 이름 명(名) 자로 이루어진 단어다. 풀이하자면 이름대로 올바르게 행동하고, 이름대로 올바르게 대우해 주라는 것이다.

자로가 "위(衛)나라 임금이 정치를 잘하려고 선생님을 기다리는데, 선생님께서는 무엇을 가장 먼저 하시겠습니까?"라고 묻자, 공자는 "반드시 정명(正名)을 하겠다"라고 대답했다. 정치라는 것은 인간관계를 가장 넓게 확장한 것이다. 그렇기 때문에 가정에서의 인간관계와 사회에서의 인간관계를 모두 잘해야 정치를 잘할 수 있다.

'임금이 임금답다'는 것은 '임금이 갖고 있는 모든 권력을 백성을 위해 써야만 한다'는 의미다. 현대로 말하면 정치인과 국민의 관계를 말한다. 예전에는 지배자와 주인이 같은 개념으로 쓰였지만, 현대 사회는 지도자는 대표일 뿐이고 주인은 국민이 된다는 관점으로 생각해야 한다. 그런 관점에서 살펴보면, 나라를 좋은 방향으로 이끌려고 하지 않고, 개인의 재산을 늘리고 자신의 권력을 넘어서 남용하는 것은 국민의 대표답지 못한 대표다. 국가 반란과 부정 축재라는 죄를 짓고도 처벌을 받지 않으려고 한 전직 대통령들이 국민의 대표답지 못한 대표들이다. 또한 국민은 내수 경제 부진으로 최저 임금을 받으며 생활이 곤란한 환경에 처해 있는 저소득층이 많은데, 민생법안은 정쟁으로 미루고 세비를 올리는 법률은 일사불란하게 의결하는 전직, 현직 국회의원들도 국민의 대표답지 못한 대표들이다.

'임금을 임금답게 대한다'는 의미는 절대군주가 나라를 지배하던 시기에 '임금에게 충성을 다해야 한다'는 것이다. 임금의 권력이 약해지면 힘의 논리에 의해 강한 자들이 왕위를 찬탈한다. 과거에 전쟁과 왕조의 교체는 국가의 큰 혼란을 초래했기 때문에 임금이 바뀌게 되면 백성이 가장 큰 어려움을 겪었다. 따라서 충성스러운 마음을 갖고 왕을 보필하고, 임금이 잘못된 정치를 펼치면, 상소와 직언 등의 간(諫)을 통해 바로잡는 것이 충성이다. 현대에 대입해 보면 '정치가들이 잘못하면 가차 없이 선거에서 패배하도록 함으로써 그 자리에서 물러나게 하다'로 해석할 수 있다. 잘못하고 있다는 사실을 알면서도 이데올로기나 지역감정 따위의 신비주의에 빠지거나 사사로운 감정으로 선거에 임해서는 안 된다. 우리가 끊임없이 정치인들을 감시해야 하는 것도 바로 이러한 이유 때문이다.

'신하가 신하답다'는 의미는 위로는 임금에게 충성을 다해 보필하고, 나라에 어려움이 있을 때에는 가장 앞장서서 실천하고, 아래로는 백성의 의식주 해결을 가장 우선으로 생각해 자신이 맡은 임무를 성실하게 해 나가는 것이다. '신하를 신하답게 대하다'라는 의미는 신하가 자신의 지위에서 최선을 다할 수 있도록 여건을 마련해 주고, 최선을 다하지 않는 신하는 그 지위를 박탈하는 것이다. 현대는 행정부·입법부·사법부와 지방자치단체의 관료들과 국민과의 관계로 해석할 수 있는데, 예전처럼 신하가 백성보다 높은 지위에 있는 것이 아니라 국민이 군주가 되는 관계로 보아야 한다. 경찰·검찰·감사원·국정원 등 사정기관에서 일하는 관료들은 권력자들의 편에 서서 법을 집행하는 것이 아니라, 나라의 주인인 국민의 편에 서서 공정하게 일을 처리하는 것이 신하가 신하다운 것이다. 행정 관료들은 자신의 영향력을 기업이나 권력자들에게 사용하지 말고, 모든 것을 국민의 행복과 복지를 위해 사용해야 하며, 영합하지 않는 자세로 국민을 위해 창조적인 일을 해야 한다. 이러한 모습이 현대에 신하가 신하다운 모습이다.

신하를 신하답게 생각하는 것은 국민이 공무원 등 관료들에게 자부심을 갖게 만들어 주는 일이다. 공직에 있는 사람에게 공적인 일을 하는 것에 대해 고마운 마음을 갖고, 공평한 일처리를 신임해야 한다. 경찰 지구대에서 술주정이나 행패를 부리고, 119 구급대원에게 폭행을 일삼는 행동을 하며, 긴급전화에 장난을 하는 것 등은 신하를 신하답게 대하는 것이 아니다.

'아버지를 아버지답게 대하고, 아버지가 아버지다운 것'과 '아들을 아들답게 대하고, 아들이 아들다운 것'은 과거와 현재가 다를 것이 없다. 자신에게 생명을 주고 키워 준 은혜는 무엇과도 비교할 수 없는 큰 사랑이다. 어려서는 부모님 말씀을 잘 듣고 부모님의 뜻에 따르며, 젊어서는 부모님의 어려운 일을 돕고 존경하며, 나이가 들어서는 연로한 부모님을 보살피고 아껴드려야 하는 것이 '아버지를 아버지답게 대하고 자식이 자식다운 것'이다.

'아버지가 아버지답고, 자식을 자식답게 대하는 것'은 자식이 어렸을 때 많은 추억을 간직하도록 배려해 주고, 바른 인성을 키워 나갈 수 있도록 인도해 주는 것이다. 또한 자식이 원하는 것을 공부할 수 있도록 부모의 욕심을 채우려 하지 말고 자식의 적성에 맞는 길을 가도록 해야 한다. 자식이 성장했을 때에는 실패를 두려워하지 않고, 성공에 자만하지 않도록 자신의 경험을 살려서 독려하고 제어해 줘야 한다. 자신이 늙어서는 자식이 걱정하지 않도록 건강을 돌보고, 자신들이 젊었을 때를 생각해 중장년의 자식의 상황을 이해해 주고 자식의 의견에 적극 따라 주어야 한다.

또한 학생은 학생답게 자신의 위치에서 공부하고 인성을 키우며, 선생님과 부모님을 존경하고 따라야 한다. 선생과 주위의 어른들은 학생을 학생답게 여기고 잘못된 점은 폭력이나 강압에 의하지 말고 아이들이 이해할 수 있도록 타일러서 바른길로 인도해 주고, 우리 사회의 미래를 짊어진 청소년들을 나쁜 환경과 재해로부터 안전하게 우선적으로 보호해 주어야 한다.

본분에 따라 행동할 때도 중용이 필요하다

정명은 전체 사회에서 유지되어야 한다. 정명을 이루지 못하는 것은 사사로운 욕심 때문이다. 정명은 현재 자신의 위치에서 중용을 통해 상생이라는 중화를 이루어 나가는 것을 말한다. 정명이라고 무조건 지위에 따르는 것은 아니다. 때와 환경에 맞게 중용을 해 나가는 자세가 필요하다. 원형이정에 맞춰서 때와 장소에 맞게 사시와 방위를 이룬 것처럼, 정명도 때와 장소에 맞게 해야 한다. 다만 그 중심은 서로 조화를 이루어 나가는 중화에 두는 것을 잊지 말아야 한다.

《논어》〈양화 제8장〉에는 이런 내용이 나온다. 공자가 "자로야. 너는 육언(六言)이라고 하는 여섯 가지의 덕(德)과 육폐(六蔽)라고 하는 여섯 가지의 폐단을 들었느냐?"라고 묻자, 자로가 "아직 듣지 못하였습니다"라고 대답했다. 공자가 "앉아라. 내가 너에게 말해 주겠다"라고 하면서 다음과 같이 이야기했다. "인자함만 좋아하고 배우고 실천하는 것을 좋아하지 않으면 그 폐단은 어리석음이 되고, 지혜로움만 좋아하고 배우고 실천하는 것을 좋아하지 않으면 그 폐단은 방탕함이 되고, 신뢰만 좋아하고 배우고 실천하는 것을 좋아하지 않으면 그 폐단이 적을 만들고, 정직한 것만을 좋아하고 배우고 실천하는 것을 좋아하지 않으면 그 폐단은 여유가 없게 되고, 용맹한 것만을 좋아하고 배우고 실천하는 것을 좋아하지 않으면 그 폐단은 무질서함을 만들게 되고, 굳센 것만을 좋아하고 배우고 실천하는 것을 좋아하지 않으면 그 폐단은 경솔하게 되는 것이다."

이와 같이 공자는 제자들에게 배움과 실천의 중요함에 대해 끊임없이 강조했다. 중용이라는 용어를 아는 사람은 많다. 정치인들이 선거 때 출사표를 내거나, 홍보용 책자를 발간할 때 중용을 비롯한 고사성어를 이용해 자신을 선전한다. 만약 이들이 중용의 진가를 알고 한 번이라도 실천해 보았다면 아마도 현재 우리나라 사회의 부정부패가 이 정도로 심각하지는 않을 것이다.

인간관계에서 정명의 실행은 윗사람에 대한 예의와 아랫사람에 대한 예(禮), 그리고 동료 간의 예를 잘 지키는 것이다.《논어》〈향당 제2장〉에 보면, 공자는 조정에서 자신과 같은 직급인 하대부와 말할 때에는 강직하게 말했으며, 상대부와 말할 때에는 온화하고 부드럽게 말했다. 또한 임금이 있는 자리에서는 조심하고 근엄했다. 유가의 전체적인 맥락을 이해하지 않고 이 내용을 보면 공자가 마치 약자에겐 강하게, 강자에게는 약하게 행동하는 것처럼 보일 것이다. 또한 춘추 시대 당시의 사람들도 이러한 공자의 모습을 보고 그렇게 생각한 사람들이 있었다.《논어》〈팔일 제18장〉에 보면 공자는 "임금을 섬길 때 예를 다하는 것을 보고 사람들이 아첨한다고 말한다"라고 했다. 그러나 공자는 춘추 시대의 혼란을 바라보면서, 말단(末端)에서 현상으로 보이는 혼란의 근원이 바로 군신(君臣)의 정명이 이루어지지 않았기 때문에 발생한 것이라고 생각했기에 이러한 점을 강조하고 본인이 몸소 중용을 실천한 것이다.

공자는 지위에 따른 정명은 위와 같이 실천했고, 일에 대한 정명은 다음과 같이 실천했다. 공자는 시골에 거처할 때에는 겸손하게 낮추어 남 앞에 나서지 않아서 말을 잘 못하는 것처럼 행동했다. 그러나 예법이 이루어지는 종묘와 정치가 행해지는 조정에서는 말을 잘했다. 다만 그 말을 함부로 하지는 않았다. 예(禮)를 표할 때에는 공손하게 행동하지만, 필요하다고 생각되면 자신의 의견을 논리적이며 적극적으로 표현해야 한다. 인간관계에서 무조건 공손한 것이 예가 아니다. 중용을 행할 때 자신의 욕심을 버리는 것을 강조하다 보면 수동적이고 억제하는 것만을 생각하게 되는데, 이것은 중용을 잘못 이해한 것이다. 중용의 기준에는 적극적이고 진취적인 의(義)가 있기 때문이다.

일상생활에서 자신의 의견이 합당하고, 그 의견에 의해 모두가 상생할 수 있는 결과가 기대된다면, 적극적으로 추진해야 한다. 그 적극성이 대의를 위한 것에 발현된 것이 앞에서 설명한 살신성인과 같은 행동이다. 사실 인간관계에서 중용은 쉬운 일은 아니다. 그러나 인간관계가 최초로 시작되는 가족관계에서 시작해 그것을 이웃과 사회로 확대해 보라. 이것이 중용을 실천하는 첫걸음이다.

모든 예절의 시작은 가정에서 시작된다

우리가 숨을 쉬기 위해 필요한 산소는 공기 중에 포함되어 있다. 공기는 사람이 사는 어느 곳에나 존재한다. 식물이 호흡하기 위한 이산화탄소 역시 공기 중에 있다. 또한 식물이 만들어 내는 산소가 없으면 동물이 살 수 없고, 동물이 만들어 내는 이산화탄소가 없으면 식물도 살 수가 없다. 공기를 관찰해 보면 두 가지 천도의 원리를 알 수 있다. 첫째, 동물과 식물은 먹고 먹히는 상극의 관계만 있는 것이 아니라 서로 필요한 산소와 이산화탄소를 공급해 주는 상생의 관계를 유지하고 있다. 둘째, 공기는 늘 우리 삶을 은연중에 유지하게 해 주고 있다. 공기가 이렇게 고마운 존재임에도 불구하고 세상 사람들은 그 중요성을 평소에 잘 알지 못한다.

인간관계도 마찬가지다. 아파트에 살고 있는 사람들 사이에서 층간 소음으로 인해 자주 다툼이 발생한다. 같은 직장 내에서도 동료들 사이에 업무와 관련한 갈등과 진급과 관련한 경쟁이 존재한다. 또한 경쟁관계에 있는 단체 사이에서도 생존을 위한 경쟁이 있다. 인간관계는 말 그대로 경쟁과 갈등으로 인한 스트레스의 연속이다. 그러나 자신들에게 스트레스를 주는 사람들이 모두 사라지고 홀로 남아 있는 모습을 상상해 보라. 윌 스미스가 주연을 맡은 〈나는 전설이다〉라는 좀비영화를 보면 홀로 남은 인간이 얼마나 외롭고 고독한지 알 수 있다. 주변에 존재하는 우리 이웃들은 서로 갈등을 겪는 존재이지만 또 한편으로 서로 도와주는 중요한 존재들이다. 그렇지만 우리는 그들이 고마운 존재임을 잊고 사는 때가 더 많다.

가족은 더욱 그렇다. 내가 힘들 때 가장 먼저 나를 위로해 주고 힘이 되어 주는 사람들은 다름 아닌 가족이다. 최근에 결혼을 하지 않거나 가족들을 외국에 보내고 홀로 생활하는 사람이 많아졌다. 주위에 아무리 많은 사람이 있어도 가족이 옆에 없으면 사람들은 외로움을 절실하게 느낀다.

이러한 가족 관계를 확대해 보면 사회로 연결된다. 부모는 사회에서 나이가 부모만큼 많거나 스승과 같은 사람이 되고, 조부모는 사회의 원로나 고문이 된다. 자식은 사회에서 자식만큼 어리거나 지위, 경험, 지식 등에서 많은 격차가 나는 아랫사람이거나 제자가 된다. 형제는 사회에서는 위에서 말한 지위 · 경험 · 지식·나이 등이 나보다 많거나 적은 사람들이다. 한편 친구는 어린 시절을 같이 보냈거나, 같은 학교에서 공부한 동문이거나, 같은 분야에서 일을 하는 사람들이거나, 뜻을 같이한 동지 등으로 형제나 부부의 관계 등이 확장된 모습이다. 이와 같이 가족이란 사회의 축소판이며, 사회를 만드는 기초다. 따라서 가족 내에서 인간관계가 잘 형성되고, 인성 교육이 잘 이루어지면 그 가족에 속해 있는 사람들은 사회에서 인정받는 사람이 될 확률이 높다.

 군자의 도는 부부에게서 실마리가 시작되니, 그 지극함에 미쳐서는 천지에 드러난다.

君子之道 造端乎夫婦 及其至也 察乎天地
군 자 지 도 　조 단 호 부 부　 급 기 지 야 　찰 호 천 지

[제12장 3절]

"군자의 도는 부부에게서 실마리가 시작된다"는 의미는 앞에서 말한 천도의 음양(陰陽)의 교역과 관련이 있다. 천도는 음양의 변화에서 시작되었으며, 음양이 변화하는 과정에서 서로 교역을 하면 새로운 생명이 탄생한다. 천도에 의해 탄생한 인간도 음양의 변화와 교역에 의해 시작되는데, 그 음양의 교역이 부부의 교역이 되어 가족이 만들어진다. 부부의 관계에서 아버지는 양(陽)이 되고, 어머니는 음(陰)이 된다. 아버지와 어머니가 결혼을 하고 음양의 교역이 이루어지면 새로운 생명과 한 가정이 시작된다. 그러한 가족이 모인 것이 사회를 형성하고 다양한 인간관계

를 형성한다.

이것은 제1장의 "도라는 것은 잠시라도 떠날 수 없는 것이니, 떠날 수 있다면 도가 아니다"와 맥락을 같이한다고 볼 수 있다. 천지 사방에 도가 펼쳐져 있지만 멀리 있으면 나에게 떨어져 있는 것이다. 가족은 잠시라도 나와는 떨어져 있을 수 없는 사람들이다. 몸이 멀리 있더라도 의식을 하든 무의식중이든 간에 마음만은 항상 가족을 생각하고 있는 것이 인간 본연의 마음이다. 그래서 앞서 설명한 정명도 부부자자(父父子子)부터 알아보기 시작해야 한다. 군군신신(君君臣臣)은 부부자자(父父子子)가 사회로 확대되고, 그것이 나라에 적용되었을 때의 일이다.

가족의 예는 자식은 부모님께 존경과 친밀함으로 대하고, 부모는 자식에게 무한한 사랑과 가르침을 주고, 부부는 서로에게 믿음을 갖고, 형은 동생에게 관대함을 베풀고, 동생은 형을 잘 따르고 공손한 것이다. 그러나 구성원들 간에 사랑과 미움 등이 지나치면 오히려 좋지 않은 결과를 낳을 수 있다. 왜냐하면 믿는 것만큼 상처도 크기 때문이다.

《대학》〈제8장〉에 보면 다음과 같은 내용이 있다. "이른바 그 집안을 가지런하게 하는 것은 몸을 닦는 것에 있다. 사람은 가까이 하는 것에 치우치고, 천하게 여기고 미워하는 바에 치우치고, 두려워하고 존경하는 것에 치우치고, 가엾게 여기고 불쌍하게 생각하는 것에 치우치고, 오만하고 게을리하는 것에 치우친다. 그러므로 속담에 다음과 같은 말이 있다. '사람들이 자식의 악함을 알지 못하며, 자기의 싹이 큰 것을 알지 못한다.' 이것을 수신하지 않으면 그 집안을 가지런하게 하지 못한다는 것이다."

자식을 너무 사랑해 집착하게 되면 자식이 자발성을 잃게 될 수 있다. 그리고 가족들에게 받은 서운함은 이웃이나 모르는 사람이 서운하게 했을 때보다 마음의 상처가 더 클 수 있다. 그 이유는 자신을 서운하게 하는 가족의 상황을 이해하는 마음보다 자신이 가족에게 바라는 마음을 더 중요하게 생각하기 때문이다.

자식을 위해 엄한 모습을 보이는 부모에게 두려움이나 반발심을 갖거나, 부모의 재산에 애착을 갖고 부모에 대한 진정한 존경심은 없는 경우가 있다. 이것은 부모의 진정한 사랑을 이해하지 못하고 겉으로 보이는 모습만 중요하게 생각하기 때문이다. 그리고 자식이나 동생의 아픔을 지나치게 가엽게 생각하면 그들로 하여금 자생력을 잃게 한다.

또한 부모나 형의 입장에서 자식이나 동생에 대해 지나치게 공손함만을 요구하고 아랫사람에 대한 기본적인 예(禮)를 갖지 못하면 아랫사람들로 하여금 반발심을 느끼게 한다. 부모들 중에 자식이 잘못을 저지른 것에 대해 인정하지 않는 사람이 많다. 공공장소에서 어린아이가 제멋대로 행동할 때에 자기 자식의 기를 살려 주어야 한다는 이유로 거침없이 행동하도록 방치하는 부모들을 종종 목격하게 된다. 반대로 자식이 적성에 맞는 분야에 노력하도록 하는 것보다는 부모 자신이 원하는 방향으로 이끄는 사람도 많다. 음악에 소질이 있는 자식에게 다른 과목 공부를 강요하고, 역사에 관심이 있는 자식에게 인기학과를 권하는 부모의 모습을 어렵지 않게 볼 수 있다. 자식이 원하는 것을 즐기면서 꿈을 키우며 살아간다면 그 분야에서 성공할 수 있다는 사실을 부모의 욕심에 가려 인정하지 않는 경우다.

공자께서 말씀하셨다. "도는 사람에게서 멀리 있지 않으니, 사람이 도를 하면서 사람을 멀리 한다면 도라고 말할 수 없는 것이다. 《시경》에서 이르기를 '도끼자루감을 벌목함이여 도끼자루감을 벌목함이여! 그 법이 멀리 있지 않다'고 했으니, 도끼자루를 잡고 도끼자루감을 벌목하면서도 흘겨보면서 오히려 (도끼자루가 되려면) 멀었다고 여긴다. 그러므로 군자는 사람이 사람을 다스리다가 (잘못을) 고치면 그치는 것이다.

충서(忠恕)는 도와 거리가 멀지 않으니 자기 몸에 베풀어 보아 원하지 않는 것을 또한 남에게 베풀지 말아야 하는 것이다. 군자의 도가 네 가지인데, 나 구(丘)[18]는 한 가지도 잘 할 수 없다. 자식에게 바라는 것으로 부모를 섬기지 못하고, 신하에게 바라는 것으로 임금을 섬기지 못하고, 동생에게 바라는 것으로 형을 섬기지 못하고, 친구에게 바라는 것을 먼저 베풀지 못한다. 떳떳한 덕을 행하는 것과 떳떳한 말을 삼가는 것에 부족함이 있다면 감히 힘쓰지 않을 수 없고, 남음이 있어도 감히 다 써 버리지 않는다. 말은 행동을 돌아보고, 행동은 말을 돌아보아야

18 공자의 이름이다.

하니, 군자가 어찌 독실하고 독실하지 않겠는가?"

子曰道不遠人 人之爲道而遠人 不可以爲道 詩云 伐柯伐柯 其則不遠 執
자왈도불원인 인지위도이원인 불가이위도 시운 벌가벌가 기칙불원 집

柯以伐柯 睨而視之 猶以爲遠 故 君子 以人治人 改而止 忠恕違道不遠
가이벌가 예이시지 유이위원 고 군자 이인치인 개이지 충서위도불원

施諸己而不願 亦勿施於人 君子之道四 丘未能一焉 所求乎子 以事父 未
시저기이불원 역물시어인 군자지도사 구미능일언 소구호자 이사부 미

能也 所求乎臣 以事君 未能也 所求乎弟 以事兄 未能也 所求乎朋友 先
능야 소구호신 이사군 미능야 소구호제 이사형 미능야 소구호붕우 선

施之 未能也 庸德之行 庸言之謹 有所不足 不敢不勉 有餘 不敢盡 言顧
시지 미능야 용덕지행 용언지근 유소부족 불감불면 유여 불감진 언고

行 行顧言 君子胡不慥慥爾
행 행고언 군자호부조조이

[제13장]

  "도는 사람에게서 멀리 있지 않으니, 사람이 도를 하면서 사람
을 멀리 한다면 도라고 말할 수 없는 것이다"는 도는 인간관계를
떠나 거창하고 신비스러운 일이 아니라, 우리의 일상적인 생활에
서 실천해야 하는 기본적인 일이라는 의미다. 따라서 가족들 사
이에서 바로 실천할 수 있는 것이 도인데, 그것마저 할 수 없다
면 나머지 인간관계에서도 결코 도를 실천할 수 없는 것이다. "도
끼자루감을 벌목함이여 도끼자루감을 벌목함이여! 그 법이 멀리
있지 않다고 했으니, 도끼자루를 잡고 도끼자루감을 벌목하면서
도 흘겨보면서 오히려 (도끼자루가 되려면) 멀었다고 여긴다. 그러
므로 군자는 사람이 사람을 다스리다가 (잘못을) 고치면 그치는
것이다"의 내용에서 보면 자신이 잡고 있는 도끼자루가 자신이
나무를 벌목해 만들려고 하는 도끼자루인데, 그렇게 가까운 곳에

표준이 있는 것을 의식하지 못하고 있다는 것이다. 또한 벌목한 나무토막의 크기와 모양을 보면, 자신의 도끼자루 같이 되려면 멀었다고 중간에 그치기도 하는데 그렇게 하지 말고 끝까지 만들어야 하는 것처럼, 사람도 인간관계에서 가까이 있는 가족에서 도를 시작해 다른 사람들에게 파급될 때까지 멈추지 말아야 한다는 의미다.

그러므로 가정의 도를 소홀하게 하면서 큰일에 도를 행하려는 욕심부터 버려야 한다. 《논어》〈팔일 제19장〉에서도 이에 대해 말한다. 노나라 정공(定公)[19]이 "임금이 신하에게 일을 시키고, 신하가 임금을 섬길 때 어떻게 해야 합니까?"라고 물어보자, 공자가 "임금이 신하에게 일을 시킬 때에는 예(禮)에 따라야 하고, 신하가 임금을 섬길 때에는 충(忠)으로 해야 합니다"라고 대답했다. 자식이나 아랫사람에게 지나치게 공손한 태도를 요구하거나 거친 말투와 행동을 보이는 것은 예가 아니다. 또한 지나친 사랑이나 간섭을 하는 것도 마찬가지다. 예절을 지킨다고 하면 일반적으로 아랫사람이 윗사람에게 공손하게 대하고 형식과 절차를 따르는 것이라고 생각한다. 그러나 아랫사람이 윗사람에게 예의를 보이는 것은 약자가 강자에게 자연스럽게 할 수 있는 상황이다. 그러므로 윗사람이 아랫사람을 대할 때 예의를 갖추는 것이 더 필요하다.

---

19 춘추 시대 노나라 제후이며, 아들은 애공(哀公)이다.

충과 서의 관계

이와 같이 가족 간의 사랑과 미움도 중용을 유지하는 상태에서 이루어져야 한다. "충서는 도와 어긋나는 점이 멀지 않으니 자기에게 베풀어지는 것을 원하지 않는 것을 또한 남에게 베풀지 말아야 하는 것이다"라고 한 것처럼 가족 간의 중용은 충서(忠恕)의 마음으로 이룩된다. 충(忠)이란 앞에서 설명한 것과 같이 마음 심(心) 자와 가운데 중(中) 자가 합쳐진 글자다. 마음의 중심을 잡는다는 것은 마음의 중화를 이루기 위해 인의예지를 기준으로 자신의 감정을 조절할 수 있는 기본적인 자세가 마련되었다는 것이며, 확고한 의지를 나타내는 것이다.

《논어》에서 충(忠)이 나온 문구를 보면, 충에 대한 실천이 어떠한 것인지 알 수 있다. 앞에 정공과의 대화에서 임금을 섬길 때의 충이 있었다. 또 《논어》〈학이 제4장〉에도 충에 대한 내용이 나온다. 증자(曾子)[20]가 말했다. "나는 날마다 세 가지를 반성한다. 첫째 '남에게 일을 도모할 때에 충(忠)을 다하였는가?' 둘째 '친구와 사귈 때 믿게 하지 못하였는가?' 셋째 '몸에 익히지 않은 것을 제자들에게 전수하였는가?'이다." 《논어》〈헌문 제8장〉에도 다음과 같은 내용이 있다. 공자가 말했다.

어느 누구를 사랑한다면 내 몸을 수고스럽게 안 할 수 있겠는가? 충(忠)을 다하면 어느 누구를 깨우쳐 주지 않을

20 공자의 제자다. 성은 증(曾), 이름은 삼(參), 자는 자여(子輿)다. 노나라 사람으로 공자보다 46세 연하였다. 공자의 학통을 이어받은 중요한 인물이다.

수 있겠는가?" 이러한 내용들을 통해 충은 임금에 대한 무조건적인 충성을 의미하는 것이 아니라는 사실을 알 수 있다. 자신보다 지체 높은 임금뿐만 아니라 모든 타인을 대할 때에 충을 유지해야 하며, 적극적인 행동 속의 강한 의지를 말하는 것이다.

서(恕)는 같을 여(如) 자에 마음 심(心) 자가 합쳐진 글자로, 다른 사람의 마음을 내 마음과 같은 감정으로 느끼며 배려해 주는 것을 말한다. 우리가 자주 쓰는 말 가운데 "용서(容恕)한다"라는 말이 있다. 누구를 용서한다는 것은 그 사람의 마음을 헤아려서 이해하고 관용을 베푼다는 것이다. 남의 마음을 헤아린다는 것은 서(恕)라는 글자에 담겨 있다. 《논어》〈위령공 제23장〉에는 서에 대한 의미가 잘 나와 있다. 자공이 "죽을 때까지 실천해야만 하는 것을 한마디로 하면 무엇입니까?"라고 공자에게 물어보았다. 공자는 "그것은 서(恕)로서, 자기가 하기 싫어하는 것을 남에게 시키지 않는 것이다"라고 대답했다.

이는 역지사지(易地思之)[21]와 비슷한 의미다. 인간관계에서 어떤 일을 할 때에 남의 입장이 되어 생각해 보고, 자신이 그것이 싫다면 남에게 그 행동을 하지 말아야 한다는 것이다. 선생이 학생들을 가르칠 때는 학생의 입장에서 눈높이 교육을 해야 한다. 자신이 없는 곳에서 다른 사람이 자신의 이야기를 하면 기분 나쁘듯이 다른 사람에 대해 함부로 말하지 말아야 한다. 힘이 있을 때에는 약한 사람의 입장에 서서 폭력을 당할 때의 고

21 다른 사람의 처지에서 생각한다는 의미.

통을 생각해 보고 힘을 함부로 과시하지 말아야 하며, 권력자의 자리에 있을 때는 본인이 일반 서민들의 생활을 한다면 무엇이 필요할 것인가를 참고해서 자신의 권력을 행사해야 하는 것이다.

《논어》〈위령공 제41장〉에는 다음과 같은 이야기가 나온다. 앞을 볼 수 없는 장님 악사(樂師) 면(冕)이 공자를 방문했다. 그가 계단에 이르자 공자는 "바로 앞이 계단입니다"라고 말하고, 좌석에 도착하자 "여기에 좌석이 있습니다"라고 말해 주었다. 주변에 있던 사람들이 모두 자리에 앉자 공자는 "아무개란 사람은 여기에 있고, 아무개란 사람은 저기에 있습니다"라고 일일이 알려 주었다. 악사 면이 나가자 제자 자장이 "악사와 함께 대화를 하는 것이 도입니까?"라고 질문하자 공자는 "그렇다. 진실로 악사를 도와주는 것이 도다"라고 대답했다.

자장은 악사와 말을 나누는 공자의 모습만을 보는 한정된 안목을 갖고 있다. 사물을 대할 때에도 단편적인 생각에서 벗어나 여러 각도에서 생각하는 습관을 가져야 한다. 예를 들면, 서울의 관악산은 신림동 서울대에서 바라본 모습과 과천 정부종합청사에서 본 모습이 다르다. 하늘에서 봤을 때의 모습 또한 다르지만 관악산은 관악산이다. 어느 한 면만 보고 관악산을 평가하고 결론 내려서 행동하는 것은 잘못된 생각이다. 모든 사물은 평면적으로 보지 말고 입체적으로 보아야 하듯이, 사람들과의 관계도 항상 입체적으로 생각해야 한다.

원리적으로 말하면 충(忠)은 인의예지를 기준으로 자신의 확고한 의지를 갖는 것이며, 서(恕)는 그 확고한 의지로 타인의 입장에서 생각하는 것을 말한다. 《논어》에 나온 충서에 대한 문장들을 실천을 통한 충서로 나눠 보면 다음과 같다. 충이 스스로 마음의 중심을 잡고 적극적으로 타인을 위해 행동하는 것이라면, 서는 남의 마음을 헤아려서 자신의 행동을 자제하는 것이다. 따라서 다른 사람을 대할 때에 적극적으로 행동할 것이 있으면 행동하고, 자신이 자제해야 할 것은 행동하지 않는 것, 이 두 가지가 조화롭게 어우러진 것이 충서(忠恕)다.

자식은 부모의 입장에서 부모를 이해하고 마음의 중심이 잡히면 적극적인 효를 실천해야 한다. 부모는 자식의 입장에서 자식의 현재 고충과 미래의 희망을 이해하고 항상 관심을 갖고 지켜보면서 자식에 대한 사랑을 베풀어야 한다. 형제들은 각자의 역할에 맞게 행동하고 서로 우애를 갖고 지내는 것을 하루도 잊지 말아야 한다. 특히 중요한 것은 바로 부부 사이의 관계다. 군자의 도가 부부에서 실마리가 만들어진다는 것은 부부가 가정이 만들어지는 최초의 원인이기 때문이지만, 다른 측면에서 보면 부부는 가정의 중심으로 부부 관계에서 충서가 이루어지지 못하면 그 가정에 화목이란 있을 수 없는 것이다.

《논어》〈위령공 제41장〉에는 공자가 충서를 중요하게 생각했음을 알 수 있는 이야기가 있다. 공자가 말하기를 "삼(參)[22]아! 우리의 도는 한 가지 이치로 세상의 모든 일을 꿰

22 증자의 이름이다.

뚫고 있다"라고 하자 증자가 "예"라고 대답했다. 그 대화를 마친 이후에 공자가 밖으로 나가자 이 대화를 이해하지 못한 제자들이 증자에게 "무슨 말씀을 하신 것입니까?"라고 물어보았다. 증자는 "선생님의 도는 충(忠)과 서(恕)일 뿐이다"라고 대답했다. 이처럼 공자는 충서를 대단히 중요하게 생각했다. 도는 군자의 도이고, 군자의 도는 성(性)을 기준으로 중화(中和)를 이루고자 하는 것이다. 일상생활에서 중화를 이루기 위한 실천이 중용을 이룬 상태에서 도를 실천하는 것이다. 그래서 중용은 유학의 모든 실천의 핵심이며, 인간관계를 다루는 유학의 실천 항목은 한마디로 '중화를 이루기 위한 충서'가 되는 것이다.

천도, 인의예지, 성(性), 도 등을 설명하는 목적은 인간관계에서 충서를 실천할 것을 설명하기 위해서다. 충서를 실천하기 위해서는 음양의 대립과 보완처럼 상대적인 것을 이해해야 하는 것처럼 나와 상대의 다름을 인정해야 한다. 이는 곧 '다른 것은 틀린 것이 아니다'라는 사실을 인정하는 것이다. 상대와 내가 다르다는 사실을 이해할 수 있으면 상대방 입장에서 생각해 볼 수 있다. 그러나 '다른 것은 곧 틀린 것이다'라고 생각하면 일은 쉽게 풀릴 수가 없다. 틀리다는 것은 처음부터 부정적으로 바라보게 되기 때문에 상대방의 입장을 이해하기 어렵다.

가족이 아닌 남남의 경우에 다른 것은 곧 틀린 것으로 생각하기가 쉽다. 그러나 가족들은 다르다. 어릴 때부터 같이 밥을 먹고, 같이 잠을 자고, 같이 슬퍼하고, 같이 기뻐하는 등 식성이나 습관 등 유사한 점이 많아 감정에 따른 동화가 쉽게 된다. 그리고 가장 중요한 것이 한 부모에게서 태어난 가족 간의 깊은 사랑이다. 그렇기 때문에 상대에 대한 다른 점을 인정하는 훈련은 가정에서 시작되어야 한다. 그러한 교육은 도의 실마리가 되는 부부, 즉 부모가 나서야 한다. 가족에 대한 충서에 익숙해진 사람들은 자연스럽게 타인에게도 충서로 대하는 모습을 보이고, 이것이 사회와 국가로 확대되는 것이다.

또한 앞에서도 말했듯이 한 가정을 가지런하게 하는 것은 내 몸을 닦는 수신에 있다. 수신은 계신공구(戒愼恐懼)와 신독(愼獨)으로 도의 실천을 잠시라도 미루지 않는 것이며, 실천은 중화를 이루기 위한 중용의 자세로 나를 중심으로 모든 상대를 바라보는 것이다.

남을 이롭게 하는 것은
곧 자신을 위한 길이다 **3**

모든 일의 원인은 자신에게 있다

앞에서 신독에 대해 설명했다. 신독이란 '자신이 혼자 있을 때 삼가는 것'을 말한다. 많은 사람이 오가는 곳에서는 횡단보도를 건널 때 대부분의 사람이 신호를 잘 따른다. 그러나 보는 사람이 없을 경우에는 신호에 따르지 않고 건너거나, 횡단보도가 아닌 곳에서 길을 건너는 사람이 많다. 이는 신독하는지 안 하는지를 알 수 있는 간단한 사례 중 하나다. 신독을 한다는 것은 어떻게 보면 불편할 수도 있다. 그러나 결과적으로는 자신이 편해지고, 자신에게 이득이 된다.

여기서 다시 한 번 앞에 나온 핵심 내용과 개념들을 정리하면서 유학의 전체적인 공부 방법과 중용과의 관계를 간단하게 짚고 넘어갈 필요가 있다. 유학에서는 수신을 크게 강조하며 수기치인(修己治人)이라는 용어를 자주 사용한다. 그 의미는 '자신의 몸을 수양해서 남을 다스린다'는 것이다. 이 말은 《대학》에서 격물(格物), 치지(致知), 성의(誠意), 정심(正心), 수신(修身), 제가(齊家), 치국(治國), 평천하(平天下)의 팔조목을 두 개의 틀로 나누어 한마디로 말한 것이다. 수기 부분은 격물·치지·성의·정심·수신 등이며, 치인은 제가·치국·평천하를 말한다. 앞에서 말한 사시(四時)를 포함한 자연 현상을 관찰해 중용에 이르게 된 내용들을 대학의 팔조목에 대입해 수신을 정리해 보면 다음과 같다.

격물은 사계절과 하루의 사시가 움직이고, 동서남북 네 방위에 따라 만물이 살아가는 것을 관찰하는 것이다. 다음은 가장 복잡하고 내용이 많은 치지의 과정이다. 천(天)은 중(中)을 이룬 상태에서 원형이정의 사덕(四德)을 운행하는데 이것이 천도다. 그러한 천도는 사시를 비롯한 모든 천체를 운행하고, 세상 만물의 삶을 좌우한다. 자연의 사시 운행의 특성과 일치하는 인의예지라는 성(性)이 천명에 의해 인간에게 부여되었다. 그런데 사람의 마음은 천(天)과 자연 현상처럼 항상 중(中)을 유지하지 못한다. 그것은 희로애락과 같은 감정이 욕심에 의해 발생해 인의예지를 침범하기 때문이다. 따라서 사람의 마음은 중을 유지하는 성(性)과 한쪽으로 치우치는 감정으로 이루어져 있다. 사람이 감정에 치우쳐서 인의예지를 실천하지 못할 때에 질서가 문란해져서 사회가 혼란하게 된다. 따라서 한쪽으로 치우쳐 있는 감정을 인의예지의 중에 맞춰 상황에 따라 조절해 나가야 한다. 이와 같은 조절이 중절(中節)이며, 자신의 마음과 인간관계가 중에 근접한 상황이 화(和)다.

중화(中和)를 이루어 나가기 위한 바람직한 길이 도인데, 천도가 우주만물의 질서를 유지하고 생명을 보전하듯이, 중화를 이루는 도의 실천은 인간 사회의 질서를 유지하고 인간관계에서 상생하는 결과를 만들어 낸다. 중화를 이루기 위해 일상생활에서 모든 상대적인 관계를 권도(權道)에 의해 수시로 맞춰 나가는 것을 중도(中道)라고 하며, 잠시라도 그 중도를 잃지 않고 일상생활에서 큰일까지 적용하는 것을 중용이라고 한다. 이러한 모든 것을 논리적으로 알아내는 것이 치지의 과정이다.

성의와 정심은 자신의 몸에서 도가 떠날 것을 예방하는 계신공구와 혼자 있을 때 정성을 들여서 스스로 만족할 정도로 자신을 속이지 않는 신독의 의지를 갖는 것이다. 특히 성(誠)이라는 것은 천도와 밀접한 관련이 있다. 이는 뒷부분에서 상세하게 설명하겠다. 그러므로 희로애락이라는 감정을 인의예지라는 성(性)에 맞추어 조절해 중화를 이루고자 하는 마음 자세다. 성의와 정심은 격물치지에 의해 천도에 따른 도를 알게 된 이후에 마음을 조절해 가는 과정이다. 수신은 상대방을 대할 때에 성의와 정심의 마음 상태를 유지하면서, 혼자 있을 때나 모든 인간관계에 적용할 때나 항상 충서의 능력을 키우는 과정이다. 또한 사시의 현상뿐만 아니라 모든 사물을 대할 때 시간과 공간에 따라 격물치지를 하여 지속적으로 수신해 나가야 한다.

수신을 기본으로 생각하는 유학은 위기지학(爲己之學)이다. 위기(爲己)는 위할 위(爲) 자와 몸 기(己) 자가 합쳐져 이루어진 단어다. 유가의 경전에서 몸 기(己) 자는 신체를 말하는 것이 아니라 자신을 뜻하고, 사람 인(人)은 타인을 말할 때가 많다. 위기지학이란 자기 자신을 위한 공부라는 의미인데, 자신을 위한다는 것은 자신의 이익을 위한다는 의미가 아니라, 남에게 보이려고 하지 않고 자신이 몸소 실천하기 위한 공부라는 의미다. 따라서 신독의 의미가 담긴 개념이다.

위기지학은 모든 행위의 결과에 대한 원인을 자신의 행동에서 찾는다. 《논어》〈안연 제1장〉에는 공자도 이에 대해 말한 내용이 나온다. 안연이 인(仁)에 대해 묻자, 공자가 "극기복례(克己復禮), 즉 자기를 극복하고 예(禮)를 회복하는 것이 인을 행하는 것이다. 하루라도 극기복례를 한다면 천하가 인으로 귀의한다. 인을 하는 것은 자신에게 달려 있는 것이지, 남에게 달려 있는 것이 아니다"라고 대답했다. 안연이 "그 상세한 조목을 묻고 싶습니다"라고 하자, 공자는 다음과 같이 말했다. "예(禮)가 아니면 보지 말고, 예가 아니면 듣지 말고, 예가 아니면 말하지 말고, 예가 아니면 동하지 말아야 한다." 안연은 이 말을 듣고 "제가 비록 모자라지만 이 말씀에 따르고 싶습니다"라고 했다. 세상의 모든 길흉화복은 자신에게 달려 있는 것이다. 모든 일은 결국 내 탓이다. 따라서 남에게 달려 있다고 생각해 남을 비방하거나 원망하기에 앞서서 자신을 돌아보아야 한다.

공자는 "군자는 잘못을 나에게서 찾고, 소인은 잘못을 남에게서 찾는다"라고 했다. 그래서 사람다운 사람은 모든 원인을 자신에게서 찾는다. 고 김수환 추기경이 서울 교구장이었던 때에 천주교 신자들은 자동차 뒷면에 '내 탓이오'라는 스티커를 붙이고 다녔다. 당시의 교통문화는 불법 끼어들기와 신호 위반 등이 행해지고, 차를 세워 놓고 길거리에서 언쟁을 하는 일을 자주 볼 수 있었던 시기였다. 이때 천주교 전국 평신도 사도직 협의회에서 '내 탓이오' 캠페인을 벌여 큰 반향을 일으키고, 교통문화를 선진화하는 데 이바지했다. 고 김수환 추기경을 비롯해 이 캠페인을 벌인 사람들에게서 군자다운 면모를 엿볼 수 있다.

군자는 평소 그 위치에 따라 행하고, 그 밖을 원하지 않는다. 부귀하면 부귀하게 행하고, 빈천하면 빈천하게 행하고, 오랑캐라면 오랑캐답게 행하고, 환란이 있는 상황이라면 환란에 처한 사람답게 행하는 것이니, 군자는 들어가는 곳에 따라 자득하지 못함이 없는 것이다. 윗자리에 있으면 아랫사람을 능멸하지 않고, 아랫자리에 있으면 윗사람을 잡아당기지 않고, 자기 몸을 바르게 하고 남에게서 구하지 않으면 곧 원망이 없을 것이다. 위로는 하늘을 원망하지 않고, 아래로는 타인을 탓하지 않는다. 그러므로 군자는 평이함에 거하여 명(命)을 기다리고, 소인은 위험한 것을 행하면서 요행을 바란다. 공자께서 말씀하셨다. "활쏘기는 군자와 같은 것이 있으니, 정곡(正鵠)[23]을 잃으면 돌이켜 자신의 몸에서 구하는 것이다.”

君子 素其位而行 不願乎其外 素富貴 行乎富貴 素貧賤 行乎貧賤 素夷狄
군자 소기위이행 불원호기외 소부귀 행호부귀 소빈천 행호빈천 소이적

行乎夷狄 素患難 行乎患難 君子 無入而不自得焉 在上位 不陵下 在下位
행호이적 소환난 행호환난 군자 무입이부자득언 재상위 불능하 재하위

不援上 正己而不求於人 則無怨 上不怨天 下不尤人 故 君子 居易以俟命
불원상 정기이불구어인 즉무원 상불원천 하불우인 고 군자 거이이사명

小人 行險以徼幸 子曰射有似乎君子 失諸正鵠 反求諸其身
소인 행험이요행 자왈사유사호군자 실저정곡 반구저기신

[제14장]

“군자는 평소 그 위치에 따라 행하고, 그 밖을 원하지 않는다.
부귀하면 부귀하게 행하고, 빈천하면 빈천하게 행하고, 오랑캐라
면 오랑캐답게 행하고, 환란이 있는 상황이라면 환란에 처한 사
람답게 행하는 것”과 “군자는 평이함에 거하여 명(命)을 기다리
고, 소인은 위험한 것을 행하면서 요행을 바란다”는 의미는 부귀
하게 된 것도 자신이 만든 것이고 그것을 누리는 것도 자신이며,
가난하게 된 것도 자신이 만든 것이고 그것을 감내하는 것도 자
신이라는 뜻이다. 훌륭한 문화를 누리지 못하게 된 것도 자신이
고, 환란이 있게 된 것도 자신이 만든 것이다. 따라서 자신이 주
변 상황을 만들어 가야 한다는 의미다. 물론 환란을 만든 것이 자
신이 아닐 수도 있지만, 그러한 상황을 벗어나는 노력은 자신이
해야 한다. 따라서 유학을 공부하는 사
람은 옛것에 얽매이는 사람이 아니라
옛것을 본받아 지금 시기에 시중(時中)

23 과녁의 한가운데를 말하며, 가장 중
요한 요점이나 핵심을 뜻하기도 한다.

해 적용하고 적극적으로 실천해야 한다.

공자는 그렇게 행동한 사람이었다. 《논어》 〈헌문 제41장〉에는 다음과 같은 일화가 나온다. 자로가 석문에서 머무르기 위해 그곳 성문을 지나려고 하는데, 성문지기인 신문(晨門)이 "어디에서 왔는가?"라고 물었다. 자로가 "공자님 문하에서 왔소"라고 대답하자, 성문지기는 "안 되는 줄 알면서도 행동하는 사람이구나!"라고 말했다.

또 〈헌문 제42장〉에는 이런 일화가 있다. 공자가 위나라에 머무를 때에 옥(玉)을 나무에 매달아 놓고 두들기면서 연주를 하는 경(磬)이라는 악기를 연주하고 있었다. 이때 삼태기를 메고서 지나가던 사람이 말했다. "경을 두드리는 소리를 들으니 마음이 아직도 천하에 있구나!" 그리고 잠시 있다가 "탕탕하는 소리가 비천하구나! 자신을 알아주지 않으면 그만두면 될 것이다. 물이 깊으면 옷을 벗고 건너고, 물이 얕으면 옷을 걷고 건너야 하는 것이다"라고 말했다. 그러자 공자는 세상을 등지고 살아가는 그 사람에 대해 말하기를 "과감할 정도로 세상일을 잊고 사는구나! 그렇게 산다면 어려울 것이 없겠구나!"라고 탄식했다.

공자가 천하를 주유하면서 자신을 등용할 제후를 찾아 나선 것은 자신의 출세를 위해서가 아니라 세상의 질서를 바로잡아 그 결과를 자신과 백성 모두 향유하기 위해서였다.

유학은 남뿐만 아니라 자신도 이롭게 하라고 가르친다

공자는 세상을 피하지 않고 적극적으로 질서를 바로잡으려고 노력했다. 그렇게 하기 위해서 벼슬을 해서 직접 정치에 관여하거나, 제자들을 교육해 세상에 널리 퍼뜨리는 것이 가장 합리적인 방법이라고 생각했다. 그래서 많은 제자를 양성하고, 한편으로는 기회가 되면 언제나 정치에 관여하려고 했다. 그러나 가망이 없고, 무도한 군주가 있는 곳에서는 벼슬을 하려고 하지 않았다. 《논어》〈위령공 제6장〉에는 공자의 그러한 생각이 잘 나타나 있다. 공자는 "사어(史魚)[24]는 정직하구나! 나라에 도가 있을 때에도 화살처럼 곧으며, 나라에 도가 없을 때에도 화살처럼 곧도다. 거백옥(蘧伯玉)[25]은 군자구나! 나라에 도가 있으면 벼슬을 하고, 나라에 도가 없으면 거두어서 감추어 두는구나"라고 했다. 공자는 제후국 가운데 비교적 가망이 있는 곳에서 하루빨리 질서를 회복해 그것이 다른 곳으로 파급되기를 희망했다. 그러나 자신을 등용하고자 하는 제후가 무도하다고 판단하면, 뒤도 돌아보지 않고 그 제후를 떠나 버렸다. 이와 같이 중용의 도는 초야에 묻혀서 도를 닦는 것이 아니라 현실에 적극적으로

24 위나라의 대부 사추(史鰌)를 말한다. 자는 자어(子魚)이며, 사(史)는 관명이다. 위령공에게 어질고 능력 있는 거백옥을 천거했으나 위령공은 이것을 듣지 않고 간신 미자하를 중용했다. 사어가 죽은 후 위령공은 크게 뉘우치고 미자하를 물리치고 거백옥을 등용했다.

25 위나라의 재상으로 어진 성품과 100세까지 장수한 것으로 유명하다. 공자와 친교가 있었던 것으로 알려져 있다.

참여하는 진취적인 도라 할 수 있다.

"활쏘기는 군자와 같은 것이 있으니, 정곡(正鵠)을 잃으면 돌이켜 자신의 몸에서 구하는 것"이라고 했다. 우리 민족은 예전부터 활을 잘 쏘는 것으로 유명했다. 하계 올림픽에서 양궁 경기가 열리면 온 국민은 즐겁게 그 경기를 즐긴다. 남녀 양궁의 개인전과 단체전에서 가장 강력한 우승 후보가 우리나라 선수들이기 때문이다. 양궁 선수들은 체력 훈련도 강하게 하지만 정신력을 키우기 위해 명상도 자주 한다고 한다. 이것은 주변 상황에 동요되지 않고 자신을 다스릴 수 있는 능력을 키우기 위해서다. 양궁은 활시위를 벗어난 화살이 과녁에 도달한 위치에 의해 점수가 결정되지만, 과녁에 도달할 때까지의 모든 책임은 선수에게 있는 것이다. 자세와 집중력, 그리고 외부의 바람이나 온도, 습도 등을 모두 종합해 화살을 날리는 것은 선수의 마음과 행동에서 나오는 것이기 때문이다. 그러므로 올림픽에 나간 선수들이 자신이 목표로 한 점수를 받지 못한 것도 자신의 탓이며, 금메달을 획득해 영예를 누리는 것도 자신에게 달렸다.

이와 같이 수신은 인간관계에서 도덕적인 문제뿐만 아니라 모든 행위에 적용될 수 있는 것이다. 그런데 유가 경전에서 수신을 유독 타인을 다스리는 덕목으로 집중적으로 설명하는 까닭은 옛날 사대부의 궁극적인 목표가 자신이 수양을 통해 터득한 도리를 정치에 직접 관여해 백성에게 베풀어서 질서를 유지하고 평화로운 세상을 만드는 것이었기 때문이다. 그러나 일상생활에서의 수신은 사람과의 관계에서 갈등과 부조화를 없애기 위한 것이므로 남을 다스린다는 것보다는 상대방과의 관계를 원만하게 하는 것을 더욱 중요하게 생각해야 한다.

《논어》〈헌문 제45장〉에 그러한 관점이 잘 표현되어 있다. 자로가 군자에 관해서 물어보자, 공자가 "경(敬)으로써 수신하는 것이다"라고 했다. 그러자 자로가 "이와 같은 것뿐입니까?"라고 말하자, 공자는 "수신을 해서 다른 사람들을 편안하게 하는 수기안인(修己安人)을 하는 것이다"라고 했다. 그러자 자로가 또다시 "이와 같을 뿐입니까?"라고 물었다. 그러자 공자는 다음과 같이 말했다. "몸을 닦아서 백성을 편안하게 하는 것이니, 몸을 닦아서 백성을 편안하게 하는 것은 요순임금도 오히려 어렵게 생각하셨다." 경(敬)이라는 것은 시종일관 집중하는 것을 의미한다. 그렇게 시종일관하는 것으로 수신을 한 이후에 다른 사람을 편안하게 하는 것이 군자이며 사람다운 사람이다. 남을 편안하게 하면 인간관계가 원만해지고, 자신 역시 편안해지는 것이다.

이와 같이 《논어》에서는 수기치인(修己治人)이라는 용어는 없고, 수기안인(修己安人)이라는 표현을 쓰고 있다. 수기치인은 수기안백성(修己安百姓), 즉 백성을 편안하게 하는 것을 의미하며 쉬운 일이 아니라고 설명한다. 나만 편하고자 하는 것은 욕심이지만, 남을 편하게 하는 것은 덕(德)이다. 그러나 자신이 편하고자 하는 것도 간과해서는 안 된다. 중화를 이룰 때에 나와 남과의 편안함도 한쪽으로 치우쳐서는 안 되고 중도를 유지해야 한다. 살신성인과 같은 대의(大義)를 제외하고, 남과 내가 모두 편안하게 사는 것이 우리의 인생의 목표가 되어야 한다. 무조건 나를 희생해서 타인을 편하게 해 주는 것은 이론에 불과한 공부이며, 실천이 가능한 공부가 될 수 없다.

도는 잠시라도 떨어질 수 없고, 가까운 곳에서부터 실천해야 한다고 했다. 자신에게 가장 가까운 것은 바로 자기 자신이다. 따라서 모든 부귀와 명예의 결과도 자기 자신에게서 찾아야 한다. 가난한 것도 본인의 탓이고 부유한 것도 자신의 탓이다. 가난하다면 그것을 편안하게 생각하고, 부자라면 그것을 누려야 한다. 단, 잊지 말아야 할 사실은 중용을 유지하면서 편안해하고, 누려야 한다.

《논어》〈자한 제18장〉에서 공자는 이렇게 말했다. "산을 만드는 것에 비유해서 말해 보면, 마지막 한 줌의 흙을 쏟아붓지 않아 산을 못 만들고 중지한 것도 내가 중지한 것이며, 평지에서 한 줌의 흙을 처음 쏟아붓고 산을 만들기 시작하는 것도 나에게 달려 있는 것이다." 산을 못 만들어서 생기는 불이익은 물론 자신의 몫이다. 그러나 산이 만들어져서 얻게 될 이득도 자신의 몫이 되어야 중화를 이루는 세상이 될 수 있다. 유학은 무조건적인 자신의 희생만을 요구하는 학문이 아니다. 만약 그렇게 알고 있다면 유학의 가르침을 단편적으로 이해한 것이다. 앞에서 말한 것처럼 사물을 대할 때는 언제나 입체적으로 생각해야 한다.

따라서 충서(忠恕)는 남이 나를 판단하는 것에 신경을 쓰는 것이 아니다. 앞에서 충(忠)은 자신의 마음에 중심을 잡고 적극적으로 행동하는 것이라고 말했다. 마음에 중심을 잡는 주체는 바로 나이고, 상대방을 배려해 행동하는 것도 나다. 그러한 판단은 상대방만을 생각해서 하는 것이 아니라 상대방과 나, 그리고 주변의 모든 여건 등이 종합적으로 고려되어 중용을 이루도록 하는 것이다. 그렇기 때문에 충서의 결과는 오직 남을 위한 것이 아니라 자신을 위한 것이기도 하다. 이것은 천도가 만물이 생명을 유지하도록 하는 것과 마찬가지로 도를 실천하는 것은 인간관계에서 상생하기 위한 것이기 때문이다. 일방적인 상생과 상극은 결국 모두 소멸해 버리는 음양오행의 원리처럼, 내가 실천하는 도가 일방적으로 상대방만을 위한 일이 된다면, 중용의 원래 목적에서 멀어지게 되는 것이다. 이 원리를 이해하면 중용을 하는 것이 그렇게 불편하거나 손해 보는 일이 아니란 사실을 깨닫게 되어 보다 적극적으로 충서를 실천할 수 있다.

인간관계에서 충서를 행하는 것은 가족에서부터 시작된다. 천도가 하나의 중심을 갖고 공간을 형성한 것처럼 가족이나 사회의 구성도 자신을 중심으로 형성되는 방향성이 있다.《대학》에서는 다음과 같은 내용으로 충서를 말하고 있다. "윗사람에게서 싫었던 것처럼 아랫사람을 부리지 말고, 아랫사람에게서 싫었던 것처럼 윗사람을 섬기지 말며, 앞사람에게 싫었던 것처럼 뒷사람에게 힘을 가하지 말고, 뒷사람에게서 싫었던 것처럼 앞사람을 따르지 말며, 오른쪽에 있었던 사람에게서 싫었던 것처럼 왼쪽 사람을 사귀지 말고, 왼쪽에 있었던 사람에게서 싫었던 것처럼 오른쪽 사람을 사귀지 말아야 한다. 이것을 혈구지도(絜矩之道)라고 말한다."

혈구라는 것은 헤아릴 혈(絜) 자와 네모 자 구(矩) 자로 구성된 단어다. 따라서 혈구(絜矩)란 네모난 자를 갖고 재는 방법이다. 그래서 혈구지도란 '사람이 자신의 행동을 조절하기 위해 스스로를 척도로 삼는다'는 의미다. 충서의 마음이 각자 상황에 따라 혈구지도로 작용되는 것이다. 권도가 중화를 이루기 위한 중요성을 무게를 인용해서 중용을 이루는 방법이라면, 혈구지도는 중화를 위해 자신을 중심으로 자를 재어서 상대방의 입장에 따라 중용을 이루는 방법이다.

이러한 인간관계에서 가장 먼저 생각해야 할 것이 가족관계다. 가족관계에서 모든 행실의 표준은 자식의 부모님을 향한 효도다. 예전부터 효는 백행지본(百行之本), 즉 모든 덕행의 근본이라고 말하며 중요하게 생각했다. 왜냐하면 효를 실천하는 것은 부모가 나에게 준 생명에 보답하는 기본 행위로, 천(天)이 인간에게 생명을 준 사랑에 보답하는 것이 도라는 의미와 맥락을 같이하기 때문이다.

4 효는 모든 덕행의 첫걸음이다

성공적인 인간관계는 효에서 시작된다

혈구지도를 행하려면 먼저 가까운 가족에서부터 시작해야 한다. 가족에서부터 충서에 따른 예를 시작하는 것과 가족을 가장 중요하게 생각하는 것은 인간으로서 당연한 행동이다. 도를 가까운 곳에서부터 시작하게 되면 그것은 하늘까지 올라가 천(天)에 이른다. 천에 이르게 되면 천도에 다다를 수 있기 때문에 효의 실천은 모든 행동의 근본이 되는 중요한 일이다.

> 군자의 도는 비유하자면 먼 길을 가는 것은 반드시 가까운 곳에서부터 행하며, 높은 곳을 오르는 것은 반드시 낮은 곳으로부터 하는 것과 같다.
>
> 君子之道 辟(譬)如行遠必自邇 辟如登高必自卑
> 군 자 지 도   비   비   여 행 원 필 자 이   비 여 등 고 필 자 비

유가의 수기안인(修己安人)은 도를 자기와 가까운 곳에서 먼 곳까지 전파해 나가는 것이다. 또한 작은 일부터 시작해서 백성을 다스리는 큰일까지 이루는 것이다. 따라서 수신을 먼저 행하고 가족에게 행하며 그것을 나아가 사회와 국가에 행하는 것이다. 또한 자신과 가족을 가장 중요하게 생각하고, 그다음이 이웃이며, 그다음이 전체 사회가 되는 것이다.

앞의 내용과 연계해서 요약해 보면 다음과 같다. 천도에 의해서 인간의 생명이 보전되므로 천도를 닮아 인도(人道)를 실천해야 인간 사회에 질서가 유지된다. 따라서 성(性)을 이해하고 도를 알고 교(敎)를 알아 감정을 성에 따라 조절해 중화를 이루어야 하는데, 인간관계에서 중화는 충서와 혈구지도를 기준으로 실천한다. 그러한 실천은 가장 가까운 나의 수신을 시작으로 해서 가족, 그리고 사회로 전파한다.

천(天)은 우주 만물의 부모와 같은 존재다. 천이 생명과 성(性)을 내려 주어 만물이 살아가고 있기 때문이다. 사람이 천도를 본받아서 모든 일을 중용으로써 대응하고, 인(仁)으로 세상 사람들을 대하고, 인간관계에서 충서를 하는 것은 천이 내려 준 성(性)과 생명을 유지하고, 천의 무한한 사랑에 감사하고, 그 뜻을 이어받는 공경의 표현인 것이다. 나의 생명과 성품을 물려주신 부모님은 가정에서 천과 같은 존재다. 부모님께 효를 하는 것은 나의 성(性)을 유지하고, 부모님의 조건 없는 사랑에 감사하고, 부모님의 뜻을 이어받는 공경의 표현이 되는 것이다. 천에 대한 공경과 부모님에 대한 공경이 다를 것이 없다.

《시경》에서 이르기를 "처자가 좋아서 합하는 것이 비파와 거문고를 타는 듯하며, 형제가 이미 화합해 화락하고 또 즐겁구나. 너의 집안을 마땅하게 하여 너의 아내와 자식을 즐겁게 한다"고 했는데, 공자께서 "부모가 편안하실 것이다"라고 말씀하셨다.

詩曰 妻子好合 如鼓瑟琴 兄弟旣翕 和樂且耽 宜爾室家 樂爾妻帑(孥) 子
시 왈 처 자 호 합   여 고 슬 금   형 제 기 흡   화 락 차 탐   의 이 실 가   락 이 처 노   노   자
曰 父母其順矣乎
왈   부 모 기 순 의 호

[제15장 2절]

부모가 되어서 가장 기쁜 일은 자식들이 형제간에 우애가 돈독하고 착하게 살아가는 모습을 보는 것이다.《논어》〈위정 제21장〉에는 다음과 같은 일화가 있다. 어떤 사람이 공자의 역량이 발휘되지 못하고 있음을 의아하게 생각하며 "선생님께서는 왜 정치를 하지 않으십니까?"라고 공자에게 말했다. 그러자 공자가 "《서경》에 '부모님께 효도하고, 형제간에 우애하여 정치를 한다'라는 효도에 대한 내용이 있다. 효를 하는 것이 바로 정치를 하는 것과 같은 것이다. 반드시 관료가 되어서 활약하는 것만이 정치를 하는 것은 아니다"라고 말했다. 사람의 행실을 바로 알려면 그 사람이 부모에게 행동하는 모습을 보면 정확하게 알 수 있다. 부

모님께 효를 하는 것은 천명에 의해 만들어진 성(性)을 보존하고 천도에 의한 질서를 유지하는 가장 기본적인 행위이므로 효를 잘하는 사람은 다른 인간관계에 있어서도 원만한 관계를 유지함으로써 질서를 유지하기 때문이다.

한편 부모님께 효를 하는 사람은 자신의 생명을 소중하게 하고, 다치지 않게 하며, 가정을 떠나 외부에 갈 때 가는 곳을 반드시 알려서 부모가 걱정하지 않도록 하기 때문에 다른 사람들과 의미 없는 다툼을 하거나 범죄를 일으키지 않는다.《논어》〈안연 제21장〉에 공자의 다음과 같은 말이 있다. "자신이 해야 할 일을 먼저 하고, 자신이 받아야 할 보상을 나중에 하려고 하는 것이 덕을 높이는 일이다. 자신의 악함을 다스리고 남의 악함을 다스리지 않는 것이 악한 마음을 다스리는 것이다. 하루아침에 분노를 참지 못하고 함부로 행동을 하게 되면 재앙이 부모님께까지 미치게 하는 것이 정신을 차리지 못하고 헤매는 것이다." 이와 같이 효는 가정을 화목하게 만드는 기본이며, 나라의 질서를 바로잡는 밑바탕이 된다.

 공자께서 말씀하셨다. "귀신의 덕 됨이 성대하구나. 보려고 해도 보이지 않으며, 들으려고 해도 들리지 않지만 사물의 근간이 되었기 때문에 버릴 수가 없는 것이다. 천하의 사람들로 하여금 재계하고 깨끗하게 하며 의복을 성대하게 입고 제사를 받들게 하고, 넘치는 듯이 그 위에 있는 듯하며 그 좌우에 있는 듯하다.《시경》에서 이르기를 '신(神)이 이르는 것을 헤아릴 수 없는데, 하물며 싫어할 수 있겠는가'라고 했다. 무릇 은미한 것이 드러나니, 성(誠)을 가릴 수 없음은 이와 같다."

子曰 鬼神之爲德 其盛矣乎 視之而弗見 聽之而弗聞 體物而不可遺 使天
자왈 귀신지위덕 기성의호 시지이불견 청지이불문 체물이불가유 사천

下之人 齊明盛服 以承祭祀 洋洋乎如在其上 如在其左右 詩曰 神之格思
하지인 재명성복 이승제사 양양호여재기상 여재기좌우 시왈 신지격사

不可度思 矧可射思 夫微之顯 誠之不可揜 如此夫.
불가탁사 신가역사 부미지현 성지불가엄 여차부

[제16장]

"귀신의 덕 됨이 성대하구나. 보려고 해도 보이지 않으며, 들으려고 해도 들리지 않지만 사물의 근간이 되었기 때문에 버릴 수가 없는 것이다"에서 귀신이라는 것은 공포물에 등장하는 귀신을 말하는 것이 아니다. 만약 그런 귀신을 말하는 것이라면 "그덕이 성대하다"고 말하지 않았을 것이다. 귀신은 음양의 조화를 나타낼 때 자주 쓰는 표현이다. 변화하고 교역하는 것이 음양의 덕이다. 이러한 음양의 덕에 의한 조화가 사물의 근간이 되었다는 것은 천도의 음양 작용에 의해 만물이 생성되었음을 의미한다. 따라서 보이지도 않고 들리지도 않지만 만물에 작용하고 있어서 항상 옆에 있는 것과 같다. 이것은 비은(費隱)을 설명할 때 알게 된 천(天)의 은미한 작용이 드러난 것이다. 천의 은미한 작용은 일관성이 있고 욕심이 개입되지 않아 순수해서 저절로 이루어지는 의미의 성(誠)이기 때문에, 사람은 그것을 본받으려는 성지(誠之)를 반드시 해야 한다는 것이다. 인간 사회에서 성지의

출발점이 바로 효다.

성지는 천도를 어기지 않는 것이다. 무한한 사랑과 생명을 보전하는 천의 뜻을 어기지 않고, 항상 감사하고 공경하는 마음을 갖는 것을 말한다. 효도는 부모의 뜻을 어기지 않고 감사하는 마음으로 예(禮)로써 섬기는 것이다. 《논어》〈위정 제5장〉에 그러한 의미가 잘 나와 있다. 맹의자(孟懿子)[26]가 효에 대해 묻자, 공자는 "어기는 것이 없어야 한다"라고 대답했다. 맹의자가 제대로 이해하지 못하고 더 이상 묻지 않았다. 공자는 맹의자가 그 뜻을 깊이 이해하지 못하고 단순하게 부모의 명령에 무조건 따르는 것으로 알아들은 것 같아 속으로 염려되었다. 공자는 맹의자와 대화를 마친 후 되돌아가는 길에 수레를 몰고 있는 제자 번지(樊遲)[27]에게 "맹의자가 나에게 효를 묻기에 내가 '어김이 없어야 한다'고 하였다"라고 그 상황을 설명해 주었다. 그러자 번지도 그 뜻을 이해하지 못하고 "무슨 말씀이십니까?"라고 물었다. 공자는 "살아계실 적에 예(禮)로 섬기고, 돌아가시면 예로 장사지내고, 예로 제사를 지내는 것이다"라고 말했다.

부모를 예로 섬긴다는 것은 그 앞에서 공손한 모습만을 보이는 것이 아니라 형제들과 우애 있게 지내고, 자신의 생명을 보전하고 다치지 않게 하는 것까지의 전부를 포함한다. 천(天)이 보이지 않고 들리지 않아도 성지하듯

26 노나라의 대부로 성은 중손(仲孫), 이름은 하기(何忌), 자는 자(子)다. 아버지 맹희자가 죽음에 임박해서 공자에게 예를 배우도록 하여 공자의 가르침을 받았다.

27 공자의 제자다. 성은 번(樊), 이름은 수(須), 자는 자지(子遲)다. 공자보다 36세 아래로 배움이 더딘 것으로 전해진다.

이, 부모님이 살아계실 때나 돌아가셨을 때 모두 그 예(禮)를 다 해야 한다. 그러한 마음의 표현이 장사지내고 제사를 지낼 때 드러나는 것이며, 부모님의 뜻을 본받겠다는 마음을 다잡는 행위이기도 하다.

공자께서 말씀하셨다. "순임금은 바로 대효(大孝)이시구나! 덕은 성인이 되시고, 존귀함은 천자(天子)가 되시고, 부(富)는 사해(四海)[28]안을 소유하시며, 종묘(宗廟)[29]의 제사를 흠향(歆饗)[30]하시며, 자손을 보전하셨다. 그러므로 대덕(大德)은 반드시 그 지위를 얻고, 반드시 그 녹을 얻으며, 반드시 그 이름을 얻으며, 반드시 그 수(壽)를 얻는다. 그러므로 하늘이 만물을 생(生)할 때에 반드시 그 재질로 인해 돈독히 하여 준다. 그러므로 심은 것은 북돋아 주고 기울어져 있는 것은 엎어 버리는 것이다.《시경》에서 이르기를 '아름답고 즐거운 군자여! 드러나고 드러난 훌륭한 덕이여! 백성에게도 마땅하고 사람에게도 마땅하다. 하늘에서 녹을 받아 돕고 도와서 명을 내리시고 하늘로부터 거듭한다'고 했다. 그러므로 대덕을 지닌 자는 반드시 명을 받는다."

子曰 舜 其大孝也與 德爲聖人 尊爲天子 富有
자 왈 순 기 대 효 야 여 덕 위 성 인 존 위 천 자 부 유
四海之內 宗廟饗之 子孫保之 故 大德 必得其
사 해 지 내 종 묘 향 지 자 손 보 지 고 대 덕 필 득 기
位 必得其祿 必得其名 必得其壽 故 天之生物
위 필 득 기 록 필 득 기 명 필 득 기 수 고 천 지 생 물
必因其材而篤焉 故 栽者 培之 傾者 覆之 詩
필 인 기 재 이 독 언 고 재 자 배 지 경 자 복 지 시

28 사방이 바다라는 말로 온 세상을 뜻한다.
29 제왕가의 조상들과 왕과 왕비의 위패를 모신 사당이다.
30 저승에 있는 신명(神明)이 내려와 제물을 먹는 것으로, 여기서는 제물을 바쳐 제사를 지낸다는 의미다.

曰 嘉樂君子 憲憲(顯顯)令德 宜民宜人 受祿于天 保佑命之 自天申之 故
왈 가락군자 헌헌 현현 영덕 의민의인 수록우천 보우명지 자천신지 고

大德者 必受命
대덕자 필수명

[제17장]

공자께서 말씀하셨다. "근심이 없는 사람은 바로 오직 문왕(文
王)이시다. 왕계(王季)[31]를 아버지로 삼으시고, 무왕(武王)을 아
들로 삼으시니, 아버지가 일으키시고 아들이 그것을 이었다. 무
왕이 태왕(大王)[32]과 왕계와 문왕의 단서(端緒)를 이으시어, 한
번 군복을 입고 천하를 소유하셨는데, 몸은 천하에 드러난 이
름을 잃지 않고, 존귀함은 천자가 되시고, 부는 사해 안을 소유
하시어 종묘의 제사를 흠향하시며 자손을 보전하시었다. 무왕
이 말년에 천명을 받으시자, 주공(周公)[33]이 문왕과 무왕의 덕을
이루시고, 태왕과 왕계를 추존해 왕으로 모시고, 위로는 선공
(先公)[34]을 천자의 예(禮)로써 제사
를 지내셨다. 이 예가 제후와 대부
및 사(士)와 서인에게 도달했다. 아
버지가 대부가 되고 자식이 사가 되
면, 장례는 대부의 예로 치르고 제
사는 사의 예로 지냈다. 아버지가
사가 되고 자식이 대부가 되면, 장
례는 사의 예로 치르고 제사는 대부
의 예로 지냈다. 일년상은 대부까지

31 주나라 문왕의 아버지다. 두 명의
형이 있었으나 인덕이 뛰어나 아버지
고공단부(古公亶父)의 후계자가 되었다.

32 주나라 문왕의 할아버지 고공단부
(古公亶父)다.

33 주나라 문왕의 아들이며, 무왕의
동생이다. 예악과 법도를 제정하는 등
주나라 초기의 기틀을 만들었다. 형 무
왕이 죽자 무왕의 아들 성왕이 어렸기
때문에 주공이 당분간 섭정을 했다.

34 왕으로 추존된 주나라 무왕의 선조
들을 말한다.

이르고, 삼년상은 천자까지 이르니 부모의 상은 귀천이 없이 똑같았다."

子曰 無憂者 其惟文王乎 以王季爲父 以武王爲子 父作之 子述之 武王
자왈 무우자 기유문왕호 이왕계위부 이무왕위자 부작지 자술지 무왕

續大王王季文王之緖 壹戎衣而有天下 身不失天下之顯名 尊爲天子 富有
찬 태왕 왕계문왕지서 일융의이유천하 신불실천하지현명 존위천자 부유

四海之內 宗廟饗之 子孫保之 武王 末受命 周公 成文武之德 追王大王王
사해지내 종묘향지 자손보지 무왕 말수명 주공 성문무지덕 추왕태왕왕

季 上祀先公以天子之禮 斯禮也 達乎諸侯大夫及士庶人 父爲大夫 子爲士
계 상사선공이천자지례 사례야 달호제후대부급사서인 부위대부 자위사

葬以大夫 祭以士 父爲士 子爲大夫 葬以士 祭以大夫 期之喪 達乎大夫
장이대부 제이사 부위사 자위대부 장이사 제이대부 기지상 달호대부

三年之喪 達乎天子 父母之喪 無貴賤一也
삼년지상 달호천자 부모지상 무귀천일야

[제18장]

순임금은 자신의 목숨을 빼앗으려는 패륜적인 부모님께 성심을 다해 효를 했기 때문에 보통 사람으로서 실천할 수 없는 대효(大孝)라고 말한 것이다. 그로 인해 왕위에 올랐으며, 그 대효를 멈추지 않고 죽어 모습이 보이지 않지만 제사에 충실해 부모와 조상을 공경하고, 자손들에게 그것을 본받게 했다. 그것은 순임금이 선(善)은 세상에 퍼지도록 환하게 밝히고, 악(惡)은 감추어 세상에서 사라지도록 노력한 모습이다. 순임금은 천명에 의한 성(性)을 그대로 유지해 모든 일에서 중용을 지켰다. 그 대표적인 중용의 모습이 효였다. 그리하여 왕위에 욕심이 없었음에도 불구하고 선양에 의해서 자연스럽게 왕위에 올라 후세에 이름을 남기게 되었다. 이는 곧 천명을 받은 것이다.

예와 효의 차이

주나라 문왕과 무왕에 대해 간략하게 알아야 제18장의 의미를 이해할 수 있다. 그 내용은 다음과 같다. 주나라 문왕은 자신의 아버지 시대에 만들어진 법도를 이어받아 어진 정치를 베풀었다. 노인을 공경하고, 어린이를 보살피는 등 자신의 집안부터 시작해 부모님께 효를 다하고 처자와 형제들이 본받게 함으로써 전 가족의 모범이 되었다. 당시 천자였던 은나라 주왕(紂王)은 문왕이 성인이라는 소문을 듣고, 문왕의 큰아들을 죽여 곰탕으로 만들어 먹게 했다. 만일 문왕이 아들의 시신으로 만든 곰탕인지 알 수 있다면, 그의 능력이 자신을 위협하게 될 것이기 때문에 그를 죽일 생각이었다. 문왕은 자신의 아들의 시신으로 만든 곰탕인 줄 알면서도 분노와 슬픔을 참으면서 그 곰탕을 먹어 위기를 벗어났다. 그리고 땅과 재물을 주왕에게 바쳐 신임을 얻은 뒤 죄수들을 잔인하게 죽이는 포락형(炮烙刑)[35]을 없애기도 했다. 많은 제후가 문왕에게 귀의해 오면서 그의 세력은 점점 커졌다. 문왕은 주왕을 정벌할 계획을 세우고 착실히 준비했고, 문왕의 아들인 무왕이 그 뜻을 이어받아 마침내 주왕을 정벌하고 주나라를 세웠다.

주나라 문왕은 자신의 자식을 죽여서 먹인 은나라 주왕의 행동에 감정을 앞세우지 않았다. 사실 선뜻 이해할 수 있는 부분은 아니다. 그러나 자신의 목

35 동으로 만든 기둥에 기름을 발라 죄수들을 올려놓고 기어 다니게 하고, 그 기둥 아래에는 불을 때서 죄수들이 불로 떨어져 죽게 만드는 형벌이다.

숨을 소중하게 생각하는 것이 부모님께 대한 효이며, 폭정에 시달리는 나라를 구하기 위해 때를 기다리는 시중의 중용을 보여준 것이다. 그리고 문왕과 무왕 모두 부모님의 뜻을 어기지 않고 그대로 이어받아 효를 기반으로 질서를 유지했다. 그 결과 국력을 신장하고 때를 기다려 어지러운 세상을 평정할 수 있었다. 이러한 모든 것이 효와 중용의 결과였다.

결국 무왕이 천명에 의해 왕위에 오르고, 조상의 뜻을 기리고 감사를 드리기 위해 제사를 충실히 지냈다. 그 결과 자손들이 부모와 조상을 공경하는 효를 본받게 되었다. 상세한 내용은 다르지만 문왕과 무왕이 효와 중용을 이루는 것은 순임금과 일맥상통한다.

한편 사람이 죽었을 때 치르는 상은 죽은 사람의 지위에 맞게 하고, 산 사람이 주관하는 제사는 제사를 지내는 사람의 지위에 맞게 함으로써 현재 시점에 그 지위에 적합하게 했다. 한편 상복을 입는 것은 신분에 따라 차별이 있었지만, 부모의 상은 신분에 관계없이 똑같이 삼 년으로 하여 차별을 두지 않아 효를 중요하게 생각했다. 예는 분별과 차등을 두는 것을 원칙으로 하지만, 효는 모든 행동의 근본이기 때문에 효에는 사람의 지위와 상관없이 분별과 차등을 두지 않았다.

공자께서 말씀하셨다. "무왕과 주공은 달효(達孝)이다. 무릇 효라는 것은 사람(부모)의 뜻을 잘 계승하고, 사람(부모)의 일을 잘 전술하는 것이다. 봄과 가을에 선조의 사당을 수리하고, 종기(宗器)를 진열하고, 그 (선조의) 의상을 펴 놓으며, 제철의 음식을 올린다. 종묘의 예는 소목(昭穆)[36]의 차례를 정하는 것이고, 벼슬에 따라 차례를 정하는 것은 귀천을 분별하는 것이다. 일을 맡길 때 차례를 정하는 것은 현명함을 분별하는 것이고, 여럿이 술을 마실 때 아랫사람이 윗사람을 위하는 것은 천한 사람에게도 미치는 것이고, 잔치할 때 모발의 색깔로 차례를 정하는 것은 나이에 따라 차례를 정하는 것이다. 그 지위를 밟아 그 예를 행하며, 그 음악을 연주하며, 그 존귀한 바를 공경하고, 그 친애하는 바를 사랑한다. 죽은 사람을 섬기기를 살아계신 듯이 하고, 생존하지 않은 사람을 섬기기를 생존해 있는 듯이 하는 것이 효의 지극함이다. 교제(郊祭)[37]와 사직(社稷)[38] 그리고 제사의 예는 상제(上帝)를 섬기는 것이고, 종묘의 예는 그 선조를 제사지내는 것이다. 교제와 사직 제사의 예와 체제(禘祭)[39]와 상제(嘗祭)[40]의 뜻에 밝으면, 나라를 다스리는 것은 그 손바닥을 보는 것과 같을 것이다."

子曰 武王周公 其達孝矣乎 夫孝者 善繼
자왈 무왕주공 기달효의호 부효자 선계
人之志 善述人之事者也 春秋 修其祖廟
인지지 선술인지사자야 춘추 수기조묘
陳其宗器 設其裳衣 薦其時食 宗廟之禮
진기종기 설기상의 천기시식 종묘지례

36 주나라 주공 때에 예악이 정비되면서 구체화된 것으로, 제사를 지낼 때 신주를 모시는 순서로 왼쪽 줄의 소(昭), 오른쪽 줄의 목(穆)을 합쳐서 말하는 것이다.

37 고대 중국에서 천자가 교외에서 하늘 혹은 땅을 받들어 지내는 제사를 말한다.

38 토지의 신 사(社)와 곡식의 신 직(稷)을 함께하여 백성의 복을 비는 제사다.

39 왕이 시조의 근원을 주신(主神)으로 하고, 그곳에 배향하여 지내는 제사다.

40 천자나 제후가 가을에 수확한 과일과 곡식 등으로 종묘에 지내던 제사다.

所以序昭穆也 序爵 所以辨貴賤也 序事 所以辨賢也 旅酬 下爲上 所以逮
소이서소목야 서작 소이변귀천야 서사 소이변현야 여수 하위상 소이체

賤也 燕毛 所以序齒也 踐其位 行其禮 奏其樂 敬其所尊 愛其所親 事死如
천야 연모 소이서치야 천기위 행기례 주기악 경기소존 애기소친 사사여

事生 事亡如事存 孝之至也 郊社之禮 所以事上帝也 宗廟之禮 所以祀乎其
사생 사망여사존 효지지야 교사지례 소이사상제야 종묘지례 소이사호기

先也 明乎郊社之禮 禘嘗之義 治國 其如示諸掌乎
선야 명호교사지례 체상지의 치국 기여시저장호

[제19장]

《논어》〈학이 제11장〉에서는 공자가 다음과 같이 효를 정의한
다. "사람을 판단할 때에 그 사람의 아버지가 살아 있을 때에는
그 사람의 마음가짐을 보고, 그 사람의 아버지가 죽었을 때에는
그 사람의 행동을 보면 알 수 있다. 아버지가 돌아가신 후 삼 년
동안 자신의 아버지의 뜻을 고치치 말아야 효라고 말할 수 있다."
부모님이 살아 계실 때에는 부모님의 눈치를 보아 뜻을 어기는
행동을 하지 않을 수 있다. 그래서 마음을 보는 것이다. 부모님이
돌아가신 이후에는 맘대로 행동할 수 있기 때문에 그 행동만 보
아도 알 수 있다고 한 것이다.

후반 내용은 제사에 관한 가르침에 중점을 두고 있어서 마음
에 쉽게 와 닿지 않을 수 있다. 그러나 고대에는 제사가 국가의
중요한 행사였기 때문에 효의 중요성을 설명할 때에 제사의 예
법으로 설명한 것이다. 제사에 대한 선입견을 갖지 말고 이 내용
을 이해할 필요가 있다. 천(天)이 은벽하게 만물을 생성하고 성
(性)을 내려 준 것에 감사하는 마음을 갖고, 비록 천이 보이지 않

더라도 그 뜻을 이어받기 위해 항상 중용을 통해 도를 실천해야
한다. 그것이 바로 도리다.

그것과 마찬가지로 제사라는 것은 부모님이 돌아가셔서 지금
그 모습이 눈에 보이지 않고 음성이 들리지 않더라도, 감사하는
마음을 갖고 부모님의 뜻을 이어 나가며 효를 하는 것을 말한다.
바로 이것이 《중용》의 가르침의 본질임을 잊지 말아야 한다.

中庸

제4부

❀

중용은
선을 이루는 길이다

1 예는
차별이 아닌
차등을 두는
것이다

예에는 차등을 두어야 한다

가정에서 시작된 인간관계는 사회와 국가, 더 나아가 전 세계로 확장할 수 있다. 부모의 자식에 대한 무한한 사랑과 자식의 부모에 대한 공경이 크게 확장되면 인류애로 발전될 수 있다. 그래서 효가 백행(百行)의 근본이 되는 것이다. 또한 가족을 향한 충서의 도를 이웃과 사회로 확장해 행한다면 사회는 가족과 같은 공동체로서 편안함이 유지될 것이다.

이것이 도가 잠시라도 떠나지 않는 것이며, 중용을 자신에게서 시작해 가정에서 행하고 멀리 사회로 파급하는 것이다. 이에 대해《논어》〈옹야 제28장〉에서는 "가까운 곳에 있는 것을 비유해 먼 곳으로 확장할 수 있으면 인(仁)을 행하는 방법이라고 말할 만하다"라고 했다. 이것이 안인(安人)이 되는 것이다.

애공(哀公)⁴¹이 정사를 묻자, 공자께서 말씀하셨다. "문왕과 무왕의 정사가 방책(方策)⁴²에 펼쳐져 있으니, 그러한 사람이 존재하면 그러한 정사가 거행되고, 그러한 사람이 없으면 그러한 정사가 종식됩니다. 사람의 도는 정사에 민첩하고, 땅의 도는 나무에 민첩하니, 무릇 정사라는 것은 부들과 갈대입니다. 그러므로 정사를 한다는 것은 사람에게 달려 있으니, 사람을 취하는 것은 몸으로 하고, 몸을 닦는 것은 도로 하고, 도를 닦는 것은 인(仁)으로 해야 합니다. 인이라는 것은 사람이니, 친척들을 친하게 여기는 것이 위대한 것입니다. 의(義)라는 것은 마땅한 것이니, 어진 사람을 높이는 것이 위대한 것입니다. 친척들을 친하게 여기는 것의 줄어듦과, 어진 사람을 높이는 것의 차등이 예(禮)가 생긴 이유입니다. (아랫자리에 있을 때 윗사람에게 (신임을) 얻지 않으면 백성을 다스릴 수 없는 것입니다.) 그러므로 군자는 수신을 하지 않을 수 없고, 수신을 생각하면 어버이를 섬기지 않을 수 없고, 어버이를 섬기는 것을 생각하면 사람을 알지 않을 수 없고, 사람을 알 것을 생각하면 하늘을 알지 않을 수 없는 것입니다. 천하의 달도(達道)가 다섯 가지가 있고, 이것들을 행하는 것이 세 가지가 있습니다. 군신과 부자와 부부와 곤제(昆弟)사이의 관계와 친구를 사귀는 것이 천

41 노나라 정공(定公)의 아들로 성은 희(姬), 이름은 장(蔣)이다. 당시 노나라는 맹손씨, 숙손씨, 계손씨 등의 대부 세력이 경제권과 군사력을 장악했다. 외부적으로는 오나라와 제나라가 침공해 국력이 약화되었다. 애공은 월나라의 도움을 받아 이들을 제거하려다 오히려 왕위에서 쫓겨나 죽었다.

42 종이가 발명되기 이전에 중국에서 사용된 서책이다. 방(方)은 사각형의 목판이고, 책(策)은 죽간이나 목간을 말한다.

하의 달도며, 지(知)·인(仁)·용(勇), 세 가지가 천하의 달덕(達德)이라고 말하니, 행하는 것은 하나입니다. 혹은 태어나면서 이 것을 알게 되고, 혹은 배워서 이것을 알게 되고, 혹은 힘들게 노력하여 이것을 알게 되는데, 그 아는 것에 이르러서는 똑같습니다. 혹은 편안하게 이것을 행하고, 혹은 이롭게 생각하여 이것을 행하고, 혹은 억지로 애써서 이것을 행하는데, 그 성공에 이르러서는 똑같습니다."

(공자께서 말씀하셨다.) 배우기를 좋아하는 것은 지(知)에 가깝고, 힘써 행하는 것은 인(仁)에 가까우며, 부끄러운 것을 아는 것은 용(勇)에 가깝다. 이 세 가지를 알면 수신하는 바를 알게 되고, 수신하는 바를 알게 되면 남을 다스리는 바를 알게 되고, 남을 다스리는 바를 알게 되면 천하 국가를 다스리는 바를 알 것이다.

哀公 問政 子曰文武之政 布在方策 其人存則其政舉 其人亡則其政息 人
애공 문정 자왈문무지정 포재방책 기인존즉기정거 기인망즉기정식 인
道 敏政 地道 敏樹 夫政也者 蒲盧(蘆)也 故 爲政 在人 取人以身 修身
도 민정 지도 민수 부정야자 포로 노 야 고 위정 재인 취인이신 수신
以道 修道以仁 仁者 人也 親親 爲大 義者 宜也 尊賢 爲大 親親之殺 尊
이도 수도이인 인자 인야 친친 위대 의자 의야 존현 위대 친친지쇄 존
賢之等 禮所生也 (在下位 不獲乎上 民不可得而治矣) 故 君子 不可以
현지등 예소생야 재하위 불획호상 민불가득이치의 고 군자 불가이
不修身 思修身 不可以不事親 思事親 不可以不知人 思知人 不可以不知
불수신 사수신 불가이불사친 사사친 불가이부지인 사지인 불가이부지
天 天下之達道五 所以行之者三 曰君臣也 父子也 夫婦也 昆弟也 朋友之
천 천하지달도오 소이행지자삼 왈군신야 부자야 부부야 곤제야 붕우지
交也五者 天下之達道也 知(智)仁勇三者 天下之達德也 所以行之者 一也
교야오자 천하지달도야 지 지 인용삼자 천하지달덕야 소이행지자 일야
或生而知之 或學而知之 或困而知之 及其知之 一也 或安而行之 或利而
혹생이지지 혹학이지지 혹곤이지지 급기지지 일야 혹안이행지 혹리이

行之 或勉强而行之 及其成功 一也 (子曰)好學 近乎知(智) 力行 近乎仁
행지 혹면강이행지 급기성공 일야 자왈 호학 근호지 지 역행 근호인

知恥 近乎勇 知斯三者 則知所以修身 知所以修身 則知所以治人 知所以
지치 근호용 지사삼자 즉지소이수신 지소이수신 즉지소이치인 지소이

治人 則知所以治天下國家矣
치인 즉지소이치천하국가의

[제20장 1절]

인간관계가 넓게 확장된 것이 바로 정치다. 정치는 사회의 모든 인간관계를 포함하고 있기 때문에 원만한 인간관계의 최종 목표이며, 사회 질서의 유지는 최종적으로 정치에 있는 것이다. "문왕과 무왕의 정사가 방책(方策)에 펼쳐져 있으니, 그러한 사람이 존재하면 그러한 정사가 거행되고, 그러한 사람이 없으면 그러한 정사가 종식됩니다. 사람의 도는 정사에 민첩하고, 땅의 도는 나무에 민첩하니, 무릇 정사라는 것은 부들과 갈대입니다. 그러므로 정치를 한다는 것은 사람에게 달려 있다"는 의미는 다음과 같다. 주나라 문왕과 무왕 같은 훌륭한 임금의 업적은 책으로 전해 내려오고 있다. 그들과 같은 임금이 있으면 정치가 제대로 이루어지게 된다. 땅도 하늘의 사시처럼 감정이 없기 때문에 천도를 그대로 이어받아 식물을 제대로 자라게 하며, 땅의 도는 나무에 빠르게 작용한다. 사람의 도는 정치에 빠르게 작용하게 되며, 중용을 이룬 임금이 정치를 하게 되면 빨리 자라는 부들과 갈대와 같이 좋은 정치가 빨리 이루어진다.

"사람을 취하는 것은 몸으로 하고, 몸을 닦는 것은 도로 하고, 도를 닦는 것은 인으로 해야 합니다. 인이라는 것은 사람이니, 친

척들을 친하게 여기는 것이 위대한 것입니다. 의라는 것은 마땅한 것이니, 어진 사람을 높이는 것이 위대한 것입니다. 친척들을 친하게 여기는 것의 줄어듦과, 어진 사람을 높이는 것의 차등이 예가 생긴 이유입니다"에서는 수신과 예(禮)의 차등을 말하고 있다. 사람을 대하는 것은 수신을 통한 자신의 몸으로 하는 것이다. 머리로만 이해하면 아는 것이라고 생각하는 사람들이 있는데, 이론만 아는 것은 생명력이 없는 지식일 뿐이다.

수신은 천도를 그대로 따르는 도로써 해야 한다. 그래서 수신은 우리 몸에 잠자고 있는 성(性)을 일깨워 주는 도를 실천하는 밑바탕이 된다. "도를 인으로 해야 하는 것"은 인이 천도의 원형이정의 원덕(元德)이 사람에게 내려온 것으로, 생명을 소중하게 생각하는 무한한 사랑이기 때문이다. 그러므로 수신의 가장 기본적인 덕목은 바로 인(仁)이다.

"인이 사람"이라는 것은 사랑을 베푸는 주체가 사람이며, 사랑을 받는 대상도 역시 사람이기 때문이다. 그러므로 인은 인간관계에서 가장 먼저 행해야 될 가장 기본적인 덕목이다. 인은 가족에서부터 시작해야 하기 때문에 부모님께 효도하는 것이 가장 위대한 일이다. 또한 어진 사람을 높이는 것도 위대한 일이다. 그리고 친척을 대할 때도 자신과 관계가 가깝고 먼 것에 의해 친하게 대하는 정도의 차이가 생기고, 어진 사람도 그 수준에 따라서 존경의 정도가 달라지는 차등이 생긴다. 각자의 위치와 수준에 맞게 대함으로써 예(禮)가 만들어진 것이다. 누구든 차등 없이 똑

같이 대한다면 굳이 예가 필요하지는 않을 것이다.

예에 차등이 있는 것은 차별대우와는 다른 의미다. 차별대우란 사사로운 감정에 치우쳐 대우하는 것을 말한다. 이러한 차별은 중도를 잃어 진정한 도를 행할 수 없게 하는 걸림돌이다. 인간이 자신과의 거리와 위치에 따른 차등과 대상의 수준에 따른 차등을 없애 버리면, 사람 관계에서 오히려 질서가 없어지고 야생의 짐승과 같이 힘에 의한 서열 경쟁만 존재하는 결과를 가져온다.

그래서 분별에 의한 차등을 의리(義理)에 맞추는 것이 필요하다. 분별과 차등은 나를 중심으로 해서 주변과의 상생을 위한 방법이다. 나를 중심으로 한 관계는 다섯 가지가 있다. "군신과 부자와 부부와 곤제 사이의 관계와 친구를 사귀는 것이 천하의 달도다"라는 것이 나를 중심으로 이루어진 다섯 가지 인간관계를 말한다. 달(達)이라는 의미는 끝까지 갔거나 갈 수 있는 것을 의미한다. 그래서 마치 공기처럼 세상 어느 곳에서나 보편적으로 통하는 도리를 달도(達道)라고 하며, 다섯 가지라고 해서 오달도 (五達道)라고도 한다. 인간 세상에서 사람이 행해야 하는 달도는 충서의 도로 실천해야 한다. 이러한 다섯 가지 관계는 오상 혹은 오륜이라고 말하는 부자유친, 군신유의, 부부유별, 장유유서, 붕우유신으로 구체화된다.

과거 왕권 시대에 학자들은 효를 백행의 근본이라고 해서 가장 중요하게 생각했음에도 사회의 질서를 위한 중요도에 따라 군신을 제일 앞세웠다. 현대 사회에서는 부자(父子)를 제일 먼저 생각해야 한다. 그다음으로 생각해야 할 것이 부부의 관계다. 군자의 도가 부부 관계에서 시작되었다고 했을 만큼 부부의 관계도 중요하기 때문이다. 부모와 자식 간에 사랑이 넘치고, 부부 사이에 믿음이 있는 가정은 즐거움과 행복으로 충만하다는 것은 당연한 일이다.

세 번째는 친구 관계다. 친구란 어릴 때부터 같이 자라고 공부한 친구와 사회에서 같은 직종의 일을 하거나 뜻을 같이하는 사람들을 말한다. 이들은 서로 믿고, 지식을 공유하며, 선의의 경쟁을 하면서 발전해 나가야 한다.

네 번째는 곤제의 관계다. 가정으로 말하면 형과 아우의 관계이며, 사회로 말하자면 인덕의 크기, 나이, 지식 그리고 경험의 많고 적음 등이 이에 속한다. 일종의 서열을 따지는 관계라 할 수 있다. 그런데 이것은 확연히 구분할 수 있는 것이 아니라 중첩되어 있다. 예를 들면, 형은 동생보다 나이도 많고 경험도 많을 수 있으나, 인덕과 지식은 그렇지 못할 수도 있다.

또한 현대 사회에서 지위와 일의 중요도가 높고 낮음에 의해 정해질 수 있는 관계가 있다. 직장이나 조직과 같은 곳에서 친구와 곤제의 관계가 함께 유지되는 관계가 있다. 이 관계는 조직이나 사회 전체의 이익에 따르고, 항상 위치가 뒤바뀔 수 있는 가능성이 높다. 이 관계에서 갈등과 경쟁이 가장 크게 나타난다. 따라서 가장 신중하고 서로 충서를 행해야 하는 관계다.

마지막으로 임금과 신하 간의 군신관계에서 이루어지는 도가 있다. 민주주의 국가에서 주인은 군주가 아니라 바로 국민이다. 따라서 군주는 국민이 되며, 신하는 정치인과 관료가 된다. 그리고 신하는 주인인 국민의 대표 역할을 한다. 따라서 정치인들과 관료들은 큰 영향력을 쥐여 준 국민의 대리인이다. 그들은 큰 영향력이 있기 때문에 주인을 위협할 수 있다. 그러나 그들을 선택해 선출하는 것은 주인인 국민이다. 따라서 이와 같은 관계에서는 의(義)가 무엇보다 중요성을 띤다.

경쟁은 피할 수 없는 것이므로 조화를 이루어야 한다

제1장에서 화(和)를 달도라고 했는데, 오상(五常)은 화를 이루는 혈구지도의 구체적인 관계를 말하는 것이다.

"지·인·용, 세 가지가 천하의 달덕이니, 행하는 것은 하나입니다"와 "배우기를 좋아하는 것은 지에 가깝고, 힘써 행하는 것은 인에 가까우며, 부끄러운 것을 아는 것은 용에 가깝다"는 의미는 이러한 오달도를 행하는 기준이 지인용(知仁勇)으로 달덕이라는 것이다. 이는 세 가지라고 하여 삼달덕(三達德)이라고도 한다. 지는 오상 관계의 달도를 아는 것을 말하고, 인은 그 달도를 몸으로 실천하는 것을 말하며, 용은 달도를 실천하지 못하면 부끄러움을 느끼고 그것을 실천하기 위해 힘쓰는 것을 말한다. 따라서 오달도를 실천하기 위해서 삼달덕은 반드시 필요하다. 또한 "지인용을 행하는 것이 하나"라고 했는데, 그것은 지인용을 성실하게 하는 성(誠)을 의미한다.

달도와 관련된 인간관계는 누구에게나 형성되는 관계이지만, 그 관계에서 달도를 행하기 위해서는 달덕이 없으면 실천할 수 없다. 달덕이 욕심에 가려서 세 가지 중 한 가지라도 소홀하면 덕이 발휘되지 못해 달도를 실천하지 못하게 되고, 결국 인간관계에서 중화에 이르지 못하게 된다.

이를 인의예지의 사덕을 기준으로 살펴보면 다음과 같다. 다섯 가지 달도는 인간관계에서 행하는 차등적인 예의 관계다. 따라서 성(性)의 예덕(禮德)에서 비롯된다. 또한 달도의 관계를 이해하고 상대에 따라 적절하게 행동해야 될 것을 아는 것이 지다. 이것은 성(性)의 지덕(知德)에서 비롯된다. 그리고 그것을 충서로 실천할 때에 상생의 원칙에 따라 몸에 체화하는 것이 인(仁)이다. 따라서 성의 인덕(仁德)에서 비롯된다. 그리고 실천하지 못함을 부끄럽게 생각하는 것이 용이다. 제1장에서 성을 설명할 때, 의(義)는 수오지심이 실마리가 된다고 설명했다. 수오지심은 자신의 잘못을 부끄러워하고 타인의 잘못을 미워한다는 의미다. 따라서 부끄러운 것을 아는 용은 성의 의덕(義德)에서 비롯된다. 종합해 보면, 달도는 예와 연관되고, 지인용에서 용은 의와 연관된다.

그러므로 시중이 시간에 따른 변화하는 상황에 중절하는 것이라면, 오달도와 삼달덕은 인간의 본래 성품인 인의예지 사덕의 성(性)을 기준으로 해 사람의 감정을 오상 관계라는 상황에 따라 중절하는 것이다.

인간의 성과 삼달덕과 오달도의 관계를 보면 프랙탈(fractal) 구조로 이루어져 있다. 프랙탈이란 작은 구조가 전체 구조와 비슷한 형태로 끝없이 되풀이되는 구조로, 부분과 전체가 똑같은 모양을 하고 있다. 이것은 원형이정의 천도를 사시(四時)와 사방(四方)이 그대로 닮고, 인간을 비롯한 모든 사물이 자연의 사시와 사방을 그대로 닮았다는 제1장의 논리가 그대로 적용된다. 따라서 오달도과 삼달덕도 원형이정의 모습을 그대로 닮아 있다.

유가의 경전을 읽다보면 인의예지 중 일부분이 떨어져 내용에 나오거나 충(忠)과 신(信)과 연결되어 나오기도 한다. 경전을 읽을 때 한 부분은 쉽게 이해가 되지만 전체적인 상관관계를 이해하기 어려울 때가 있다. 이때 프랙탈 구조로 파악하고 그림을 그리면서 서로의 관계를 이해하면 이해하기가 쉬워진다. 조선 시대 유학자들도 그림으로 이해하고 설명하는 방법을 자주 사용했다.

중화(中和)와 관련된 이론을 체계적으로 설명해 주면 청소년도 쉽게 이해할 수 있다. 그러나 그 실천은 결코 쉽지 않다. 그것은 인간이 생존하기 위해 불가피한 경쟁을 하지 않을 수 없기 때문이다. 예에서 어쩔 수 없는 분별과 차등이 필요한 것처럼, 인간은 의(義)와 이(利)가 대립하면 어쩔 수 없이 이를 택해야 할 때가 많다.

그것은 사람이 주변과 경쟁 없이 살아갈 수 없기 때문이다. 동물과 식물은 생태계에서 살아남기 위해 경쟁을 한다. 식물들 간에는 햇빛과 수분을 많이 확보하기 위해 경쟁을 하고 있으며, 식물은 동물에게 먹이가 되지 않기 위해 자체 독소를 만들기도 한다. 동물은 먹이를 구하기 위해 동족이나 다른 종족과 경쟁을 해야만 생태계의 먹이사슬에서 살아남을 수 있다. 또한 약한 동물은 포식자로부터 자신을 보호하고 종족을 번식해야 하고, 포식자는 먹이가 되는 동물을 사냥해야 자신이 생존하고 새끼를 낳아 기를 수 있다. 일방적인 공격과 방어로 보이지만 이것도 역시 생존을 위한 경쟁 중의 하나라 할 수 있다. 이와 마찬가지로 사람도 다른 동식물과 생존을 위한 경쟁을 하고, 사람들끼리의 경쟁을 통해 생활을 영위한다.

사람들 사이에서의 경쟁은 다양한 환경 속에서 항상 이루어지고 있다. 인공위성을 발사하는 것도 경쟁이고, 남극을 탐사하는 것도 경쟁이다. 농부가 농사를 짓는 것도 경쟁이고, 어부가 물고기를 잡는 것도 경쟁이다. 올림픽과 월드컵도 경쟁이며, 국제 영화제도 경쟁이다. 대학에 입학하는 것도 경쟁이고, 직장에 다니는 것도 경쟁이다. 떡볶이를 파는 것도 경쟁이고, 뉴스를 하는 것도 경쟁이다. 이러한 경쟁들 속에서 과학·경제·문화 등이 발전해 인간의 삶을 윤택하게 한다. 식량이 증산되어 기아가 줄어들고, 다양한 예술과 스포츠가 발전해 인간의 삶의 질이 높아지고, 산업이 발전해 의식주가 해결되고, 언론이 발달해 정보가 쉽게 공유되어 소수의 기득권자들을 제어할 수 있는 환경을 만든다.

전쟁을 하기 위한 군사력도 마찬가지다. 남의 나라를 침공하기 위해 군사력을 증강하는 나라도 있겠지만, 모든 나라는 자국을 지키기 위한 군사력 증강도 반드시 필요하다. 핵무기가 인류를 위협하지만 핵발전소 없이 화력 발전과 수력 발전만으로는 이미 전력의 수요를 감당하기 어려운 상황이다.

이와 같이 사람은 생존을 위해 경쟁을 해야만 한다. 사람이 사는 사회에서 경쟁이 없으면 인간의 과학, 문화, 경제 등이 발전할 수 없다. 문화와 문명이 없다면 인간은 인간이 아니라 짐승과 다를 것이 없다. 따라서 접촉하는 모든 대상과 서로 조화를 이루어 나가기 위해 생명을 소중하게 생각하는 인(仁)의 정신이 필요하다. 이에 따라 사람들과의 관계에서 항상 분별과 차등을 두어 예를 실천해 중화를 이루는 것이 사람답게 사는 길이다.

종합해 보면, 사람이 상대가 생기면서 감정이 발생하고, 어쩔 수 없는 욕구가 생긴다. 욕구에는 하고자할 욕(欲)과 욕심 욕(慾) 자가 있다. 인간이 생명을 유지하고, 자손을 번성시키고자 하는 것은 반드시 필요한 욕구(欲求)가 된다. 그러나 이 욕구가 감정에 치우쳐 욕심이 개입되면 욕구(慾求)가 되고 만다. 그래서 인간의 살고자 하는 본능인 욕구(欲求)가 욕심의 욕구(慾求)로 변질되지 않도록 하는 것이 인간관계에서 차등적인 예를 실천하는 것이다.

2 부와 명예를 추구하는 것은 부정한 일이 아니다

부귀와 명예는 올바른 방법으로 추구해야 한다

물은 생명이 있는 모든 동식물이 살아가는 데 반드시 필요한 것이다. 따라서 사람의 몸에서 물이 부족하면 건강에 이상이 생기거나 노화가 진행되고, 과도하게 부족하게 되면 생명까지 잃을 수 있다. 한편 물을 과하게 섭취할 경우 혈액이 묽어져서 물 중독을 일으키기 때문에 역시 몸에 나쁘게 작용한다. 환경적으로는 가뭄이 발생하면 농작물이 자랄 수 없고, 홍수가 발생하면 키우던 농작물을 한순간에 휩쓸어 간다.

불도 마찬가지다. 인간이 불을 사용할 수 있었기 때문에 문명 발전의 기틀이 마련되었고, 음식을 익혀 먹을 수 있어서 식중독이나 기생충을 예방할 수 있었다. 그러나 고기를 익힐 때 단백질이 타게 되면 발암 물질을 만들고, 산불과 같은 거센 불은 인간의 생명을 앗아가거나 재산의 손실을 입힌다.

음식도 다를 것이 없다. 근육과 뼈의 조직 등을 만들고 생존에 필요한 에너지를 만들기 위해 반드시 필요하지만, 과다한 음식의 섭취는 비만과 성인병이라는 부작용을 낳는다.

자연에서 만들어진 것만 그런 것이 아니다. 이제 자동차와 선박 그리고 비행기와 같은 교통수단은 일상생활에서 반드시 필요한 존재가 되었다. 농업과 어업 등으로 생산된 식량을 운송하거나 산업 현장의 생산품을 소비자에게 운반할 때에 자동차는 반드시 필요하며, 사람들이 먼 거리를 이동할 때도 없어서는 안 될 필수품이 되었다. 그러나 자동차가 내뿜는 매연은 공기를 오염시키고, 해마다 교통사고로 많은 사람이 목숨을 잃는다.

전기는 전자 및 전기 기기를 이용하는 데 없어서는 안 될 가장 기본적인 동력원이다. 전기가 없으면 모든 생산 공장이 멈춰 버릴 것이다. 전기를 생산하기 위해서 발전소를 건설해야 하는데 수력 발전소는 자연 생태계와 환경을 위협하고, 화력 발전소는 석탄이나 석유 등 화석연료를 사용해 환경 오염을 일으킨다. 또한 원자력 발전소는 사고가 발생할 경우 순식간에 주변을 황폐화하고 많은 인명 피해를 가져온다.

인간의 생명을 유지하고, 과학과 문화 등의 발전을 위해서 희생과 경쟁은 어쩔 수 없이 필요하다. 또 인간은 다른 동물이나 식물들을 섭취해야만 살아갈 수 있다. 인간은 식물처럼 광합성을 해서 생명의 에너지를 스스로 생산할 수 없기 때문에 생명 유지를 위해 다른 생명을 희생시킬 수밖에 없다. 채식을 한다고 해서 다른 생명을 희생시키지 않는 것은 아니다. 식물도 동물처럼 움직이지 않고 있을 뿐이지 생명이기는 마찬가지다. 그러나 다른 생명을 먹이로 한다는 것은 먹이의 대상이 되는 생명체에게 엄청난 공포를 안겨 주며, 과다한 포획은 종의 멸종이나 생태계의 파괴 등을 불러일으킨다.

교통사고로 사람들이 사망한다고 자동차를 생산하지 않을 수 없고, 환경을 오염시킨다고 발전소 건설을 중지하거나 이미 만들어 놓은 발전소들을 폐기할 수는 없다. 또한 인간의 먹이가 되는 생명체가 불쌍하기는 하지만, 인간이 살기 위해서는 어쩔 수 없는 살생을 해야만 한다. 다만 인간이 만들어 놓은 문명의 이기들에 의해서 일어날 수 있는 재해는 인간 스스로 중용의 자세로 예방해야 하고, 인간의 먹이가 되는 생명체에 대해서는 그들의 고통을 최소할 수 있는 인(仁)의 마음으로 중용을 유지해야만 한다.

이러한 필수적인 욕구(欲求)가 탐욕의 욕구(慾求)로 발전하지 못하도록 감정을 제어하고 주변 환경을 이해하는 자세가 필요하다. 사람은 자신이 생존하기 위한 욕구가 발생하면 윤리와 도덕을 배운 사람들은 의(義)와 이(利) 사이에서 갈등을 하게 된다. 이럴 때 반드시 필요한 것이 의와 이 사이에서 중도를 유지하는 것이다.

인간이 부를 창출하는 것도 마찬가지다. 이익을 생각하게 되면 의리가 약해질 수 있지만, 돈과 재화가 나라 안에서 흐르지 못하면 그 나라의 경제는 붕괴되어 큰 혼란이 발생하게 된다. 세계의 경제권이 블록화가 되면서 한 지역의 경제위기는 단기간 내에 전 세계로 확산된다. 그렇게 되면 세계 경제가 침체되면서 일반 서민들의 생활이 궁핍해지고, 이것이 장기화되면 사회 혼란으로 이어진다.

그러므로 기업이 경쟁에서 살아남아야 그 종업원과 가족들이 생계를 유지할 수 있다. 이와 같은 현실에서 양보하고, 경쟁하지 말라는 원론적인 말만 되풀이한다는 것은 무의미할 뿐이다. 인의예지, 공손, 사양, 충서 등을 이야기하면 이익을 추구하는 것이 큰 잘못을 저지르는 것처럼 보일 수 있다. 그리고 이익을 추구하는 것은 소인이고 의리를 추구하는 것은 군자라고 해서 이익을 추구하는 사람들이 욕심에 사로잡힌 사람처럼 보일 수도 있다.

그러나 이것이 곧 이익을 내는 것이 잘못이라고 말하는 것은 결코 아니다. 다만 이익만을 좇아서 남을 비방하고, 힘이 있는 자들과 부당하게 야합해 불공정한 거래를 하는 것을 경계하라는 의미다.《논어》〈이인 제12장〉에서 공자는 "이익만 좇아서 행동하게 되면 원망이 많다"고 했다. 정부 관료와 관련 기업체들이 자신들의 부당한 이익을 위해 야합한 결과 원자력 마피아와 같은 범죄조직이 형성되고, 음성적인 거래를 함으로써 큰 재앙을 초래하기도 한다. 대부분의 인재도 이러한 관행에 의해 발생했다고 해도 과언이 아니다. 그러나 이러한 부정한 관계 사슬은 도처에 존재하고 있는 것이 현실이다. 이렇게 부당하게 이익을 좇는 것보다 차라리 가난하게 사는 것이 대의를 위해 낫다는 것이지 결코 부유함을 부정하는 것이 아니다.

《논어》〈술이 제11장〉에서 공자는 "부유함을 구하려고 하여 얻을 수 있다면 천한 일이라도 하겠다. 그러나 구하려고 해도 얻을 수 없다면 나는 내가 좋아하는 것을 추구할 것이다"라고 했다. 또 〈이인 제9장〉에서는 "선비가 도에 뜻을 두고서 초라한 옷과 조촐한 음식을 부끄러워하는 사람과는 함께 도를 의논할 수 없다"고 했다. 도라는 것은 결코 거창한 것이 아니다. 누구나 타당하다고 생각하는 것을 행동하는 것이 바로 도의 실천이다. 그래서 〈이인 제5장〉에 보면 공자는 "부귀는 사람들이 얻고자 하는 것이지만, 정상적인 방법으로 얻지 않았다면 그것은 누리지 말아야 하는 것이다. 빈천은 사람들이 싫어하는 것이지만, 올바른 것을 위해 그렇게 되었다면 가난하고 지위 낮음을 편안하게 생각해야 한다"고 말한 것이다.

제17장과 제18장에 요순임금과 문·무왕을 칭송하는 내용에서 "덕은 성인이 되시고, 존귀함은 천자가 되시고, 부는 사해 안을 소유하였다"라고 했으며, "대덕은 반드시 그 지위를 얻고, 반드시 그 녹을 얻으며, 반드시 그 이름을 얻으며, 반드시 그 수를 얻는다"고 했다. 오달도와 삼달덕에 의해 인간관계에서 중화를 이루면서 얻게 되는 부유함과 명예, 건강과 장수는 반드시 누려야 한다. 따라서 성직자와 공직에 있는 사람들을 제외하고, 모든

사람은 의리에 맞는다면 적극적으로 재물을 늘리고 그것을 누려야 한다.

단, 차등적인 예(禮)에 의거해 그 재산을 늘릴 때에 함께했던 사람들과 그 부를 합리적으로 분배해서 함께 누리는 것도 잊지 말아야 한다. 많이 투자하거나 지위가 높은 사람은 이득을 많이 갖고, 적게 투자하거나 지위가 낮은 사람은 이득을 적게 갖는다. 이러한 재물은 충분히 소유할 자격이 있고, 그 재물에 의해 풍요로움을 누리는 것은 당연한 일이다.

《논어》〈태백 제13장〉에 보면 "도가 이룩된 나라에서 가난하고 천한 것이 부끄러운 일이며, 도가 이룩되지 않은 나라에서 부유하고 지위가 높게 되는 것이 부끄러운 일이다"라는 말이 있다. 부자가 돈이 있으면 명품과 같은 비싼 물품을 소비해야 관련 경제가 돌아간다. 경제란 소득에 따라 다양한 시장이 존재한다. 시장이 획일적이면 그 경제는 활성화될 수 없다. 그래서 재산의 많고 적음도 인정되는 사회가 되어야 한다. 재산이 많거나 적은 것은 자신과 다른 것이지 틀린 것이 아니다. 오히려 부자가 돈을 쓰는 것에 대해 비난하고, 자신의 경제력보다 과도하게 비싼 물건으로 치장하는 것이 잘못된 일이다.

다만 서민들이 열심히 일했음에도 불구하고 최저 임금이라는 굴레에 갇혀 항상 궁핍한 생활을 벗어날 수 없도록 구조적 모순이 존재하고, 정규직이 아니라는 이유만으로 똑같은 일을 하는데도 차별대우를 받게 하는 부자가 되어서는 안 된다. 또한 부자들

이 자식들에게 일반인들이 평생 벌어도 살 수 없는 값비싼 외제
차를 사 주는 것도 굳이 비난받을 일은 아니지만, 일반 도로에서
과속으로 질주해서 타인의 목숨을 위협하고, 돈으로 무엇이든 해
결하려는 행위를 하도록 방치하는 것은 지탄받아 마땅하다.

명예도 추구해야 한다. 자신이 지닌 재능을 마음껏 발휘해서
자신과 다른 사람이 그 재능에 대한 이득을 함께 누릴 수 있도록
해야 한다. 능력도 없으면서 텔레비전에 나와 인기를 얻고 그에
편승해 명예를 얻는 사람을 볼 수 있다. 그것도 능력이라면 능력
이라고 볼 수 있지만, 그런 사람들은 충격적인 반향을 일으키려
는 경향이 있다. 그러한 행동은 나중에 화를 불러오게 된다. 따라
서 자신의 능력에 맞는 명예가 뒤따라야만 그 지위가 유지될 수
있는 것이다.

명예가 있다는 것은 대부분 공직에 있다는 것이다. 과거에는
왕과 제후 등 지배자의 성향에 따라 모든 것이 결정되는 시대였
다. 따라서 지배자 한 명이 그 나라의 도를 좌우했지만, 지금은
조직에 의한 운영 방법과 구성원들에 의해서 도가 좌우된다. 따
라서 지금 여론에 나오는 '관피아' 같은 무도한 조직들은 도가 없
는 곳이다. 그러한 곳에서 돈을 벌어서도 안 되고, 이득을 누려서
도 안 된다. 《논어》〈헌문 제1장〉에 보면 공자는 "도가 이룩된 나
라에서 녹만 먹는 것과 도가 이룩되지 않은 나라에서 녹을 먹는
것이 부끄러운 일이다"라고 했다. 이 말을 현대에 적용하자면 조
직의 구성원들은 정당한 일을 하고, 그것에 합당한 봉급을 받아

야 한다는 의미다.

공직만 명예가 있는 것은 아니다. 모든 분야에서 자신의 일에 대한 명예가 있게 마련이고, 이것을 달성하고 누려야 한다. 스포츠, 과학, 예술, 인문 등 자신의 전문 분야에서 최고가 되도록 노력해야 한다. 스포츠의 명예는 세계대회에서 입상하는 것이고, 과학과 인문 분야는 연구의 결과가 명예가 되는 것이다. 또한 예술 방면에서는 무형문화재와 같은 명예가 있다. 최고가 되면 명예가 따르고, 부는 그 명예를 따라 자연스럽게 따라온다. 단, 지금 각계에 만연해 있는 도제식의 교육 문화는 없어져야 한다. 스승이 제자의 발전을 가로막는 그러한 관습은 해당 분야의 발전을 가로막는다.

공자 시대에 위령공(衛靈公)이라는 잔인하고 흉포한 제후가 있었다. 공자가 이것에 대해 말하자, 강자(康子)[43]가 "상황이 이러한데 어찌하여 그 사람은 망하지 않습니까?"라고 물었다. 그러자 공자는 "중숙어(仲叔圉)[44]란 인물이 외교를 맡고 있고, 축타(祝鮀)가 종묘를 다스리며, 왕손고(王孫賈)가 군대를 담당하고 있으니 어찌 망하겠는가?"라고 대답했다. 왕권 시대에는 도가 없어도 훌륭한 인물이 보좌하면 희망이 있었다. 현재 곳곳에 퍼져 있는 무도한 관습과 관행들을 특별한 인재에 의해 고쳐나갈 수 있지만, 한편으로

43 춘추 시대 노나라 대부다. 계손사(季孫斯)의 아들이고, 계손비(季孫肥)로도 불린다. 아버지를 이어 대부가 되어 국정을 전담했다.

44 위나라의 대부로 성은 공(孔), 이름은 어(圉), 시호는 문(文)이다. 공문자(孔文子)라고도 한다. 위나라 영공은 무도했지만 축타와 왕손고와 함께 나라를 잘 이끌었다.

사회의 시스템에 의거해 고쳐 나가야 한다. 그것은 자신의 분야에서 능력이 있고, 올바른 인성을 지닌 사람들에 의해서 가능한 일이다.

자본주의 사회에서 정당한 부와 명예를 소유하는 것은 당연한 도다. 왕권이 아닌 선거에 의해 지도자를 선출하는 사회에서 명예를 얻는 것은 당연한 도다. 단지 남을 속이고, 짓밟고, 자신의 능력이 없는 것을 알면서도 부와 명예를 추구하는 것은 해서는 안 될 일이며, 이것은 대다수 시민이 감시해야 할 일이다. 부귀는 과거와 현재 어느 시기에나 인간이 사는 세상에서 반드시 추구해야 되는 필연적인 것임을 잊지 말아야 한다.

다름을 포용할 때 발전의 길이 열린다

무릇 천하 국가를 다스림에 아홉 가지 법이 있는데, 몸을 닦는 것과 어진 사람을 높이는 것과 친척들을 친히 여기는 것과 대신을 공경하는 것과 여러 신하들을 몸소 자세히 살피는 것과 여러 백성을 자식처럼 여기는 것과 온갖 기술자들을 오게 하는 것과 먼 곳의 사람들을 회유하는 것과 제후들을 품어 주는 것이다. 몸을 닦으면 도가 성립되고, 어진 사람을 높이면 미혹하지 않게 되고, 친척들을 친히 여기면 아버지의 형제들과 나의 형제들이 원망하지 않게 되고, 대신을 공경하면 혼란하지 않게 되고, 신하들을 몸소 살피면 선비들의 보답하는 예(禮)가 중하게 되고, 여러 백성을 자식처럼 여기면 백성이 저절로 알아들어 격려가 되고, 온갖 기술자가 오면 재정이 풍족해지고, 먼 곳의 사람을 회유하면 사방에서 귀의하게 되고, 제후들을 품 안에 두면 천하가 경외하게 된다.

재계하고 깨끗이 하며 옷을 성대하게 해서 예가 아니면 움직이지 않는 것이 몸을 닦는 것이다. 참소하는 사람을 제거하고 색을 멀리하며 재물을 천하게 여기고 덕을 귀하게 여기는 것은 어진 사람을 권면하는 것이다. 그 지위를 높여 주고 그 녹을 후하게 해 주고 좋아하는 것과 싫어하는 것을 함께하는 것이 친척을 친하게 하는 것을 권면하는 것이다. 관직을 성대하게 해 주고 사령을 맡기는 것이 대신을 권면하는 것이다. 충신으로 대하고 녹을 후하게 하는 것이 선비를 권면하는 것이다. 시기에 맞춰서 일을 시키고 세금을 적게 거두는 것이 백성을 권면하는 것이다. 날마다 살펴보고 달마다 시험해 창고의 녹을 주는 것을 일에 맞추는 것이 온갖 기술자를 권면하는 것이다. 가는 사람을 전송하고, 오는 사람을 맞이하고, 잘하는 사람을 가상히 여기고, 잘하지 못하는 사람을 불쌍하게 여기는 것이 먼 곳의 사람들을 회유하는 것이다. 끊어진 세대를 이어 주고, 없어진 나라를 일으켜 주며, 혼란한 것을 진정시키고, 위태로운 것을 붙들어 주며, 조회와 빙문(聘問)을 때에 따라 하며, 되돌아갈 때에 선물을 후하게 대접하고, 방문할 때에 선물을 적게 가져오게 하는 것이 제후들을 품 안에 두는 것이다. 무릇 천하 국가에 아홉 가지 법이 있는데, 무릇 그것을 행하는 것은 한 가지다. 모든 일을 미리하면 성립되고, 미리하지 않으면 무너진다. 말을 미리 정하면 넘어지지 않고, 일을 미리 정하면 곤란하지 않고, 행동을 미리 정하면 고질적인 병폐가 없고, 도를 미리 정하면 궁하지 않다.

凡爲天下國家 有九經 曰修身也 尊賢也 親親也 敬大臣也 體羣臣也 子庶
범 위 천 하 국 가 유 구 경 왈 수 신 야 존 현 야 친 친 야 경 대 신 야 체 군 신 야 자 서

民也 來百工也 柔遠人也 懷諸侯也 修身則道立 尊賢則不惑 親親則諸父
민 야 래 백 공 야 유 원 인 야 회 제 후 야 수 신 즉 도 립 존 현 즉 불 혹 친 친 즉 제 부

昆弟不怨 敬大臣則不眩 體羣臣則士之報禮重 子庶民則百姓勸 來百工則
곤 제 불 원 경 대 신 즉 불 현 체 군 신 즉 사 지 보 례 중 자 서 민 즉 백 성 권 래 백 공 즉

財用足 柔遠人則四方歸之 懷諸侯則天下畏之 齊明盛服 非禮不動 所以修
재 용 족 유 원 인 즉 사 방 귀 지 회 제 후 즉 천 하 외 지 재 명 성 복 비 례 부 동 소 이 수

身也 去讒遠色 賤貨而貴德 所以勸賢也 尊其位 重其祿 同其好惡 所以勸
신 야 거 참 원 색 천 화 이 귀 덕 소 이 권 현 야 존 기 위 중 기 록 동 기 호 오 소 이 권

親親也 官盛任使 所以勸大臣也 忠信重祿 所以勸士也 時使薄斂 所以勸
친 친 야 관 성 임 사 소 이 권 대 신 야 충 신 중 록 소 이 권 사 야 시 사 박 렴 소 이 권

百姓也 日省月試 旣稟(餼廩)稱事 所以勸百工也 送往迎來 嘉善而矜不能
백 성 야 일 성 월 시 희 름 (희 름) 칭 사 소 이 권 백 공 야 송 왕 영 래 가 선 이 긍 불 능

所以柔遠人也 繼絶世 擧廢國 治亂持危 朝聘以時 厚往而薄來 所以懷諸
소 이 유 원 인 야 계 절 세 거 폐 국 치 란 지 위 조 빙 이 시 후 왕 이 박 래 소 이 회 제

侯也 凡爲天下國家 有九經 所以行之者 一也 凡事豫則立 不豫則廢 言前
후 야 범 위 천 하 국 가 유 구 경 소 이 행 지 자 일 야 범 사 예 즉 립 불 예 즉 폐 언 전

定則不跲 事前定則不困 行前定則不疚 道前定則不窮
정 즉 불 겁 사 전 정 즉 불 곤 행 전 정 즉 불 구 도 전 정 즉 불 궁

[제20장 2절]

위의 말씀의 전체적인 내용은 '수신제가치국평천하'의 내용이다. 특히 경쟁에서 이기기 위해 남을 비방하거나 욕심을 채우는 것을 경계하라고 일깨운다. 이렇게 되면 먼 곳에서도 사람들이

귀의하게 된다. 현재 우리나라에는 중국과 동남아를 비롯한 세계 각지에서 돈을 벌기 위해 많은 노동자가 머물고 있다. 합법적으로 입국한 사람들도 있지만, 불법적으로 들어와 저임금을 받고 차별대우를 받으며 생활하는 사람이 많다. 또한 외국 여성이 한국 남성과 결혼해서 자식을 낳고 생활하는 가정도 많다. 이미 한국은 다문화 국가가 되어 가고 있는 것이다. 그리고 탈북해 대한민국에 정착한 사람도 점점 늘어나고 있다. 그럼에도 불구하고 이들에 대한 차별과 멸시가 은연중에 존재한다. 이제는 이 사람들에 대해 관점을 달리해야 할 때다.

1960년대 초만 하더라도 우리나라는 세계에서 가장 가난한 나라 중 하나였다. 그 시절 우리나라의 젊은이들이 독일에 광부와 간호사로 나가 외화를 벌어 왔다. 그들이 한국에 송금한 외화는 우리나라 경제 발전에 큰 도움이 되었다. 지금 한국에서 일하고 있는 외국인들 중에서 교육 수준이 높은 사람도 많다. 당시의 우리나라 젊은이들과 비슷한 처지라 할 수 있다. 그들이 정당한 노동력을 제공해 합당한 보수를 받고 우리 경제에 도움이 될 수 있도록 해야 하며, 자기 나라로 돌아가서 한국에 대한 좋은 이미지를 전파하는 것이 국가 브랜드를 키우는 길이다.

부와 명예를 공정하게 얻을 수 있는 사회에서 기회는 누구에게나 주어진다. 차등은 있으나 차별이 없게 함으로써 현재 단순 노동에 편중된 외국 노동자들을 IT나 과학 기술 분야로 끌어들여 우리나라로 귀의하도록 유도해야 한다. 그렇게 되면 산업 경쟁력이 높아지고, 재정이 풍부해진다.

또한 통일을 대비해 이질화된 북한의 문화를 동화시킬 과제도 안고 있다. 그리고 다문화 가정의 2세들에게 많은 기회를 제공할 수 있는 환경을 만들어 주어야 한다. 그 아이들은 우리의 아이들이며 우리 한국인이다. 피부색이 다르고 생김새가 다르다고 해서 차별해서는 안 된다. 그 아이들은 어머니와 아버지의 두 나라의 언어와 문화를 잘 이해할 수 있기 때문에 국제화 인재로 키울 필요가 있다.

현재 세계의 경제력과 군사력을 양분하고 있는 강대국은 미국과 중국이다. 이들 국가는 다문화 국가다. 미국의 경우는 세계 각국에서 유능한 인재들이 유학을 가고 공부를 마친 후에는 정착해 사회의 일원이 되는 경우가 많다. 그들 중 대부분은 미국의 시민권을 획득하고 미국문화 속으로 흡수된다. 중국도 다민족 국가다. 자체 인구가 많기 때문에 미국처럼 외국에서 귀화하는 사람은 많지 않지만, 해외에 거주하는 화교들에게 경제적 · 기술적 도움을 많이 받는다.

우리나라가 부강해지기 위해서는 우리나라만의 문화를 형성해 외국의 고급 인력을 흡수해야 한다. 또한 해외로 귀화했거나 일제 강점기에 중국 · 일본 · 러시아 등으로 이주한 한인들을 포용해야 한다. 이들 모두 대한민국의 문화에 융합되도록 함으로써 경제와 문화의 강국으로 올라서야 한다.

공자는 "군자가 세상을 살아가는 데 있어서 무조건 긍정해야만 하는 것도 없고, 무조건 부정해야만 하는 것도 없다. 이것들은 모두 집착이니 의리(義理)에 따라하면 되는 것이다"라고 했다. 이것이 바로 진정한 중용이다.

3 선은 아는 것보다 실천이 중요하다

널리 배우고 힘써 실천하면 도에 이를 수 있다

상대방에게 예(禮)를 행할 때에 공손함이 지나치면 아첨이나 굴욕이 되고, 엄한 것이 지나치면 융통성이 없게 되며, 사랑이 지나치면 집착이 되어 버리고 만다. 따라서 충서에 의해 사람들 사이에서 예를 행할 때에 차등을 두고, 사람 사이에서 발생하는 일은 권도로서 중용을 실천해야 좋은 인간관계가 유지된다.

아랫자리에 있을 때 윗사람에게 (신임을) 얻지 않으면 백성을 다스릴 수 없다. 윗사람에게 (신임을) 얻는 것에 도가 있으니, 벗에게 신뢰를 받지 않으면 윗사람에게 (신임을) 얻지 못하게 된다. 벗에게 신뢰를 받는 것에 도가 있으니, 어버이에게 순(順)하지 않으면 벗에게 신뢰를 받지 못하게 된다. 어버이에게 순하게

하는 것에 도가 있으니, 자신의 몸에 돌이켜 성실하지 않으면
어버이에게 순하지 않게 된다. 자신의 몸을 성실하게 하는 것에
도가 있으니, 선(善)에 밝지 않으면 자신의 몸에 성실하게 하지
않게 된다.

在下位 不獲乎上 民不可得而治矣 獲乎上 有道 不信乎朋友 不獲乎上矣
재하위 불획호상 민불가득이치의 획호상 유도 불신호붕우 불획호상의

信乎朋友 有道 不順乎親 不信乎朋友矣 順乎親 有道 反諸身不誠 不順乎
신호붕우 유도 불순호친 불신호붕우의 순호친 유도 반저신불성 불순호

親矣 誠身 有道 不明乎善 不誠乎身矣
친의 성신 유도 불명호선 불성호신의

[제20장 3절]

충서(忠恕)는 사람들 사이에서 중화를 이루기 위한 것으로 인
의예지에 기반을 두고 있다. 또한 인의예지가 이루어지기 위해
서 충(忠)과 신(信)이 있어야 한다. 따라서 충서를 실천하게 되면
모든 인간관계가 순조롭게 될 수 있다. 《중용》에서는 항상 자신
의 몸에서 원인을 찾으라고 말한다. 또한 수신을 강조한다. 그러
한 수신의 자세는 천도를 따라 도를 행하는 선(善)을 이해하는 것
이다.

선에 상대되는 단어는 불선(不善)과 악(惡)이다. 악은 천도에 완
전하게 역행하는 것을 말하며, 불선은 잠시 몸에서 이탈해 도를
행하지 못하는 것을 말한다. 그래서 잠시라도 불선하지 않기 위
한 성실함이 있어야 일관된 수신의 자세를 유지할 수 있다. 시대
변화에 대응하든, 상황에 맞게 권도와 혈구지도를 실천하든 간에
어떠한 상황에서도 가족, 사회, 국가, 세계에서 인간관계를 유지

할 때에는 성실함이 중요하다.

> 성(誠)이라는 것은 천(天)의 도이고, 성지(誠之)는 인(人)의 도다.
> 성이라는 것은 힘쓰지 않아도 중(中)이 되고, 생각하지 않아도
> 종용히 중도를 이루니, 성인이다. 성지는 선(善)을 택해 굳게 잡
> 는 것이다.
>
> 誠者 天之道也 誠之者 人之道也 誠者 不勉而中 不思而得 從容中道 聖
> 성자 천지도야 성지자 인지도야 성자 불면이중 불사이득 종용중도 성
> 人也 誠之者 擇善而固執之者也
> 인야 성지자 택선이고집지자야
>
> [제20장 4절]

"성이라는 것은 천의 도이고, 성지는 인의 도다. 성이라는 것은
힘쓰지 않아도 중이 되고, 생각하지 않아도 종용히 중도를 이루
니, 성인이다"는 의미는 이렇다. 천(天)이 원형이정의 사덕을 운
행해 천도가 이루어지고, 그 천도에 따라 하늘에는 사시가 형성
되고, 땅에는 방위가 있게 되었다. 이러한 천지의 변화 속에서 음
양의 작용이 일어났고, 만물이 탄생했으며, 사시의 일정한 변화
는 만물이 생장할 수 있는 여건을 마련해 주었다. 천도는 자연의
질서를 유지시키고, 생명들을 보전하는 역할을 한다. 이러한 천
도가 '아무런 외부의 자극이 없이 자연스럽게 천의 사덕을 한순
간도 멈추지 않고 순서를 역행하거나 뒤섞이지 않으며 운행을 함
에 따라 사시 등의 자연의 질서가 확립되고, 인간을 비롯한 만물
을 생성하고 보전해 주는 전체의 모습'을 보이는데, 이러한 천도

가 모든 사물에 대응해 중(中)에 이르는 중도를 억지로 하지 않고 자연스럽게 이루는 것을 성(誠)이라고 한다. 따라서 성은 힘쓰지 않아도 모든 사물에 대해 중이 되는 것이며, 성지(誠之)는 힘쓰지 않아도 저절로 중이 될 수 있도록 노력하는 모습이다.

"성지는 선을 택해 굳게 잡는 것이다"라고 했다. 성지(誠之)는 '천의 사덕을 운행하는 천도가 자연의 질서를 확립하고 모든 사물의 생명을 생성하고 보전하는 자연스러움을 본받아, 인의 사덕인 인의예지를 실천해 모든 일에 적용하는 선(善)을 지켜서 인간 사회의 질서를 확립하고, 상생해 나가고자 하는 모습'을 말한다.

성(誠)과 성지를 종합해 설명하면 이렇다. 천도는 일정한 주기로 변하지 않는 원칙을 중심으로 다양한 변화에 따라 생명을 탄생시키고 성장시키며 그 생명을 유지시킨다. 그러한 천도가 잠시라도 쉬지 않고, 자연스럽게 이루는 모습이 바로 성(誠)이다. 따라서 성인의 경지 역시 성이 되며, 그가 행하는 도는 천도와 일치한다. 그리하여 힘쓰지 않아도 저절로 도에 맞으며, 생각하지 않아도 저절로 도에 맞는 것을 의미한다. 그러한 천도의 성을 이루기 위해 성인을 추구하는 현명한 사람이 선(善)을 성실하게 실천하는 것이 인도(人道)의 성지(誠之)다. 그것은 성에 의해 저절로 중(中)을 이루게 되는 경지에 도달할 목적으로, 자연스럽게 중용이 이루어지도록 선을 굳게 잡고 실천하는 것을 말한다.

계신공구와 신독이 마음을 다잡는 수신의 수양적 측면이라면, 오달도(五達道)와 삼달덕(三達德)은 실천적 측면인데, 그 실천의 기준에는 한결같은 하늘의 성이 있으며, 그것을 본받기 위해 실천하는 행위가 성지가 되는 것이다.

> 널리 배우고, 살펴서 물으며, 신중하게 생각하고, 밝게 분별하며, 돈독하게 행하여야 한다.
>
> 博學之 審問之 愼思之 明辨之 篤行之
> 박학지 심문지 신사지 명변지 독행지
>
> [제20장 5절]

위의 말씀은 학문하는 성실한 자세를 말한다. "널리 배우고 살펴서 물으며 신중하게 생각하고 밝게 분별하는 것"은 선(善)을 택하는 것이다. 그리고 "돈독하게 행해야 한다"는 것은 굳게 지키는 것을 말한다. 따라서 선을 선택해 굳게 잡는 성지(誠之)를 풀어 쓴 내용이다. 《논어》〈옹야 제25장〉에 보면 공자는 "지식을 광범위하게 배우고, 실천으로써 요약하면 도에서 벗어나지 않는다"라고 했다. 이것을 박문약례(博文約禮)라고 한다. 널리 배우고 예(禮)로서 요약한다는 것이다. 《논어》〈자한 제10장〉에 보면 안연은 "선생님께서는 차근차근 사람을 잘 이끌어 주시어 이론적으로 나의 지식을 넓혀 주시고, 예(禮)로 집약하여 주셨다"라고 말했다. 공자의 구체적인 교육 방법은 다음과 같다.

《논어》〈계씨 제13장〉에 보면 이런 이야기가 나온다. 진강(陳亢)[45]이 공자의 아들인 백어(伯魚)에게 "선생님께

---

45 성은 진(陳), 이름은 강(亢), 자는 자금(子禽)이다. 위나라 사람으로 공자의 제자라고도 하며, 자공의 제자라고도 한다.

서 남들과 다르게 특이하게 말씀해 주신 바를 들은 적이 있으십니까?"라고 물어보았다. 백어는 다음과 같이 대답했다. "그런 적이 없었다. 언젠가 아버님께서 홀로 서 계실 때에 내가 종종걸음으로 뜰을 지나가는데, 아버님께서 '시(詩)를 배웠느냐?'라고 물으시기에 '아직 배우지 못하였습니다'라고 대답하니, '시를 배우지 않으면 말을 할 수가 없다'라고 말씀하셨다. 그래서 나는 물러나와 시를 배웠다. 다른 날에 또 홀로 서 계실 때에 종종걸음으로 뜰을 지나가는데, 아버님께서 '예(禮)를 배웠느냐?'라고 물으시기에 '아직 배우지 못하였습니다'라고 대답하니, '예를 배우지 않으면 설 수가 없다'라고 하셨으므로 나는 물러나와 예를 배웠다. 나는 이 두 가지를 들었다." 진강이 백어와 말을 마치고 나와 기뻐하면서 "나는 하나를 물어보아 세 가지를 얻었다. 시를 듣고 예를 들었으며, 또한 군자가 그 아들을 다른 제자들보다 가까이하지 않고 멀리하는 것을 들었다"라고 말했다.

공자는 《시경》을 통해 공부를 권장하는 이유를 다음과 같이 말했다. "너희들은 왜 시를 배우지 않느냐? 시는 의지를 흥기시킬 수 있으며, 정치의 득실을 관찰할 수 있으며, 무리를 이룰 수 있으며, 원망을 할 수 있으며, 가까이는 어버이를 섬길 수 있고 멀리는 임금을 섬길 수 있으며, 새와 짐승, 풀과 나무의 이름을 많이 알게 한다." 《시경》은 천(天)과 신(神), 그리고 사람에게 일어날 수 있는 다양한 것을 인간적이고 현실적으로 다루고 있다. 또한 표현 방법이 천에 대한 공경으로 표현하기도 하고, 인간적으로 아름답고 낭만적으로 표현하기도 했다. 따라서 인간관계에 대해 폭넓은 공부를 할 수 있다. 또한 새와 짐승과 같은 세상의 다양한 사물에 대한 명칭도 폭넓게 경험할 수 있다. 따라서 시는 감성을 일깨우며 넓게 공부하는 박문(博文)의 좋은 본보기가 된다.

한편, 예(禮)는 《시경》을 통해 폭넓은 간접 경험을 한 이후에, 공부한 내용을 실생활에 접목하는 짜임새 있는 행위가 된다. 예를 들어 아버지께 절을 하는 하나의 행동은 예가 된다. 그 행위 속에 천도와 성(性), 도(道)와 교(敎), 충서(忠恕)와 성지(誠之) 등 많은 원리와 사물의 관계 등이 함축되어 있는 것을 의미한다.

> 배우지 않음이 있어도 (일단) 배웠다 하면 (그 배운 것을) 할 수 없는 것을 그대로 두지 말고, 묻지 않음이 있어도 (일단) 물으면 알지 못하는 것을 그대로 두지 말고, 생각을 하지 않음이 있어도 (일단) 생각하면 터득하지 못하는 것을 그대로 두지 말며, 분별을 하지 않음이 있어도 (일단) 분별을 하게 되면 그것을 분별하지 않은 것을 그대로 두지 말며, 행하지 않음이 있어도 (일단) 행하면 돈독하게 하지 않은 것을 그대로 두지 말아야 한다. 다른 사람이 한 번에 그것을 할 수 있으면 자신은 그것을 백 번을 (해서 할 수 있게) 하고, 다른 사람이 열 번에 그것을 할 수 있으면 자신은 천 번을 (해서 할 수 있도록) 한다. 결과적으로 이 도를 할 수 있으면, 비록 어리석을지라도 반드시 밝아지고 비록 유약

할지라도 반드시 강해진다.

有弗學 學之 弗能 弗措也 有弗問 問之 弗知 弗措也 有弗思 思之 弗得
유불학 학지 불능 부조야 유불문 문지 부지 부조야 유불사 사지 부득

弗措也 有弗辨 辨之 弗明 弗措也 有弗行 行之 弗篤 弗措也 人一能之
부조야 유불변 변지 불명 부조야 유불행 행지 부독 부조야 인일능지

己百之 人十能之 己千之 果能此道矣 雖愚 必明 雖柔 必強
기백지 인십능지 기천지 과능차도의 수우 필명 수유 필강

[제20장 6절]

성지(誠之)는 목표를 향해 멈추지 않는 추진력과 합리적인 고집이라고 생각해도 좋다. 추진력은 실천을 의미하고 합리적인 고집은 천도에 부합하기 위한 노력이다. 배운 것은 당연히 실천하고, 궁금한 것은 당연히 알 때까지 파고들고, 생각한 것은 실행에 옮기고, 옳고 그름을 분별해 옳다고 판단하면 옳은 것에 집중해야 한다. 그리고 그것을 폭넓게 알고 요약을 하되, 훈련하고 노력해 몸에 익숙하게 하는 것이다. 성지가 뜻하는 의미를 약간 변형하는 측면도 있겠지만, 현대 사회에서 도덕적 측면만 고려하지 말고 다양한 분야에서 선(善)을 잡고 굳게 지키는 추진력과 노력을 생각해 볼 필요가 있다.

현재 우리나라의 경제를 이끌어 가는 두 기업의 창업주에 대한 일화를 보면 그들의 추진력을 알 수 있다. 현대그룹 창업주인 고 정주영 회장이 오늘의 현대중공업을 성공시킨 일화는 유명하다. 당시에 현대는 자본과 기술력이 없었다. 정 회장이 일본과 네덜란드에 도움을 요청했지만 거부당했다. 그러나 그는 굴하지 않고, 당시 거북선이 그려진 500원짜리 지폐를 갖고 영국 버클리

은행에 가서 기술을 개발할 잠재적 능력이 있다는 점을 설득해 자본을 빌리는 데 성공했고, 그리스에서 선박을 수주했다. 그는 이것을 기반으로 하여 한국을 세계 최대의 조선 사업 국가 중 하나로 키웠다.

고 이병철 회장의 일화도 유명하다. 1980년대 초 메모리 반도체 산업은 일본 업체들이 세계시장을 장악하고 있었다. 당시에 삼성전자가 반도체 산업에 투자한다는 것은 큰 위험이 뒤따랐다. 그러나 이 회장은 대규모 투자를 결정함으로써 반도체 산업을 성공시켰고, 이것을 발판으로 삼성전자가 오늘날 세계 최고의 IT 기업이 되었다.

많은 기업이 있지만 삼성과 현대는 우리나라 기업을 대표하는 양대 산맥이다. 이들이 처음 위와 같은 산업에 도전한다고 했을 때 많은 사람이 비웃었다. 그러나 그들은 취약한 환경 속에서 고군분투해 지금과 같은 강력한 기업을 일구어 냈다. 이들과 같은 추진력을 지닌 기업인들이 있었기에 우리나라는 빈곤국 중의 하나에서 국제 교역량이 세계 10위 안에 드는 경제 대국으로 발돋움할 수 있었다. 그들은 자신의 분야에서 목표를 갖고 추진하는 힘이 있었기 때문에 우리나라의 기업사에서 전설적인 인물이 되었다.

당시의 대한민국은 가난한 나라였다. 그리고 주변 국가들은 강대국들이었다. 이러한 상황에서 국민의 배고픔을 해결하고, 경제력을 키워야만 나라가 존립할 수 있는 여건이 마련된다. 그것은 우리 국민을 위한 선(善)이라 할 수 있다. 따라서 우리나라의 산업을 키운 양대 거물은 도를 실천하는 성지를 한 것이라고 말할 수 있을 것이다.

성지는 자연과 같은 자연스런 질서를 만들기 위한 도덕적인 추진력과 노력이다. 또 다른 각도에서 보면 개인이나 사회의 공통적인 목표를 위해 추진하고 노력하는 의지라고 말할 수 있다. 성지하는 사람들은 가정에서나 사회에서 사람다운 사람으로 행동한다. 이것이 제대로 된다면 최초로 달성하게 되는 것이 오달도(五達道)와 삼달덕(三達德)이다.

선은 끊임없는 실천이 중요하다

《논어》〈안연 제20장〉에는 다음과 같은 내용이 나온다. 자장이 공자에게 "어떤 선비가 통달했다고 말할 수 있습니까?"라고 묻자, 공자는 "네가 말하는 통달이라는 것은 무엇인가?"라고 대답했다. 자장이 대답하기를 "공적인 나랏일에서나 사적인 집안일에서나 반드시 훌륭하다고 소문이 나서 그 명예가 드러나는 것입니다"라고 말했다. 그러자 공자는 "그것은 단지 소문이지 통달한 것은 아니다. 통달이라는 것은 정직함을 바탕으로 삼아 정의를 좋아하고, 남의 말과 안색을 살피고 관찰하여 그것을 고려해 자신의 몸을 낮추어 겸손한 행동을 하는 것이니, 공적으로나 사적으로나 어느 곳에서라도 통달함이 있어 항상 환영을 받게 되는 것이다. 소문만 난 사람은 겉으로는 인자한 모습을 하고 있지만 실제로는 그렇지 않은 사람일 수 있다. 그래서 높은 자리에 오르더라도 자신이 그만한 능력이 있는 사람인가에 대해 의심하지 않고 겸손하지 않고 자신이 오른 지위가 당연하다고 생각한다. 이러한 사람은 공적으로나 사적으로 명예로운 소문이 나는 것에만 열중하는 것이다"라고 했다. 유명해지기를 바라지 말고 자신의 능력을 증진하는 데 꾸준히 힘쓰는 것이 성지다. 지인용(知仁勇)의 달덕을 생각하며 공자의 문장을 되새겨 보길 바란다.

> 성(誠)으로 말미암아 밝아진 것을 성(性)이라고 이르고, 명(明)으로 말미암아 성(誠)을 이루게 되는 것을 교(敎)라고 이른다. 성하면 밝아지고, 밝아지면 성하게 되는 것이다.
>
> **自誠明 謂之性 自明誠 謂之敎 誠則明矣 明則誠矣**
> 자성명 위지성 자명성 위지교 성즉명의 명즉성의
> [제21장]

이 부분은 네 가지를 알면 쉽게 이해된다. 첫째, 제1장의 "천명지위성(天命之謂性), 솔성지위도(率性之謂道), 수도지위교(修道之謂敎)"와 비교해 볼 필요가 있다. 둘째, 명(明)이 단순한 밝음이 아니라 명선(明善)의 의미를 갖고 있다. 셋째, 앞에서 설명했듯이 선(善)은 '잘한다'의 의미로, 도를 잘 따라가는 것을 선이라고 한다. 넷째, 성(誠)은 천도가 '저절로 중을 이루어 천의 사덕을 한순간도 멈추지 않고 운행함에 따라 자연의 질서가 확립되고, 만물을 생성하고 보전해 주는 전체의 모습'이다.

따라서 "성으로 말미암아 밝아진 것을 성이라고 이른다"라는 의미는 '천도이자 성인의 경지인 성(誠)의 영향을 받아 선에 밝아지는 것이 성(性)이다'를 말한 것이다. 천명지위성(天命之謂性)이 '천명에 의해 사람에게 내려진 성(性)이라 말한다'는 것을 의미한다면, 자성명지위성(自誠明之謂性)은 '성인의 가르침으로 인해 선에 밝아지게 되면 성(性)이 회복된다'는 의미다.

"명으로 말미암아 성을 이루게 되는 것을 교라고 이른다"라는 의미는 선에 밝아지는 것으로 인해 성(誠)을 이루게 되는 것을 교(敎)라고 한다는 의미다. 솔성지위도(率性之謂道)가 '성(性)의 인의예지를 따라가는 길이 도라고 말한다'는 것을 의미한다면, 명(선)(明)(善)은 '실천에 의해 선에 밝아진다'는 것을 의미한다. 선에 밝아진다는 것은 도를 알게 되는 것을 의미한다.

수도지위교(修道之謂敎)가 '도를 닦는 것을 교(敎)라고 말한다'라는 의미라면, 자명성위지교(自明誠謂之敎)는 '밝아진 선으로 성(誠)하게 된 것을 교(敎)라고 말한다'는 의미다. 성(誠)하게 된 경지는 타인들을 교화할 수 있는 경지다.

천도와 인도를 천명을 기준으로 성도교(性道敎)의 개념으로, 수신의 기본을 설명한 것이 제1장의 내용이며, 천도와 인도를 성인의 성(誠)을 기준으로 성명선(誠明善)의 개념으로, 실천의 기본을 설명한 것이 제21장의 내용이다.

"성(誠)하면 밝아지고 밝아지면 성(誠)하게 되는 것이다"라는 의미는 '성인의 성지에 의해서 사람들이 선을 실천할 수 있도록 밝아지게 되고, 사람들이 선을 굳게 잡고 실천해 밝아지면 성인의 경지인 성(誠)에 이르게 된다'는 의미다. 따라서 성과 성지의 관계를 간략한 "성즉명의(誠則明矣) 명즉성의(明則誠矣)"라는 문장으로 표현하고 있다.

지성에 이르면 남도 변화시킬 수 있다

지성(至誠)이라는 것은 기복신앙 차원의 간절한 기도가 아니다.
지성이면 감천한다는 말은 바로 천도의 성(誠)에 근접한 모습을
하게 된다는 의미다. 그러므로 지성은 끊임없는 인의예지의 실천
인 선(善)으로 얻어지게 되는 결과로, 천(天)과 감응하는 상태를
말한다.

오직 천하에 지성을 해야만 그 성(性)을 다할 수 있다. 그 성을
다할 수 있으면 사람의 성을 다할 수 있고, 사람의 성을 다할 수
있으면 만물의 성을 다할 수 있으며, 만물의 성을 다할 수 있으
면 천지의 화육을 도울 수 있으며, 천지의 화육을 도울 수 있으
면 천지와 더불어 참여할 수 있는 것이다.

唯天下至誠 爲能盡其性 能盡其性 則能盡人之性 能盡人之性 則能盡物之
유 천 하 지 성 위 능 진 기 성 능 진 기 성 즉 능 진 인 지 성 능 진 인 지 성 즉 능 진 물 지
性 能盡物之性 則可以贊天地化育 可以贊天地之化育 則可以與天地參矣
성 능 진 물 지 성 즉 가 이 찬 천 지 화 육 가 이 찬 천 지 지 화 육 즉 가 이 여 천 지 참 의
[제22장]

"지성을 해야만 그 성을 다할 수 있다"는 의미는 잠시라도 멈
추지 않고 인의예지의 인도(人道)를 실천해 얻게 된 경지가 지성
(至誠)이라는 말이다. "그 성을 다할 수 있으면 사람의 성을 다할
수 있고, 사람의 성을 다할 수 있으면 만물의 성을 다할 수 있으
며, 만물의 성을 다할 수 있으면 천지의 화육을 도울 수 있으며,
천지의 화육을 도울 수 있으면 천지와 더불어 참여할 수 있는 것
이다"의 의미는 성인의 경지는 자신의 성(性)을 다할 수 있는 것
뿐만 아니라 타인의 성을 다할 수 있고, 인간을 넘어서 천도에 부
합되어 만물의 성까지 다하기 때문에 천지의 질서를 유지하고
생명을 보전할 수 있는 것을 말한다.

만물이라면 동물과 식물을 비롯한 모든 생물을 말한다. 따라
서 선(善)을 굳게 잡고 실천하는 사람은 생명을 소중하게 여기므
로 함부로 희생시키지 않는다. 이것이 이루어지면 강이나 산, 그
리고 하찮은 흙이나 돌멩이까지도 천이 내려준 것에 대해 고마
움을 깨닫고 소중하게 대하게 된다. 그렇게 되면 지상에 있는 모
든 생명이 잘 살 수 있고, 자연이 보전될 수 있는 환경이 조성된
다. 인간이 지성(至誠)이 되기 위해 성지하게 되면, 지상에 모든
질서가 점점 자리를 잡게 되고, 자연과 생태계까지 보전하는 역

할을 수행하게 될 것이다.

앞에서 인간의 생명을 유지하고, 과학·문화 등의 발전을 위해서 어쩔 수 없는 희생이 필요하다고 언급했다. 따라서 자연과 중화를 이루기 위해서 희생과 보전이라는 두 개의 상반된 행동에서 중용을 유지해야만 한다. 생물과 환경을 희생하면 만물이 생성되게 한 천도에 위배되는 것이다. 이는 장차 우리의 생명까지 위협하게 된다. 그러나 생물과 환경을 무조건 보전하면, 결과적으로 우리의 생명이 유지되지 못하며 문화가 번성할 수 없다. 바로 이 점에서 욕(欲)이 욕(慾)으로 변화되지 않도록 중용을 유지하는 자세가 필요하다.

그러므로 건축과 토목공사를 할 때 자연환경을 훼손하더라도 자연 상태를 최대한 유지해 자연과 조화를 이루도록 해야 한다. 인간은 거주지를 만들기 위해 건물을 지어야 한다. 그러나 산을 깎고, 물길을 막아 과도하게 건물을 건설하면 산사태나 침수 같은 피해가 인간에게 그대로 되돌아오게 된다. 또한 물고기를 포획할 때 일정량 이상은 잡지 말아야 한다. 하나의 종이 멸종하면 생태계의 먹이사슬이 끊겨 심각한 피해가 생길 수 있다.

춘추 시대에 살았던 공자도 "낚시질은 하되 그물질은 하지 않았고, 주살질은 하되 잠자는 새는 쏘아서 잡지 않았다"고 한다. 이와 같이 가축 혹은 반려동물의 행복권을 보장해 줘야 한다. 식량으로 기르기 때문에 경제성의 논리에 따라 움직이지도 못하는 비좁은 공간에서 사육되는 가축들의 고통을 인(仁)의 마음으로 헤아려야 한다. 가축을 키우는 과정에서 가축의 몸속에 생성된 스트레스 물질이 그 고기를 섭취한 인간에게 흡수된다는 설도 있다. 또한 반려동물을 중성화하는 것은 동물을 사랑한다는 허울 좋은 변명에 불과하다. 기르던 동물을 유기하는 일도 어렵지 않게 볼 수 있다. 반려동물은 사람에게 키워져 독자적으로 생존하기 힘들며, 면역력이 약해 전염병을 퍼뜨리는 피해가 생길 수 있다. 또한 사업 목적으로 외래종을 들여와 관리 소홀이나 혹은 종교적인 이유로 자연계에 방출해 그 지역의 생태계를 어지럽히는 일도 많이 일어나고 있다.

이것은 사실 우리 모두가 상식적으로 아는 내용이며, 법적으로 제재를 하고 있는 내용들이다. 그러나 인간은 이익과 의리가 대립을 하게 되면 이익 쪽으로 마음이 기울어질 때가 많다. 당장의 이익을 위해 지켜야 할 기준을 지키지 않으면 피해는 반드시 우리에게 돌아온다. 우리 세대가 아니더라도 우리 다음 세대에서 피해를 입게 된다. 우리의 다음 세대는 우리의 생명이 이어지는 자손들이기 때문에 이런 문제를 결코 소홀히 해서는 안 된다. 자연에 대한 이익과 의리 사이에서도 반드시 중용을 지켜 도를 실천해야만 하는 이유가 바로 여기에 있다. 지성까지는 도달하지 못하더라도 최소한의 양심은 지켜야 한다. 상생은 인간관계에서만 필요한 것이 아니라 인간을 제외한 모든 사물과의 관계에서도 필요한 것이다.

그다음으로는, 곡진(曲盡)하게 이루는 것이니, 곡진하게 하면 성(誠)이 있을 수 있고, 성이 있으면 나타나고, 나타나면 드러나고, 드러나면 밝아지고, 밝아지면 동하고, 동하면 변하고, 변하면 화(化)하게 되니, 오직 천하의 지성이어야만 화할 수 있게 되는 것이다.

其次 致曲 曲能有誠 誠則形 形則著 著則明 明則動 動則變 變則化 唯天
기 차 치 곡 곡 능 유 성 성 즉 형 형 즉 저 저 즉 명 명 즉 동 동 즉 변 변 즉 화 유 천
下至誠 爲能化
하 지 성 위 능 화

[제23장]

"그다음으로는"의 의미는 지성을 하지 못한 수준의 사람을 말한다. 따라서 처음부터 성(誠)을 할 수는 없지만 곡진하게 노력을 하면 자연스럽고 변함이 없는 성이 있게 된다. 다시 말해, 곡(曲)은 굽을 곡(曲) 자로 지름길인 직선으로 가지 않고 여기저기 다 살펴본다는 의미다. 진(盡)은 다할 진으로 끝까지 해 본다는 의미다. 따라서 "곡진하다"라는 것은 아주 자세하고 간곡하게 한다는 의미다. 그렇게 하면 천도가 움직이는 것처럼 멈춤이 없이 성(誠)하게 되고, 성하게 되면 그 멈춤이 없기 때문에 사사로운 욕심에 가려졌던 인의예지인 성(性)이 겉으로 드러나게 된다. 겉으로 드러난 성에 맞추어 중용을 이루어 중화에 이르면 선(善)에 밝아져서 자신이 어떻게 하면 되는지 알게 된다. 그렇게 되면 다른 사람이 감동을 받게 되어 움직이게 된다.

여기까지가 다른 사람을 변하게 만드는 과정이다. 다른 사람

들이 완전하게 바뀌게 되는 것을 화(化)한다고 한다. 변화(變化)의 의미가 잘 이해가 안 된다면 가성소다와 염산으로 소금을 만들 때를 생각해 보자. 가성소다와 염산을 같은 컵에 넣으면 화학적 으로 반응을 하기 시작한다. 이것이 변(變)이다. 화학반응이 완전 하게 끝날 때까지 변을 유지하다가 완전하게 소금과 물로 되었 을 때를 화(化)라고 한다.

오직 지성을 이룬 성인에 의해 온 세상의 질서가 바로잡히고, 만물이 화육하는 화(化)에 이르게 할 수 있다. 결국 이것은 오직 선(善)을 선택해 정성을 다하는 성지를 하게 되면 이루어진다는 뜻이다.

선을 따르면 모든 것이 자연스럽게 이루어진다

지성(至誠)의 도는 앞일을 알 수 있다. 국가가 장차 흥하려고 할 때면 반드시 상서로운 조짐이 있고, 국가가 장차 망하려고 할 때면 반드시 괴이한 일과 재앙이 있게 되어 시초점과 거북점에 나타나며 사체(四體)가 움직인다. 화복이 장차 이르게 될 때 선 함을 반드시 먼저 알게 되고, 선하지 못함을 반드시 먼저 알게 된다. 그러므로 지성은 신과 같은 것이다.

至誠之道 可以前知 國家將興 必有禎祥 國家將亡 必有妖孼 見乎蓍龜 動
지성지도 가이전지 국가장흥 필유정상 국가장망 필유요얼 현호시귀 동

乎四體 禍福將至 善 必先知之 不善 必先知之 故 至誠如神
호 사 체 화 복 장 지 선 필 선 지 지 불 선 필 선 지 지 고 지 성 여 신

[제24장]

지성은 성인의 경지에 이른 사람만이 행할 수 있는 것을 말한다고 했다. 성인이 있다면 천도에 일치되어 앞일을 예측할 수 있을 것이다. 성인이란 하늘의 뜻을 그대로 전할 수 있는 사람을 말한다. 공자, 석가모니, 예수 등과 같은 인물이 바로 성인이다. 그러나 우리 일반인들도 지성(至誠)을 추구해야 중용을 배우는 의미가 있다. 그것은 사람의 감성과 이성, 그리고 도덕성을 관찰하고 자신이 실천하고 사회로 파급했을 때 그 움직임에 따라 대응하는 것을 끊임없이 실행하는 성지를 하는 것이다. 그 결과 사람의 마음의 움직임과 민심의 움직임을 알게 되어 나라가 장차 흥하게 될 것인지 혹은 혼란이 있게 될 것인지를 예측할 수 있다.

고대에는 거북이 등껍질을 태우거나 시초점으로 미래를 예측하는 점을 봤다. 그러나 고대 이후에 태양과 달이 움직이는 것을 관측해 24절기와 음력을 통한 달력을 만들게 되자 농사를 짓는 농부는 24절기에 따라 자신이 할 일을 예측할 수 있었고, 고기를 잡는 어부는 달의 움직임에 따라 바닷물의 움직임을 예측할 수 있었다. 이렇게 하늘과 자연의 현상을 끊임없이 관찰해서 하늘과 땅의 움직이는 도를 알게 되었고, 그 도를 잘 따라가는 것이 바로 선(善)이다. 그리고 이러한 선을 시종일관 굳게 지키는 것이 성지다. 따라서 농사를 위해 천체와 기후를 관측하고 정리해 농사에

적용하는 것이 자연의 섭리를 따르는 선이라면, 이와 같은 실생활의 일도 선을 잡고 끊임없이 실천하는 것이 성지라고 확장해서 생각할 수 있다.

한편 홍수나 가뭄, 화산과 지진 등의 자연재해는 인명 피해를 일으킨다. 이러한 자연재해 역시 자연을 오래 관찰해서 현대에는 인공위성, 기상관측 레이더, 그리고 지진관측기 등을 개발함에 따라 그 정도와 그해에 농사나 어업의 풍작이나 흉작을 예측할 수 있게 되었다.

농업과 어업뿐만이 아니라 의학 분야에서도 옛날부터 많은 연구가 진행되었다. 이것은 생명을 살리려는 천도에 부합하는 일이다. 인간은 오랫동안 인체를 해부하고, 증상에 따른 병의 원인을 찾아내고, 맥박의 규칙성을 찾아내어 진단하고, 증상에 따른 약초를 써 보거나 침의 혈 자리를 연구해 왔다. 현대에는 다양한 의료기기를 개발해 진단하고, 많은 백신과 치료약을 개발해 사람들을 치료하고 있다. 이것이 의학에서 행하는 성지다. 그 결과 환자의 증상에 따라 병을 예측하고, 치료의 방법에 따라 병이 호전되는 상황을 예측할 수 있게 되었다.

의학의 관점에서 보면 선함은 인간의 호르몬 분비, 생체리듬, 혹은 면역력이 원래 천도의 흐름에 맞게 자연스러운 것이고, 불선은 그것들이 자연스러운 흐름이 깨졌다는 것을 의미한다. 천체나 기상관측을 보면, 선함은 자연이 순리대로 돌아가 기상의 이변이 없는 것이고, 선하지 못한 것은 자연스러운 변화에 문제가 발생해 기상 이변이 발생하는 것이다. 모든 사물을 관찰하고 연구해 상생할 수 있는 선을 잡아 실천하는 성지를 하게 되면, 부수적으로 선·불선·악의 조짐을 보고 화복을 예측할 수 있게 된다.

성(誠)이라는 것은 스스로 이루는 것이며, 도는 스스로 행하는 것이다. 성이라는 것은 사물의 끝과 시작이니, 성하지 않으면 사물이 없게 된다. 그러므로 군자는 성지를 귀하게 여긴다. 성이라는 것은 스스로 자신을 이룰 뿐만 아니라 사물을 이루는 바니, 자신을 이루는 것이 인(仁)이며 사물을 이루는 것이 지혜다. 이것은 성(性)의 덕으로 내외를 합한 도이니, 그러므로 수시로 두는 것이 마땅하다.

誠者 自成也 而道 自道也 誠者 物之終始 不誠 無物 是故 君子 誠之爲
성자 자성야 이도 자도야 성자 물지종시 불성 무물 시고 군자 성지위
貴 誠者 非自成己而已也 所以成物也 成己 仁也 成物 知(智)也 性之德
귀 성자 비자성기이이야 소이성물야 성기 인야 성물 지 지 야 성지덕
也 合內外之道也 故 時措之宜也
야 합내외지도야 고 시조지의야

[제25장]

천(天)은 성(誠)에 의해 스스로 천도를 이루었고, 천도도 역시 스스로 행한다. 천도에 의해 사물이 만들어졌기 때문에 성은 사물의 시작과 끝이 되며, 성이 없으면 천도가 없기 때문에 사물은 존재할 수 없다. 그래서 군자는 인의예지를 기준으로 끊임없이 오달도와 삼달덕을 실천하는 인도(人道)의 성지를 귀하게 생각한다. 천의 성이 스스로 천도를 이루고 만물을 생성한 것처럼 본인

스스로 인(仁)을 이루고, 상대방을 생각하는 지혜를 갖게 됨에 따라 자신의 성(性)을 회복하고, 그 덕(德)으로 사람들을 교화한다.

따라서 사람들은 성지에 의해 자기 스스로 실천해야 한다. 그렇게 실천하다 보면 사람에게도 적용이 가능하고, 사물과 자연에도 적용될 수 있다. 끊임없이 자신의 몸을 닦는 수기(修己)로 사람다운 사람이 된 자들이 다른 사람들을 본받게 하여 치인(治人)함으로써 세상이 자연의 섭리에 맞게 움직이게 한다. 이것이 성이 사물의 시작과 끝이 되며, 자신을 이루고 사물을 이룬 것을 본받는 성지하는 모습이다.

자신의 인성을 키우는 것은 무한한 사랑인 인(仁)으로 하고, 다른 사람들이 본받게 하는 것은 강압의 힘이 아닌 지혜로 해야 한다. 그것은 사람마다 성향이 다르기 때문에 대상에 따라 중도를 이루고 그것을 자연스럽게 항상 중용을 이루게 한다. 이것이 인의예지로 자신에게서 터득하고 남에게 실천하는 내외를 합한 도이다.

그러므로 지성은 그침이 없다. 그침이 없으면 오래가고, 오래가면 징험(徵驗)이 나타나고, 징험이 나타나면 유원해지고, 유원해지면 넓고 두터워지고, 넓고 두터워지면 높고 밝아진다. 넓고 두터워진다는 것은 사물을 싣는 것이고, 높고 밝다는 것은 사물을 덮는 것이고, 유구하다는 것은 사물을 이루는 것이다. 넓고 두텁다는 것은 땅에 배합하는 것이고, 높고 밝다는 것은 하늘에 배합하는 것이고 유구하다는 것은 끝이 없는 것이다. 이와 같은 자는 보이지 않아도 빛이 나며, 움직이지 않아도 변하고, 억지로 하려고 하지 않아도 저절로 이루어지는 무위를 통해 이루어지게 된다. 천지의 도는 한마디의 말로 다 할 수 있으니, 사물이 존재가 변치 않게 되니, 사물이 생겨나는 것은 헤아릴 수가 없는 것이다. 천지의 도는 넓고 두텁고 높고 밝고 멀고 오래가는 것이다. 지금 무릇 하늘은 밝은 것들이 많이 모인 곳이다. 그 무궁함에 이르러서는 해와 달과 별들이 매달려 있고, 만물이 덮여 있다. 지금 무릇 땅은 한 줌의 흙이 많이 모인 곳이다. 그 광후함에 미쳐서는 화산(華山)을 싣고 있으면서도 무겁게 여기지 않고, 강과 바다를 거두면서도 새지 않으면서 만물이 실려 있다. 지금 무릇 산은 하나의 자잘한 돌이 많이 모인 곳이다. 그 광대함에 미쳐서는 초목이 살고 짐승들이 살며 감춰진 보물들이 나온다. 지금 무릇 물은 한 잔의 물이 많이 모인 곳이다. 그 헤아릴 수 없음에 미쳐서는 큰 자라, 악어, 교룡, 용, 물고기, 자라가 자라며 재화가 번성한다. 《시경》에서 이르기를 '하늘의 명(命)은 아아, 심원해 그치지 않는구나'라고 하니 대개 하늘이 하늘 된 바를 말하는 것이고, '아아, 드러나지 않는가. 문왕의 덕의 순수함이여'라고 하니 대개 문왕이 문(文)이 된 바를 말하는 것이니, 순수함 역시 그치지를 않는다.

故 至誠 無息 不息則久 久則徵 徵則悠遠 悠遠則博厚 博厚則高明 博厚
고 지성 무식 불식즉구 구즉징 징즉유원 유원즉박후 박후즉고명 박후

所以載物也 高明 所以覆物也 悠久 所以成物也 博厚 配地 高明 配天 悠
소이재물야 고명 소이부물야 유구 소이성물야 박후 배지 고명 배천 유

久 無彊 如此者 不見而章 不動而變 無爲而成 天地之道 可一言而盡也
구 무강 여차자 불현이장 부동이변 무위이성 천지지도 가일언이진야

其爲物 不貳 則其生物 不測 天地之道 博也厚也高也明也悠也久也 今夫
기위물 불이 즉기생물 불측 천지지도 박야후야고야명야유야구야 금부

天 斯昭昭之多 及其無窮也 日月星辰 繫焉 萬物 覆焉 今夫地一撮土之多
천 사소소지다 급기무궁야 일월성신 계언 만물 부언 금부지일촬토지다

及其廣厚 載華嶽而不重 振河海而不洩 萬物載焉 今夫山 一卷石之多 及
급기광후 재화악이부중 진하해이불설 만물재언 금부산 일권석지다 급

其廣大 草木 生之 禽獸 居之 寶藏 興焉 今夫水 一勺之多 及其不測 黿
기광대 초목 생지 금수 거지 보장 흥언 금부수 일작지다 급기불측 원

鼉蛟龍魚鼈 生焉 貨財殖焉 詩云維天之命 於穆不已 蓋曰天之所以爲天也
타교룡어별 생언 화재식언 시운유천지명 오목불이 개왈천지소이위천야

於乎不顯 文王之德之純 蓋曰文王之所以爲文也 純亦不已
오호불현 문왕지덕지순 개왈문왕지소이위문야 순역불이

[제26장]

여기서 지성은 천도에 따라 하늘과 땅이 만들어지고 만물이 그 속에서 생성된 것을 말한다. 그 내용은 다음과 같다.

멈추지 않고 영원한 우주의 움직임으로 높고 밝은 하늘과 넓고 두꺼운 땅이 생겨났다. 그 속에서 끊임없는 음양의 변화가 일어나 만물이 탄생했다. 이러한 우주의 섭리는 한마디로 표현할 수가 없는 것이다. 천지의 도는 영원무궁하게 계속될 것이다. 하늘에는 해와 달, 별과 같은 천체들이 떠 있을 정도로 무궁하고, 땅은 한 줌의 흙이 모여 이루어져 있으며, 화산(華山)이 작을 만큼 광대하고, 강과 바다의 물이 밖으로 새지 않을 정도로 두껍다. 산은 하나의 돌이 모여 이루어졌으며, 초목이 자라고 온갖 짐승이 살고, 지하자원이 많이 매장되어 있다. 물은 한 잔의 물이 모여 이루어졌고, 그 속에는 자라, 악어, 물고기 등 수중 생명들이 살

고, 수중 자원이 넘쳐난다.《시경》에서도 천도에 의해 우주 만물이 탄생한 성(誠)에 감탄했고, 문왕이 인도(人道)의 성지를 해나가 마침내 성(誠)을 이루어 세상의 질서를 바로잡은 일을 찬양하고 있다.

"지성은 억지로 하려고 하지 않아도 저절로 이루어지는 무위를 통해 이룬다"는 의미는 성지를 꾸준하게 실천해 지성이 되면, 모든 일이 억지로 하려고 하지 않아도 우주와 자연이 운행하듯이 자연스럽게 이루어진다는 뜻이다. 따라서 선을 행하다 보면 모든 일은 자연스럽게 이루어진다. 그것은 인간관계뿐만 아니라 자연을 대할 때도 마찬가지다. 모든 일을 강압적이거나 인위적으로 이루려고 해서는 안 된다. 지성이 되기 위해서 우리는 자신의 역량을 키워 자신의 분야에 중심이 될 수 있도록 노력해야 한다.

中庸

제5부

❦

높은 지위가 아니라
중심에 서라

1 작은 일부터 실천해야 큰일이 이루어진다

지도자는 조직의 균형을 유지하는 역할을 해야 한다

태양계는 태양을 중심으로 균형을 유지하고 있지만, 태양 자신도 자신만의 중심을 갖고 균형을 유지하고 있고, 수성·금성·지구·화성·목성·토성 등과 같은 행성도 자신만의 중심을 갖고 균형을 유지하고 있다. 또한 지구를 비롯한 몇 개의 행성은 위성을 갖고 자신들이 중심이 되어서 하나의 균형을 유지하는 세계를 만들고 있다. 이와 같이 한 국가는 국가를 중심으로 다양한 가정, 단체 등과 같은 사회들이 모여 구성되는데, 그 사회들은 자체적인 중심을 이루고 있다.

단체뿐만 아니라 전문 분야에서도 그러하다. 학문 분야에서는 석학들이 중심이 되고, 예술 분야에서는 명인들이 중심이 되며, 기술 분야에서는 명장들이 중심이 되고, 스포츠 분야에서는 최고의 선수들이 중심이 된다. 청소년들이나 중심에 있지 못한 사람들은 중심에 있는 사람들을 보고 배우고 따라함으로써 중심으로 가려고 노력하며, 이것이 그 분야의 전체적인 평형을 유지하면서 발전을 이루는 원동력이 된다.

단체의 대표나 국가의 대표는 지도자에 해당한다. 그래서 사회에 큰 영향력을 행사할 수 있는 사람들을 사회 지도층이라고 지칭한다. 그러나 지도자라는 것은 남을 이끈다는 표현으로 수직적인 서열의 개념이다. 수직적인 서열에서 윗부분에 위치하고 있다는 것은 아랫부분의 사람들보다 위에서 군림한다는 의미로 받아들여진다. 그래서 성공한 사람들의 마음속에는 자신의 책임을 성실하게 수행한다는 책임감보다는 자신의 영향력을 누리고 싶은 욕심이 자리잡게 된다. 단체의 구성원이나 사회의 구성원들도 지도자가 이끌어 준다는 생각에서 빠져나오지 못하면, 모든 책임을 지도자에게 돌리려고 하며, 자발적으로 행동하지 않게 된다.

현대 민주 사회는 누구나 책임과 권리를 갖는다. 단지 우리가 지도자라고 지칭하는 사람들은 시민의 대표에 불과하다. 대표라는 의미는 시민의 다양한 의견을 조율하고, 합리적인 정책을 결정해 집행하는 사람이다. 따라서 시민 위에 군림하는 것이 아니라 시민의 균형을 유지하는 중심에 있다고 생각해야 한다.

크도다. 성인의 도여! 넘칠 듯이 만물을 발육하니, 높고 지극함은 하늘에 이르렀다. 충분해 남음이 있도록 크도다. 예의가 삼

백 가지이고 위의가 삼천 가지다. 그 사람을 기다린 이후에 행해진다. 그러므로 '진실로 지극한 덕이 아니면 지극한 도가 모이지 않는다'고 말한 것이다. 그러므로 군자는 덕성을 높이고 학문을 해 나가는 것이다. 광대함을 이루고 정미함을 다하며, 고명함을 다하고 중용의 길로 나아가며, 옛것을 익히고 새로운 것을 알며, 돈독하고 후하게 예를 숭상하는 것이다.

大哉 聖人之道 洋洋乎發育萬物 峻極于天 優優大哉 禮儀三百 威儀三千
대 재 성 인 지 도 양 양 호 발 육 만 물 준 극 우 천 우 우 대 재 예 의 삼 백 위 의 삼 천

待其人而後 行 故 曰 苟不至德 至道不凝焉 故 君子 尊德性而道問學 致
대 기 인 이 후 행 고 왈 구 부 지 덕 지 도 불 응 언 고 군 자 존 덕 성 이 도 문 학 치

廣大而盡精微 極高明而道中庸 溫故而知新 敦厚以崇禮
광 대 이 진 정 미 극 고 명 이 도 중 용 온 고 이 지 신 돈 후 이 숭 례

[제27장 1절]

성인은 인간 세상에서 중심이 된 인물이다. 참된 종교의 창시자나 중국의 요순임금과 같은 성군들을 말한다. 천도가 만물을 성장시키듯이 성인들은 사람들의 정신을 성장시켜서 혼란을 다스리고, 편안하게 해 주었다. 성인들은 한결같이 고난과 희생을 감수하며 수신함으로써 성인이 되었다. 그래서 당시 사람들뿐만 아니라 후대 사람들까지 성인들에 의해서 교화되고, 그들을 칭송하는 것이다. 그리고 그들의 가르침대로 기도하고, 수양하며, 덕성을 높이려고 한다. 인(仁), 자비, 사랑 등은 그 표현과 종교적 혹은 철학적으로 실천하는 방법이 다를 뿐이다. 성인들의 다양한 가르침은 사람들의 마음에 평화를 주고, 생명을 소중하게 여겨 상생하는 질서를 유지하게 한다는 점에서 일치한다.

앞의 주요 내용을 요약하면 다음과 같다.

천도는 성(誠)에 의해서 스스로 중(中)이 유지되면서 원형이정의 운행으로 만물의 질서를 만들고, 만물의 생명을 보전한다. 한편, 사람은 천명(天命)에 의해 부여받은 인의예지가 마음속에서 중을 유지해야 하지만, 희로애락이라는 감정들이 발생하면서 사람의 마음은 중의 균형을 잃어버렸다. 개인의 중이 균형을 잃어버리게 됨에 따라 사회의 중이 흔들려 질서가 문란해지고, 그 구성원들은 생명을 보전하기 힘들어졌다.

따라서 그러한 감정들을 상황에 따라 인의예지에 맞춰 중에 가장 근접하도록 화(和)를 이루어 개인적으로는 본성을 회복하고 사회적으로는 문란해진 질서를 회복하고 사람들끼리 상생해야 한다. 그러한 화를 이루는 바른길이 도이고, 그 도를 실천하는 것이 선이며, 사람관계에서는 충서(忠恕)다. 중화를 이루기 위한 도가 구체적으로 제시된 것이 오상 관계이며 달도라고 말했다. 달도의 실행은 달덕에 의해 행해야 하며, 달덕은 인의예지에 따라야 한다. 이러한 달도의 실행을 선을 선택해 성실하게 성지하게 되면, 마음은 중화를 이루어 편안해지고, 사회는 중화를 이루어 질서가 유지되며, 궁극적으로 자연스럽게 무위로 질서가 유지되는 성(誠)에 이른다.

인간 사회도 천도에 의해서 만들어졌기 때문에 유사하게 적용할 수 있다. 사회는 천도에 따라 중(中)이 유지되어야 하는데, 그 사회를 이루는 구성원들의 욕구에 따라 중이 균형을 잃어버리게 된다. 그렇게 되면 사회의 질서가 무너져 버린다. 따라서 사회의 대표는 중심축에서 상황에 따라 인의예지에 근접하도록 상황에 따라 화(和)를 이루어야 한다. 그러한 화를 이루기 위해 중심축에서 해야 하는 도는 오상 관계를 기준으로 사회적 강자와 약자를 구분하고, 국가의 경쟁력과 미래에 대한 계획을 갖고, 구체적인 제도와 정책을 마련하는 것이다. 제도와 정책은 인의예지를 기준으로 선, 즉 사회 정의를 통해서 시행해야 한다. 따라서 인(仁)에 의한 전체 사회의 공평함을 이루고, 의(義)에 의해 원칙을 지키고, 예(禮)에 의해 일의 중요도에 따른 차등을 두고, 지(知)에 의해 모든 제도와 정책을 수립하고 집행해 나가야 한다.

　사회 구성원들은 경쟁과 갈등에 의해서 감정이 발생함에 따라 중(中)이 유지되지 않게 된다. 그래서 중화를 이루기 위해 도를 행해야 하는데, 그것이 오상 관계에서의 충서(忠恕)다. 충서를 구체적으로 실천하는 것은 줄 서기, 교통규칙 지키기, 양보하기, 쓰레기 불법 투기하지 않기, 예절 지키기 등 사소한 질서를 유지하는 것부터 시작해서 모든 인간관계를 선으로 실천해 나가는 것이다. 중심에 있는 대표자와 전체를 이루는 구성원들이 이와 같이 인의예지에 따라 각자 질서를 유지해 나간다면 무위로 질서가 잡히는 정의로운 사회가 이룩될 것이다.

성숙한 시민의식이 시민의 권력을 키운다

중심에 있는 대표자와 사회 구성원들 모두 작은 일부터 실천으로 시작하는 것이 바른 도다. 《논어》〈자장 제12장〉의 자유와 자하의 대화를 보면 사소한 일부터 도를 시작하는 것이 중요하다는 사실을 알 수 있다. 자유가 말하기를 "자하의 문하에 있는 제자들은 쇄소(刷掃)·응대(應對)·진퇴(進退), 즉 주변을 청소하고, 누가 말하거나 묻는 것에 대해 대답하고, 사람들에게 다가가고 물러나는 예절에는 괜찮지만 이것은 말단의 일이다. 근본적인 것이 없으니 어찌하겠는가?"라고 했다. 자하가 이 말을 듣고 말하기를 "아! 자유가 말을 지나치게 하는구나. 군자의 도가 어느 것을 우선이라고 하여 먼저 가르쳐 주고, 어느 것을 가볍게 여겨서 게을리하겠는가? 초목을 비유해서 보면, 큰 나무도 있고 작은 풀도 있는 것처럼 각자 다른 모습이 있는 것이다. 군자의 도 중에서 어찌 업신여기는 것이 있겠는가? 성인만이 본말을 모두 구비할 수 있는 것이다"라고 했다.

세상의 중심에 있는 사람은 개인의 사소한 것에서부터 세상을 교화하는 일까지 도를 실천한다. 그러므로 세상의 중심으로 가고자 하는 사람은 작은 일부터 도를 실천해야 하는 것이다. 이와 같이 사소한 것부터 실천해 나가야 나중에 큰일을 이룰 수 있다.

사소한 것을 실천하다 보면 몸에 익숙해지고, 자발성을 갖게 된다. 이것은 다른 사람의 명령에 의해 수동적으로 하는 것이 아니라 주인의식을 갖고 능동적으로 실천하게 되는 것이다. 공자는 "인(仁)이 멀리 있는가? 내가 인하고자 하면 인이 당장 이르는 것이다"라고 말했다. 자발적으로 내가 하고자 해서 스스로 실천하면 그 결과도 당연히 뒤따르게 된다는 것을 말한다. 따라서 실천해야 하는 것을 알고 있다면, 반드시 미루지 말고 실천해야 한다. 《논어》〈안연 제12장〉에서 공자는 "한마디 말로서 재판에 대한 판결을 할 수 있는 사람은 아마도 자로일 것이다. 자로는 내가 승낙하는 것을 하루라도 미루는 일이 없었다"라고 했다. 자로는 스승 공자의 가르침을 항상 지체 없이 실천에 옮겼던 사람으로, 공자가 자로를 칭찬한 것은 그만큼 즉각적인 실천이 도를 행하는 데 중요하기 때문이다.

이처럼 자발적인 실천을 하다 보면, 스스로 움직여서 만물을 이루는 자연 현상처럼 행동하게 된다. 《논어》〈양화 제19장〉에 그러한 내용이 있다. 공자가 "나는 말을 하지 않으려고 한다"라고 하자, 자공이 "선생님께서 말씀하지 않으시면 저희들이 어떻게 이어받겠습니까?"라고 말했다. 그러자 공자는 "하늘이 무슨 말을 하는가? 그러나 사계절이 운행되고 온갖 만물이 생장한다. 하늘은 아무런 말이 없다"라고 했다. 공자는 제자들에게 자신이 도를 실천하는 모습을 보이고, 제자들이 자연스럽게 그 의미를 깨달아 자발적으로 도를 실행하기를 원했던 것이다.

따라서 사소한 것부터 도를 실천해 나가면 보다 본질에 가까운 도를 실천하게 되고, 그것이 궁극적으로 발전하게 되면 자연 현상이 스스로 움직이는 것처럼 도를 행할 수 있게 된다. 이것을 무위라고 한다. 이러한 무위의 정치를 펼쳐 질서를 바로잡고 백성의 생명을 보전했던 군주가 바로 요순임금과 같은 분들이었다. 그래서 당시의 백성은 누가 임금인지조차 모를 정도였다.

이론은 이렇지만 실제 생활에서 우리 자신이 어떻게 행동하는지 생각해 볼 필요가 있다. 대형 인재(人災)가 발생하면 사람들은 그 인재와 직간접적으로 관련된 사람들을 비난한다. 왜냐하면 대부분의 사람이 인재가 담당자의 안전에 대한 불감증 때문에 발생했다는 점을 잘 알고 있기 때문이다. 그러나 대형 인재와 상관없이 지하철 에스컬레이터를 이용하는 사람들을 보면 손잡이를 잡지 않는 사람들을 흔히 보게 된다. 에스컬레이터가 갑자기 정지하면 이러한 행동이 큰 사고로 이어진다는 것을 모르는 사람은 없을 것이다. 또한 서울 올림픽대로나 고속도로에서 차가 밀리면 갓길로 달려가는 차량들을 종종 보게 된다. 이러한 행위는 비상차량과 추돌하는 사고가 발생할 위험성이 높다는 것도 누구나 알고 있다.

안전 불감증이란 위험한 줄 알면서도 그것에 대한 대비나 실천을 하지 않는 것을 말한다. 이와 같은 안전 불감증이 시민에게 여전히 존재하는 한 인재는 언제나 발생할 가능성이 잠재되어 있다. 바로 이와 같은 사소한 일들을 모든 시민이 지켜 나가야만 사회 전반적으로 안전과 관련된 시스템이 제 역할을 할 수 있다.

《논어》〈헌문 제47장〉에 다음과 같은 이야기가 나온다. 궐당

(闕黨)의 동자(童子)가 공자의 말을 전달하는 심부름을 맡아보게 되었다. 그러자 어떤 사람이 "그 아이는 학문이 진전된 사람입니까?"라고 물어보았다. 공자는 "나는 그 아이가 자리에 앉아 있는 모습과 선생과 나란히 걸어가는 모습을 보았다. 그 아이는 학문이 진전되기를 원하는 사람이 아니라, 빨리 이루고자 하는 사람이다"라고 대답했다. 동자는 기본에 충실하지 않고 빨리 이루려는 편법을 쓰는 아이였다. 기본은 작은 일부터 시작하는 실천이다. 실천하지 않고 머리로만 이해한 공부는 빨리 이루어질 수 없다. 빨리 이룰 수 있는 방법은 자신의 몸이 즉각적으로 반응할 수 있도록 실천하는 방법밖에 없다. 올림픽 금메달리스트들은 연습만이 좋은 결과를 이루게 한다고 한목소리로 말한다. 신속한 것과 조급한 것은 분명 다르다.

이같은 사소한 일부터 사회 질서를 위한 중용을 시작하면 그것은 시민의식으로 발전해 사회 전반으로 확대된다. 시민의식이란 백성을 핍박하는 절대왕정에 맞서서 시민 사회를 성립시킨 이념이다. 지금은 이념을 초월해 사회의 구성원인 개인이 책임감을 갖고 행동하는 생활 태도나 마음의 자세를 말한다. 이는 민주 사회에서 가장 기본이 되는 의식이다. 시민의식은 길가에 쓰레기를 함부로 버리지 않거나, 순서를 따르는 줄서기부터 시작된다. 시민의식은 남을 의식하지 않고 그 행동에 대한 대가를 바라지 않는 자발적인 행동으로서 민주시민이 가져야 할 태도다.

이러한 행동에서 지나친 겸손이나 교만은 필요가 없다. 당당하게 자신이 할 일을 하고, 순리대로 이루어진 질서의 혜택도 본인 스스로 받게 되는 것이다. 시민의식이 사회 전반에 형성되면 위정자나 관료들이 시민을 함부로 대할 수 없게 된다. 고대 사회에서는 백성이 군주나 경대부와 같이 지위가 높은 사람들이 이끌어 주기를 원했고, 사회 구조상 그렇게 될 수밖에 없었다. 그러나 민주 사회에서는 시민이 주인이고 그 사회를 이끌어 간다. 중용에 나온 군자와 성인들이 할 일은 현대에는 개인과 시민이 이룩해 나가야 할 일들이다.

> 이렇기 때문에 윗자리에 있어도 교만하지 않고 아랫사람이 되어서도 배신하지 않는다. 나라에 도가 있을 때에는 그 말이 충분히 일어나고, 나라에 도가 없을 때에 그 침묵이 그 몸을 충분히 용납할 수 있다. 《시경》에서 말하길, '이미 밝고 또 밝아 그 몸을 보전한다'고 했는데, 이것을 말한 것이다.
>
> 是故 居上不驕 爲下不倍(背) 國有道 其言 足以興 國無道 其黙 足以容
> 시고 거 상불교 위하불배 배 국유도 기언 족이흥 국무도 기묵 족이용
>
> 詩曰 旣明且哲 以保其身 其此之謂與
> 시왈 기명차철 이보기신 기차지위 여
>
> [제27장 2절]

시민의식이 자리를 잡으면 힘이 있는 권력자들이나 관료들, 그리고 재산가들은 시민에게 교만하지 않게 되며, 공손해지는 것은 당연한 일이다. 오늘날 시민에 의한 여론의 힘은 막강하기 때문이다. 공직에 있는 사람이나 일반 시민이나 상대방을 대할 때

교만한 모습을 보이지 말고 항상 충성스러운 마음을 가져야 한다. 《논어》〈자로 제19장〉에 보면 공자는 "거처할 때 공손하게 하며, 일을 집행할 때에는 공경하게 하고, 사람을 대할 때에는 충성스럽게 해야 한다. 비록 오랑캐 나라에 가서 행동하더라도 이렇게 하는 것을 버려서는 안 된다"라고 충고했다. 평소에 사소한 일은 소홀히 하고 대중 앞에서 입으로만 떠들던 사람들이 추락하는 결과를 쉽게 볼 수 있다. 얼마 전 어떤 사람이 텔레비전 토론 프로그램에 출연해 인기를 얻어 대변인이라는 직책을 얻었는데, 그 사람이 국가 원수들의 회담 일정 중 성추행 범죄를 일으켜 국제적으로 나라 망신을 시킨 것을 보면 언행일치가 얼마나 중요한지 알 수 있다.

"나라에 도가 없을 때에 그 침묵이 그 몸을 충분히 용납할 수 있다"는 것은 말을 하지 않고 군주의 눈치를 보는 것도 아니고, 몸을 사려서 군주를 피하는 것도 아니다. 정치를 어지럽히는 군주 밑에서 벼슬을 하지 않는다는 의미다. 그러한 군주에게 벼슬을 받게 되면, 그 군주를 위해 일해야 하기 때문에, 그러한 잘못된 정치를 도와서는 안 된다는 의미다. 잘못된 군주를 도와 일을 하면 그것은 도를 행해야 될 몸을 망치는 것이기 때문이다. 춘추 시대의 공자는 자연스러운 변화를 중요하게 생각했다. 급격한 변화는 백성에게 또 다른 혼란을 가져온다고 여겼기 때문이다. 그래서 혼란한 사회를 변화시킬 수 있는 군주를 찾아 천하를 주유했고, 한 제후국에서 변화를 일으켜 다른 국가로 전파되기를 희망했다.

　지금은 국가가 좋은 방향으로 변화되기를 희망한다면 자신이 그 변화의 방향으로 움직여야 한다. 예전처럼 군주가 나라를 지배하고 백성의 생사여탈권을 갖고 있는 시대가 아니기 때문이다. 이제는 귀족이나 관료들에 의해서 사회가 변화되는 것이 아니라, 시민의 여론이 사회를 변화시키는 시대다. 폭력과 같은 과격한 행위로 현재의 상황을 바꾸는 것은 어쩔 수 없이 극한 상황일 때만 사용하는 방법이다. 언론의 자유가 있는 시대에는 시민의식으로 개선하는 방법이 옳은 방법이고 성숙된 자세라 할 수 있다.

　중심에 있는 대표자들은 작은 주장에 관심을 갖고 스스로 잘못이 있다고 판단되면 반성하고, 인의예지에 맞춰 자신의 중심을 다시 잡아야 한다. 그리고 중화를 이루기 위해 자신들의 입장과 반대되는 입장의 사람들을 인정할 줄 알아야 한다. 다양한 주장이 나오는 것은 사회가 역동적이라는 증거다. 사회가 역동적이라는 것은 그 사회의 생명력이 왕성하다는 뜻이므로 그 생명력을 유지하고 중화를 이루기 위한 노력을 해야 한다.

　생명력이 왕성한 사회에서 자신의 역량을 키워 그 능력을 충분히 발휘할 수 있도록 준비를 해야 자신의 분야에서 중심에 설 수 있다. 개인의 역량이 증대되면 사회의 역량이 커지고, 사회의 역량이 커지면 국가의 역량이 확대되어 대한민국이라는 국가가 국제사회에서 중심으로 갈 수 있게 될 것이다.

2 능력이 기본이 되어야 한다

능력이 없으면서 높은 지위에 오르면 재앙을 불러 온다

중화를 이루기 위해서는 잠시라도 쉬지 않고 선을 행하기 위해 노력해 질서를 바로잡고 상생하는 방향으로 나아가야 한다. 이는 도덕적인 생활뿐만 아니라 우리의 일상생활에서도 필요한 일이다. 자신이 목표한 일이 있다면 쉬지 않고 노력해야만 달성할 수 있다. 그러한 노력 중에 잠시의 휴식은 그 노력을 쉬는 것이 아니라, 쉬지 않고 노력하기 위한 재충전이기에 노력의 일부분이다.

성실함은 자연이 스스로 만들어 가는 것처럼 일관되게 진실한 마음으로 착실하게 앞으로 달려가는 것을 말한다. 그래서 어떠한 지위에 오르고자 하는 욕심이 아니라, 자신이 그 분야에서 중심이 되고자 하는 것이다. 중심은 지위의 높고 낮음을 생각하는 위치가 아니라, 전체적인 균형이 유지되도록 해야 하는 책임과 의무가 있는 자리다. 따라서 어떠한 분야에 중심이 된 사람은 성(性)에 따라야 하고, 사사로운 감정에 휩쓸리면 안 되는 것이다. 중심이 흔들리면 그 중심에 의존해 돌아가는 주변의 상황과 그 상황 속에 있는 다른 사람들이 혼란에 빠지기 때문이다.

다시 말해, 어떤 분야에서 중심에 있다는 것은 명예를 지닌 사람이다. 그러한 사람의 영향력은 크기 때문에 그 사람이 잘하면 일반 사람들이 혜택을 받을 수 있다. 그러나 반대로 잘못하면 일반 사람들이 피해를 입거나 불이익을 받게 된다. 따라서 특별한 시험을 한 번 통과하기만 하면 많은 영향력을 행사할 수 있는 자리를 주는 제도는 바꿀 필요가 있다고 생각한다. 전문 분야에 대한 업무 능력만을 갖고 영향력이 커지게 되면, 그 폐단은 그 사람이 속한 조직과 일반 사람들에게 미치게 된다. 진정한 공부는 머리로만 하는 것이 아니라 머리와 가슴, 그리고 몸으로 하는 것이라는 사실을 잊어서는 안 된다.

물을 채울 때 그릇의 크기에 맞게 물을 따라야 하는 것처럼, 사람은 자신의 능력에 맞는 자리와 지위를 얻어야 한다. 능력이 모자란 사람이 분수에 넘치는 일을 담당하게 되면, 결국 그 일에 관련된 모든 사람에게 피해를 주게 된다.

공자께서 말씀하셨다. "어리석으면서 스스로 쓰이는 것을 좋아하고, 천하면서 스스로 마음대로 하기를 좋아하고, 지금 세상에 태어나서 옛 도를 어기려 하면, 이와 같은 사람은 재앙이 그 몸에 미친다."

子曰 愚而好自用 賤而好自專 生乎今之世 反古之道 如此者 烖(災)及其
자왈 우이호자용 천이호자전 생호금지세 반고지도 여차자 재 재 급기

身者也
신 자 야

[제28장 1절]

"어리석으면서 스스로 쓰이는 것을 좋아하고, 천하면서 스스로 마음대로 하기를 좋아한다"는 의미는 자신이 능력이 없으면 초조해지고 현재 자신의 자리를 유지하기 위해 불법적인 수단까지 동원하는 사람을 말한다. 공자는 "남이 알아주지 않음을 걱정하지 말고, 자신의 능력이 없음을 걱정해야 한다"고 말했다. 능력이 없는 사람이 회사의 사장이 되면, 그 회사는 기울어지게 되고, 능력이 없는 사람이 스포츠 감독이 되면, 그 팀은 경기에서 이길 수 없다. 능력이 없는 사람이 장관이 되면, 그 부처는 업무에 문제가 생기고, 능력이 없는 사람이 국회의원이 되면, 지금과 같은 삼류정치에 휩싸이게 된다. 결국 능력이 없이 지위에 오른 사람은 명예롭지 못하게 지위에서 쫓겨나게 되어 있다.

그러나 어리석은 사람들은 자신의 분수와 능력을 생각하지 않고 자리에 연연해한다. 이것은 자연의 섭리를 무시하고 인도(人道)를 어기는 행위다. 이러한 사람들은 상생의 원리를 망각하고, 자신들의 자리보전에만 힘쓴다. 그러나 자신의 능력과 업무의 어려움에 대한 균형을 잡지 못해 자신의 능력이 어려움을 해결하

지 못하는 사실을 깨닫지 못한다. 이는 어리석은 사람이 자신의 역량이 감당할 수 없는 지위에 집착함으로써 중용을 이루지 못하는 것이다.

"옛 도를 어기려 하면, 이와 같은 사람은 재앙이 그 몸에 미친다"는 의미는 다음과 같다. 춘추 전국 시대에는 왕의 권력이 약해지고 제후가 왕의 권위에 도전해 하극상이 일어나고, 그로 인해 사회가 혼란에 빠졌기 때문에 요순시대와 같은 질서를 만들었던 원동력인 효와 중용의 도를 어기고 있었다. 결국 제후가 왕을 시해하는 등의 하극상을 보이고, 그 제후들도 경대부들에게 똑같은 일을 당하고야 말았다.

천자가 아니면 예를 논하지 말고 제도를 만들지 않으며 문(文)을 상고하지 않는다. 지금 천하에 수레는 바퀴 사이의 궤가 같으며, 책은 문자가 같으며, 행동은 윤리가 같다. 비록 그 지위가 있더라도 진실로 그 덕이 없으면 감히 예악을 짓지 못하며, 비록 그 덕이 있더라도 진실로 그 지위가 없다면 역시 감히 예악을 짓지 못한다.

非天子 不議禮 不制度 不考文 今天下 車同軌 書同文 行同倫 雖有其位
비천자 불의례 부제도 불고문 금천하 거동궤 서동문 행동륜 수유기위
苟無其德 不敢作禮樂焉 雖有其德 苟無其位 亦不敢作禮樂焉
구무기덕 불감작예악언 수유기덕 구무기위 역불감작예악언

[제28장 2절]

고대 중국에서 예악(禮樂), 제도(制度), 문자(文字)는 백성을 다

스리는 중요한 분야였다. 따라서 이러한 것들을 변경하거나 새로 만드는 것은 천자만이 할 수 있는 일이었다. 또한 천하의 바퀴의 궤와 문자 등이 같다는 것은 천자가 오직 한 사람이라는 것을 의미한다. 따라서 그러한 것들을 천자의 지위에 있지 않은 사람이 거론한다는 것은 천자를 능멸하는 하극상이 되는 행동이었다. 《논어》〈헌문 제47장〉에 그와 관련한 내용이 나온다. 공자가 계씨(季氏)[46]를 평가하기를 "천자만이 관장할 수 있는 팔일무(八佾舞)[47]를 계씨의 마당에서 추니, 그가 이런 일을 할 수 있다면 무슨 일이든지 저지를 수 있을 것이다"라고 비난했다. 이를 통해 당시의 하극상을 알 수 있다. 한편으로 공자는 "모난 술그릇이 모나지 않게 생겼다면 모난 술그릇이라고 말 할 수 있겠는가?"라고 했다. 이 말은 바로 정명(正名)을 의미한다. 분수에 맞게 행동하고, 자신의 개성을 지키는 것이 중요하다.

또한 천자의 자리에 있더라도 천자다운 천자가 되지 못한 경우에도 이러한 예악과 제도, 문자 등을 함부로 건드리지 말아야 한다. 천자답지 못한 천자는 천도에 따르지 않기 때문에 백성에게 좋은 예악과 제도를 마련해 주지 못하기 때문이다.

지금의 시대에서 본다면 민주주의 사회는 모든 주권이 국민에게 있기 때문에 하극상이란 정치가와 관료들이 국민을 기만하는 것에 해당한다고 볼

46 춘추 시대 노나라 대부로 실권을 장악했던 성씨다.
47 악공들이 가로 세로로 8줄씩 정렬해 총 64명이 아악에 맞춰 문묘와 종묘 제례 때 추던 춤을 말한다. 천자만이 행할 수 있는 의식이었다. 제후는 6줄씩 정렬한 36명의 육일무(六佾舞), 대부는 4줄씩 정렬한 16명의 사일무(四佾舞)만 가능했다.

수 있다. 특히 정치인들은 저마다 '국민의 뜻'이라고 말하면서 국민의 뜻을 저버리는 행위를 서슴없이 하고 있다. 국민의 주권을 위협하는 법률을 제정하거나, 국민에게 불리한 행정 처리를 하는 일들이 모두 이에 해당한다. 따라서 국민의 대표나 관료들이 인성능력이 없으면 그로 인한 피해는 고스란히 국민에게 돌아가게 되며, 나중에는 결국 그들 자신도 그 피해자가 될 수 있다.

외면과 내면이 조화를 이루어야 이상적이다

정치적인 문제만 그런 것이 아니다. 자신의 역량으로 감당할 수 없는 직위나 직분에 욕심을 부리고, 자신이 그 지위에 있지 않음에도 함부로 월권을 하는 행위들이 모두 그러한 것이다. 이는 인간이 의리(義理)와 이익이 있으면 이익을 좇아가는 본능 때문이다. 그러나 증자가 말하기를 "군자는 생각이 자신의 현재 지위를 벗어나지 않는다"라고 했다. 이 말은 자신의 직위와 직분에 맞게 중용의 자세로 임하는 정명(正名)을 의미한다. 천도를 알고 인도(人道)를 알아 중용을 배운 사람은 의리와 이익에서 균형을 유지하고 자신의 역량을 키워 나가는 선을 행한다.

《논어》〈이인 제14장〉에서 공자는 "명예로운 위치에 있지 못함을 걱정하지 말고 그 위치에 있을 능력이 있는지를 걱정하며, 자신을 알아주는 사람이 없는 것을 걱정하지 말고 자신이 알려

질 수 있는 사람이 되기를 추구해야만 한다"라고 했다. 자신이 목표로 하는 것을 향해 열심히 한다는 것은 다른 사람과의 경쟁이 아니라 바로 자신과의 경쟁이라 할 수 있다.

춘추 전국 시대에 바퀴의 궤와 예악과 문자가 통일되었다. 지금은 교통의 발전으로 이동하는 시간이 단축되었으며, 국내와 해외 각처로 여행이 가능해 견문을 넓힐 수 있다. 또 인터넷을 통한 다양한 정보 수집이 가능하고, 저렴한 가격으로 언제라도 필요한 공부를 할 수 있는 여건이 조성되었다. 그리고 자신을 홍보하고 역량을 발휘할 수 있는 환경도 마련되어 있다. 이렇게 유리한 기회에 자신의 역량을 키워 나가지 못하는 것도 천(天)이 준 기회를 놓치는 것이다.

자신의 전문 분야에서 중심에 서기 위해서는 이 책에서 지금까지 공부했던 것들을 거울삼아 자신의 역량을 키워 나가야 한다. 다양한 학문을 공부하고 있는 학생이거나, 혹은 그러한 공부를 마친 사회인 또는 전공이 없는 사회인이라도 마찬가지다. 현재 자신의 업무나 사업에 관한 지식 등의 원리를 파악하고, 그 원리에 따라 문제점이 발생하면 해결 방법을 이끌어 내는 것을 수시로 연습해야 한다. 그리고 배운 것은 바로 실천해 완전하게 자신의 것으로 만들어야 한다. 이러한 모든 것을 의지를 갖고 자발적으로 공부하는 것이 자신의 역량을 키우는 첫걸음이다.

또한 자신의 전문 분야와 함께 반드시 인의예지에 따른 인성을 키워 사람들과의 관계에서 충서의 마음으로 상대방을 대하는 태도를 가져야 한다. 지식만 머리에 채우고 인성이 없는 사람은 어느 분야에서든 중심에 설 수 있는 인재가 될 수 없다. 그리고 무엇보다 중요한 점은 자신의 전문 분야의 공부와 인성을 완성하는 공부를 즐기면서 하는 것이다. 목적의식을 갖고 전투적으로 하는 공부는 한계에 부닥치게 마련이다. 《논어》〈옹야 제10장〉에 보면 관련된 내용이 있다. 염구(冉求)[48]가 말했다. "저는 선생님의 도를 좋아하지만 힘이 부족합니다." 그러자 공자는 "힘이 부족한 사람은 끝까지 가지 못하고 중도에 그만두게 된다. 지금 너는 스스로 한계를 만드는 것이다"라고 말했다. 자신의 역량을 키우기 위한 공부를 타의에 의해서 수동적으로 하거나 스트레스를 받으며 공부를 하기보다는, 차라리 다른 공부를 찾는 편이 자신에게 이롭다.

공자는 "아는 것은 그것을 좋아하는 것보다 못하고, 좋아하는 것은 그것을 즐기는 것보다 못하다"라는 유명한 말을 남겼다. 마지못해 하는 공부는 실제 업무에 적용할 때 창의적일 수 없고, 제자리에 머무를 수밖에 없다. 더 나아가 공부가 전문 분야의 업무에 쓰일 때 창의적인 힘을 발휘하려면 전문 분야 이외에 다방면으로 많이 알아서 모든 것을 전문 분야로 집약하는 방법을 터득해야 한다.

모든 공부는 바로 앞에서 설명한 박문약례(博文約禮)의 방법으로 해야 한

48 공자의 제자다. 성은 염(冉), 이름은 구(求), 자는 자유(子有)다. 공자보다 29세 연하로 노나라 제후인 계씨의 재상이 되었다. 그는 부국강병을 이루어 노나라가 제나라에 승리하는 데 결정적인 역할을 했다. 그러나 재정에 힘쓰기 위해 세금을 무리하게 거두자, 공자는 제자들로 하여금 그를 규탄하게 했다.

다. 예라는 것은 앞에서도 언급했지만 예절만을 뜻하는 것이 아니다. 넓은 의미로는 풍속이나 습관으로 형성된 행위준칙, 도덕 규범 등 각종 예절로서 사람이 마땅히 지켜야 할 도리를 말한다. 뿐만 아니라 예식과 예법으로 공식이나 해법 등의 의미도 갖고 있다. 그리하여 행동하는 절차와 같은 다양한 곳에 쓰이기 때문에 수학 공식과 같은 것도 예에 속한다고 볼 수 있다고 했다.

성지와 마찬가지로 박문약례는 인간관계의 예뿐만 아니라 자신의 전문 분야에서도 이루어져야 한다. 다양하고 넓게 접하는 경험을 박문(博文)이라고 하며, 넓게 배운 것을 요약해 공식화하는 것을 약례(約禮)라고 한다. 이와 같이 자신이 중심으로 다루어야 할 부분을 공식처럼 체계화하고, 그 체계에 다양한 분야를 연결해 주는 것이 박문약례다.

물리학을 전공한 사람은 물리학을 약례로 해서 수학, 화학, 천문학, 지리학 등을 물리학 체계에 접목할 수 있어야 한다. 철학을 하는 사람들은 시대적인 역사와 문학을 기본적으로 알아야 하며, 당시의 예술 분야까지 알아야 자신의 전공에 깊이가 생기게 된다. 상식이 풍부한 사람이 대화를 부드럽게 이어나갈 수 있는 것처럼, 자신의 전문 분야를 중심으로 해서 주변 분야를 폭넓게 공부하고 모든 결과를 자신의 전문 분야에 집중해 자신의 역량을 키워 나간다면 자신의 전문 분야의 깊이가 자연스럽게 심오해지면서 회의와 협상을 부드럽게 이끌어 갈 수 있을 것이다. 또한 타인의 전문 분야를 어느 정도 안다고 해서 자신의 전문 분야처럼 함부로 다루어서는 안 된다. 그것은 다른 전문 분야의 사람에 대한 예가 아니다.

그리고 내면의 공부에만 치우쳐 힘써서도 안 된다. 《논어》〈안연 제8장〉에서는 본질과 외면의 균형감을 강조한다. 극자성(棘子成)[49]이란 사람이 "군자는 본질만 추구하면 되는 것이다. 겉으로 드러나는 외면적인 것을 어디에다 쓰겠는가?"라고 말했다. 이 말을 듣고 자공이 말했다. "애석하다! 극자성의 말은 군자다움이 있으나, 수레를 끄는 말이 아무리 빠를지라도 사람의 혀에서 나오는 말을 따라잡을 수 없는 것이다. 외면은 본질과 같고 본질은 외면과 같은 것이니, 호랑이나 표범 가죽의 털을 밀면 개나 양의 털을 밀어 버린 가죽과 똑같이 보인다."

실천을 중요하게 생각해 말을 조심하고 삼간다고 했지만, 그 말이 지닌 효용성은 무시할 수 없다. 사람들을 설득하고, 가르치는 등 일상생활에서 모든 소통은 말을 통할 수밖에 없기 때문이다. 특유의 무늬를 없애 버린 가죽은 그냥 가죽으로만 보일 뿐이다. 그렇기 때문에 본질과 외형은 적절한 균형을 이루어야 한다. 본질을 추구하는 것도 중용의 하나이고, 본질과 외형을 적절하게 균형을 맞추는 것도 중용이다. 다만 시기와 상황에 따라 어느 것이 더 중요한지를 판단하는 것은 중용에 의거해야 한다.

방송이나 인터넷의 발달은 사람들로 하여금 외모에 더욱 신경을 쓰도록 했다. 공자는 "본질이 외면보다 앞서

49 춘추 시대 위나라 대부다.

면 촌스럽고, 외면이 본질을 앞서면 일처리를 잘하는 것 같지만 성실하지 못하다. 본질과 외면이 적절하게 균형을 이루어야 군자다"라고 했다. 따라서 지금은 사람들의 외모와 태도를 바라보는 어느 정도의 기준이 있기 때문에, 지나치지 않고 세련된 외모를 유지하는 일도 중요한 시대다. 성형을 통해 보기 좋은 외모를 지니는 것도 지나치지 않을 정도로 자연스러움을 유지할 수 있다면 현대 사회에서 강점이 될 수 있다. 그리고 사람들을 대하는 표현력과 몸짓 등에서 세련된 기술이 필요하다. 표현력과 몸짓이 바로 충서와 같은 행동이다. 자신의 의지를 관철하면서 남을 배려하는 세련된 예의, 절제된 매너 등이 이러한 것에 포함된다.

유학을 공부하는 사람들에 대한 일반 사람들의 선입관이 있다. 고집이 셀 것 같고, 옛날이야기만 늘어놓으며, 현대 생활에 잘 어울리지 못할 것이라는 생각들이다. 방송을 보면 유학을 공부하는 몇몇 사람이 상투를 틀고, 옛날 복식을 하고 등장하는 모습을 종종 보게 된다. 그러한 사람들은 자신들 나름대로 뜻이 있어 그러한 옛날 복식이 당연한 표현일 수 있다. 그러나 유학을 그런 것으로만 인식한다면 잘못된 판단이다. 유학은 현재 상황에 맞게 시중해 실천하는 것을 가장 중요하게 생각하는 학문이다. 따라서 외모와 태도가 세련되고 성실하게 유지되도록 균형이 잡힌 매너를 발휘할 수 있는 능력은 자신이 대인관계를 원만하게 할 수 있는 역량 중의 하나다. 또한 현대 사회에서 시중이 되기 때문에 실천하는 유학자의 모습이기도 하다.

그리고 또 하나의 시중이 필요하다. 역량을 키우면서 때를 기다리는 것이다.《논어》〈자한 제12장〉에는 다음과 같은 이야기가 나온다. 자공이 말하기를 "여기에 아름다운 옥이 있는데 이것을 궤 속에 감추시겠습니까? 아니면 좋은 값에 파시겠습니까?"라고 하자 공자는 "팔아야지! 나는 좋은 값을 기다리는 사람이다"라고 말했다. 좋은 값이란 자신의 역량에 따른 합당한 지위를 말한다. 자신이 중심이 되기 위해서는 중심에 맞는 역량이 있어야 하고, 역량이 부족하면 중심에 서지 못하는 것은 당연한 일이다. 중심에 서고 싶으면 차근차근 역량을 키우고 조급하게 생각하지 말고 때를 기다려야 한다. 그리고 때가 왔을 때에 그 기회를 놓치지 말아야 한다.

자신에게 때가 온 것을 알 수 있는 방법은 과거 역사의 흐름을 자신에게 대입해 보는 것이 가장 좋은 방법이다. 그래서 역사를 입시시험을 위해서가 아니라 본인 스스로를 위해서 소설책을 읽는 것처럼 수시로 읽으며 당시의 상황을 영화처럼 느낄 수 있는 상상력을 키워야 한다.

3 역사를 중시하지 않는 민족은 존속할 수 없다

역사는 국가 존속의 기반이다

개인의 역량이 커지면 사회의 역량이 커지고, 국민의 역량이 커지면 나라의 역량이 커지게 된다. 개인, 단체, 사회 등의 역량은 자신들이 스스로 노력한 것으로만 만들어진 것은 아니다. 자신들의 노력에 의한 것과 과거에 살았던 사람들의 지혜가 쌓인 결과물이 합쳐져서 현재의 역량이 된 것이다. 수학을 잘하는 사람은 과거 피타고라스나 가우스와 같은 수학자들이 만들어 놓은 법칙을 배워 자신의 능력을 키울 수 있었고, 과학을 잘하는 사람은 뉴턴이나 페르미와 같은 물리학자들의 연구 업적이 없었다면 자신의 능력을 개발할 수 없었을 수도 있다는 점을 알아야 한다.

이와 같이 개인은 선조로부터 이어온 유전자와 가풍이 개인의 역량에 영향을 미치고, 단체는 단체의 업적이 쌓여 현재에 이르는 것이며, 학문은 전습(傳習)에 의해 발전해 왔고, 나라는 모든 정치·경제·사회·문화·예술·군사 등이 통합된 역사에 의해 존속된다. 또한 현재 개인이나 사회의 역량은 미래의 후손이나 후배들에게 밑거름으로 이어진다.

인류 사회는 그 역량에 따라 다양한 분야에서 발전과 쇠퇴, 그리고 흥망의 과정을 밟아 왔다. 그러한 사실을 역사라고 한다. 인류뿐만 아니라 어떠한 사물이나 사실이 존재해 온 연혁도 역사라고 하며, 자연 현상이 시대를 따라 변화해 온 것도 역사다.

역사는 국가에만 있는 것이 아니다. 조직이나 단체는 선배가 후배에게 지식과 경험과 기술을 전수해 그 조직의 역사를 이루게 된다. 학문의 역사도 역시 중요한 의미가 있다.

공자께서 말씀하셨다. "내가 하(夏)나라 예를 말하지만 (그 후손인) 기(杞)나라가 충분히 징험하지 못하고 있고, 내가 은(殷)나라 예를 배웠지만 (그 후손인) 송(宋)나라가 있어서 존재하고, 내가 주(周)나라의 예를 배웠는데 지금 이것을 쓰고 있으니 나는 주나라의 예를 따르겠다."

子曰 吾說夏禮 杞不足徵也 吾學殷禮 有宋 存焉 吾學周禮 今用之 吾從周
자 왈 오 설 하 례 기 부 족 징 야 오 학 은 예 유 송 존 언 오 학 주 례 금 용 지 오 종 주

[제28장 3절]

공자가 유학을 창시했지만, 과거의 자료들을 수집하고 분석하지 못했다면 그 업적을 이룩할 수 없었을 것이다. 공자는 과거에

산재해 있던 유학 관련 자료들을 수집하고, 그 자료들 중에서 뺄 것은 빼고 보완할 것은 보완하는 첨삭의 작업을 거쳐서 체계화하고 집대성함으로써 유학의 창시자가 되었다.

공자는 삼대라 불리는 하(夏), 은(殷), 주(周) 세 나라를 이상적인 세상이라고 생각했다. 따라서 그 시대의 질서를 따라 당시의 혼란한 상황을 타개하고자 했다. 그러나 하나라와 은나라의 문헌이 존재하지 않기 때문에 당시에 널리 사용되고 있던 주나라의 예를 바탕으로 모든 것을 정리했다.

이와 같이 역사는 근거가 없으면 믿을 수 없다. 증거가 될 만한 문헌과 고고학적 자료가 사라지게 되면 역사는 단절되고 만다. 그렇기 때문에 역사의 보존과 전수는 한 나라나 민족에게 대단히 중요한 일로 전통과 역사는 보존되고 계승되어야 한다. 우리가 역사와 전통문화를 소홀히 하고 잊어버리게 된다면 우리 민족과 나라는 흔적도 없이 사라지게 될 것이다.

《논어》〈위정 제23장〉에는 역사에 관한 이야기가 나온다. 자장이 "열 개의 왕조 뒤의 일을 미리 알 수 있습니까?"라고 묻자, 공자는 "은나라는 하나라의 예를 계승했기 때문에 가감한 내용을 알 수 있고, 주나라는 은나라의 예를 계승했으니 가감한 내용을 알 수 있다. 이와 같이 하나라와 은나라의 역사에서 가감한 내용들을 연구하면 백 세대 이후의 문화라도 알 수 있다"고 했다. 계승은 사덕(四德)과 오상(五常) 관계를 말한 것이며, 가감했다는 것은 그 세부적인 내용들을 말한 것이다. 사덕과 오상은 유학에 있어서 정신적인 뿌리이자 큰 줄기다. 과거와 현재의 역사를 알면 우리 미래 세대의 역사까지 간파할 수 있다. 이처럼 역사는 매우 중요한 것이다. 특히 오늘날까지 계승되고 있는 우리 정신의 뿌리와 줄기에 대한 바른 인식이 필요하다.

역사가 갖는 가치는 대단히 중요하다. 첫째, 과거를 분석해 미래를 예측할 수 있는 중요한 자료가 된다. 둘째, 과거와 현재의 업적으로 일궈 낸 역사는 다음 세대에게 더 발전할 수 있는 밑거름이 되지만, 과실의 역사는 다음 세대에게 짐이 되어 버린다. 셋째, 선조와 자신과 후손과의 영속성을 갖게 하는 중요한 의미를 지닌다. 역사도 천도에 의해서 만들어진 사물들 중 하나로서 자체 생명력이 있다. 그 생명력이 선조와 후손의 생명의 계승이다. 그 생명은 생물학적인 생명도 있지만, 학문적, 문화적 생명 등을 모두 포함하는 것이다.

수천 년 동안 나라를 잃고 방랑하던 유대 민족과 집시 민족이 다른 이유가 바로 여기에 있다. 비록 생물학적인 생명은 두 민족 모두 선조들을 계승했지만, 역사의 생명력을 보전했던 유대 민족은 나라를 다시 세울 수 있었다. 그러나 집시 민족은 역사의 생명력을 상실해 여러 나라에 흩어져 그 나라의 일부분이 되었지만, 문화적 이질감을 이유로 천대를 받고 살고 있다. 그래서 "역사를 잊은 민족에게 미래는 없다"는 말이 나온 것이다. 이 말을 들으면 신채호[50] 선생이 떠오른다.

신채호 선생은 《조선상고사》를 저술했다. 《조선상고사》는 단군 시대부터 백제의 멸망과 그 부흥운동까지를 서술하고 있다. 그는 이 책에서 다음과 같이 주장했다. "고려 시대 김부식(金富軾)[51]이 저술한 《삼국사기》와 그 뒤의 대부분의 역사책이 한국사의 본격적인 전개 시기를 삼국 시대 이후로 보았기 때문에, 우리민족의 역사적 무대를 한반도와 만주 일부에 국한시켰다. 또한 일제가 한국을 강점하고 있을 때 한국사를 왜곡하기 위해 식민주의 사관을 조장함으로써 한국사의 전개 무대를 한반도 내로 축소시켰다."

우리나라에서 고대사의 정사(正史)라고 말하는 《삼국사기》는 소실된 상고사를 재편찬해 거란과 여진의 침입을 막은 자신감과 민족적 자긍심을 키울 목적으로 편찬되었기 때문에 왜곡된 역사만을 기술했다고 볼 수는 없다. 그러나 김부식은 유교적 이념에서 벗어나지 못해 사대주의 사상을 갖고 있었으며, 신라 왕조의 후손이었기 때문에 고구려와 백제 등의 역사와 삼국 시대 이전의 역사를 축소시킨 것은 사실이다.

단군의 역사는 단군 신화가 아닌 단군 설화다. 신화는 역사적 사실이 없는 내용을 상상에 의해 만들어 낸 이야기이고, 설화는 역사적으로 존재했던 사실을 신비스럽게 꾸민 이야기다. 고조선 시대에 유물을 근거로 해서 그 시기에 사용했던 수레바퀴의 크기만 보더라도 우리민족의 역사의 무대는 신채호 선생이 주장했던 강역이 옳다고 판단된다.

역사 편찬에 있어서 정사도 승자의 역사에 치우치고, 저자 자신의 이념에 맞춰 저술하기 때문에 완벽할 수는 없다. 재야의 역사서도 역시 개인적인 주장이 강하게 이입되어서 서술될 가능성이 크기 때문에 완벽할 수 없다. 그래서 과거의 정사와 야사를 모두 고려하고 유물과 유적 등을 참고해서 중용에 입각해 정확한 판단으로 잃어버린 역사를 회복해야 한다. 우리와 시간적으로 거리가 먼 고대사는 우리에게 무한한 상상력을 제공하고, 그 시대의 웅대했던 역사를 알게 되면 우리 청소년들에게 자긍심을 심어 줄 수 있다.

그러나 지금 우리는 우리 역사에 대한 관심과 인식이 부족하다. 자라나는 청소년들의 역사에 대한 지식은 상상할 수 없을 정도로 미약하다. 일본은 삼국 시대 한반도 남부를 지배했다는 임나일본부설을 주장하고, 우리 민족이 항상 주변국에 의지했다고 주입해 우리에게 역사적 패배의식을 갖게 했다. 그것은 과거 자신들의 문화적 열등감을 해소하려는 발로이지만 지금도 여전히 진행 중이다. 또한 중국은 동북공정을 진행해 고조선, 고구려, 발해의 역사를 자신의 변방 역사에 귀속해 대한민국 통일 이후 역사와 영토 분쟁에서 유리한 위치를 확보하려고 하고 있다.

이러한 주변국들의 행태는 우리의 과거 영토를 축소시켜 역사의 뿌리를 없애고, 민족문화의 자긍심을 없애버림으로써, 우리 스스로 문화적 약소국이라는 자괴심을 갖게 하려는 의도다. 그런데 우리 스스로를 둘러보아도 문제점이 어렵지 않게 발견된다. 한 나라의 수도로서 500년이 넘는 역사를 갖고 있는 서울에는 중심가의 북촌과 서촌의 일부 지역을 제외하고 한옥이 사라져 버렸다. 중세의 건물들이 보전되어 있는 유럽을 보면 감탄하면서 우리의 전통 가옥에 대해서는 불편함을 먼저 생각한다.

식생활이 좋아짐에 따라 체형이 변했고, 한국적인 아름다움을 추구하기보다 성형수술로 서구 스타일의 얼굴로 바꾸는 사람들이 늘어나고 있다. 이러한 사람들을 서구적 체형, 혹은 이국적 미인이라고 하면서 우월한 유전자라고 서슴없이 말한다. 서구는 우월하고 우리나라와 동양은 열등하다는 의식이 은연중에 우리의 생활 속에 자리잡은 지 오래다.

이러한 역사와 문화에 대한 열등감은 자기 스스로 비하하고, 내부적인 발전의 동력을 약화할 뿐이다. 외국에서 시작하는 것들은 신뢰를 갖게 되고, 우리가 시작하는 것들은 의심을 하게 된다. 이러한 열등감은 자신이 표준이 되지 않고, 남의 표준에 의지해 살아가려는 습성을 만든다. 이것은 본인과 자신이 사는 사회에 대한 가치관을 상실하게 한다. 이것이 바로 일제 강점기에 일본이 노렸던 결과다. 일본에 대한 적대감을 항상 강하게 드러내면서, 일제가 원했던 모습을 우리도 모르게 스스로 만들어 가고 있는 것이다.

또한 일제로부터 독립한 이후에 친일 세력을 정리하지 못하고 현재에 이르렀기 때문에 지역감정에 더해 내부적 갈등으로 작용하고 있다. 독립 당시의 정권이 자신의 권력을 유지하기 위해서 친일 세력과 야합을 했기 때문이지만 민족의 대통합을 위해서 지금이라도 명확하게 정리할 필요가 절실하다. 이러한 과거의 역사적 과실을 현재 우리가 바로잡아야 후손에게 짐이 되지 않기 때문이다. 이완용이나 독립군에게 직접 위해를 가한 인물들을 확실하게 규명해서 처리해야 한다. 그러나 너무 사소한 것까지 친일로 매도해 버리면, 한 세대의 기간을 넘는 일제 강점기에 적극적으로 독립운동에 가담한 사람들을 제외하고 친일세력이 아니었던 사람은 없을 것이다. 그것보다는 현재 경제적인 고통에서 벗어나지 못하고 있는 수많은 독립운동가 자손을 빠짐없이 찾아내서 도와주어야 한다. 이것이 과거 친일 세력의 청산에 대해 국격(國格)에 맞는 역사인식을 갖는 것이며, 시중이며, 중용이다.

서구의 발전된 과학과 문화는 존경하고 받아들여야 한다. 그러나 그것보다 우선되어야 할 것은 단절된 진취적인 민족정신과 독창적인 민족문화를 역사적 인식을 갖고 재정립하는 일이다. 이것은 우리 국가와 민족의 생명과 다양한 문화들을 보전하기 위한 적극적인 일이 된다. 또한 재정립된 역사를 바탕으로 도덕, 과학, 예술 등을 발전시켜 국제적인 중심 국가가 되는 역사를 이룩해 그것을 후손들에게 물려주어야 한다. 이러한 주장은 우리만을 위한 국수주의가 아니라 민족을 먼저 보전하고, 이후에 세계를 보전하는 차등된 예의 실천인 것이다.

유학도 과거의 역사를 바탕으로 만들어졌다

과거의 역사를 돌이켜보면 지도 계층의 잘못에 의해서 나라가 힘들어지면, 왕조가 바뀌거나 외세의 침략을 받게 된다. 수많은 외세의 침략에도 굴하지 않고 나라를 지킨 것은 민초들이었다. 또한 만주 대륙을 중심으로 동아시아 패권을 잡았던 고조선, 고구려, 발해, 해상권을 장악했던 백제 등은 지도자를 중심으로 그를 믿고 따르던 백성이 있었기 때문에 세력을 키울 수 있었다. 백성의 마음을 얻는 방법은 강압에 의하지 않고 솔선수범으로 이끄는 것이다. 전쟁에서 전투를 치를 때 지도자가 앞장서고, 상황이 좋지 않아 퇴각할 때에는 지도자가 최후의 방어선을 지킨다면 그 군대의 결집력은 깨뜨릴 수 없다. 중심에 있는 사람은 항상 균형이 유지될 수 있도록 스스로 중심을 잡고 조직의 조화를 이끌어 내야 한다.

> 천하에 왕 노릇을 하는 것에 세 가지 중요한 것이 있으니, (이것들을 잘 행하면) 그 허물이 적을 것이다. 윗자리에 있는 사람이 비록 잘할지라도 징험할 증거가 없으니, 증거가 없으면 믿지 않고, 믿지 않기 때문에 백성이 따르지 않는다. 아래에 있는 사람이 비록 잘할지라도 존귀하지 못하기 때문에, 존귀하지 못하면 믿지 않고, 믿지 않기 때문에 백성이 따르지 않는다. 그러므로 군자의 도는 자신의 몸을 근본으로 해 백성에게 징험하게 하고,

삼왕에게 상고해도 틀리지 않으며, 천지에 세워도 어그러지지 않으며, 귀신에게 질정해도 의심이 없으며, 백세에 성인을 기다려도 의혹을 받지 않는다. 귀신에게 질정해도 의심이 없다는 것은 하늘을 아는 것이고, 백세에 성인을 기다려도 의혹을 받지 않는 것은 사람을 아는 것이다. 이렇기 때문에 군자는 동함에 대대로 천하의 도가 되는 것이며, 행함에 천하의 법이 되는 것이며, 말함에 천하의 준칙이 되는 것이다. 멀리 있으면 우러러보게 되고 가까이에 있으면 싫지 않다. 《시경》에서 이르기를 '저기에 있어도 미워함이 없고, 여기에 있어도 싫어함이 없다. 거의 새벽부터 밤늦게까지 길이 명예롭게 마친다'고 하였으니, 군자가 이와 같이 하지 않으면서 일찍이 천하의 명예가 있는 자가 없었다.

王天下 有三重焉 其寡過矣乎 上焉者 雖善 無徵 無徵 不信 不信 民弗從
왕천하 유삼중언 기과과의호 상언자 수선 무징 무징 불신 불신 민부종
下焉者 雖善 不尊 不尊 不信 不信 民弗從 故 君子之道 本諸身 徵諸庶
하언자 수선 부존 부존 불신 불신 민부종 고 군자지도 본저신 징저서
民 考諸三王而不謬 建諸天地而不悖 質諸鬼神而無疑 百世以俟聖人而不
민 고저삼왕이불류 건저천지이불패 질저귀신이무의 백세이사성인이불
惑 質諸鬼神而無疑 知天也 百世以俟聖人而不惑 知人也 是故 君子 動而
혹 질저귀신이무의 지천야 백세이사성인이불혹 지인야 시고 군자 동이
世爲天下道 行而世爲天下法 言而世爲天下則 遠之則有望 近之則不厭 詩
세위천하도 행이세위천하법 언이세위천하칙 원지즉유망 근지즉불염 시
曰在彼無惡 在此無射 庶幾夙夜 以永終譽 君子未有不如此而蚤(早)有譽
왈 재피무오 재차무역 서기숙야 이영종예 군자미유불여차이조 조 유예
於天下者也
어 천 하 자 야

[제29장]

"천하에 왕 노릇을 하는 것에 세 가지 중요한 것"이란 앞에서 말한 예를 논하는 의례(議禮), 제도(制度) 그리고 고문(考文)이다. 천도에 따른 성(性)이 인간관계에서 실제로 이루어지는 것은 예에 의거한다. 자신이 알고 있는 지혜와 자신이 판단하는 의리, 그리고 상대방을 생각하는 마음은 예를 통해 겉으로 드러나기 때문이다. 그래서 공자는 예에 대해 끊임없이 강조하고 실천하라고 일렀다. 많은 사람이 공존하고 있는 공간에서 모든 사람이 공통적으로 따라야 할 기준은 반드시 존재해야 한다. 그것이 없으면 개인의 주관적인 생각이 서로 갈등을 일으키기 때문에 혼란을 가져올 수 있다. 따라서 예는 질서를 위해서 반드시 필요한 것이다. 또한 질서와 관련된 백성의 행동에 대해 상벌을 행하고 백성을 다스리는 제도도 필요하다. 이러한 것들은 공통된 문자와 표현으로 백성에게 전달되어야 한다. 그래서 이 세 가지가 통치자에게 중요한 것이었다. 그러나 이것이 근거와 논리성이 없으면 백성은 따르지 않을 것이다. 그리고 이 세 가지는 왕권체제하에서는 절대 권력을 갖고 있는 천자만이 그 권한을 갖고 있었다.

하은주(夏殷周) 삼대 이후도 예에 대해 논의를 하고, 제도도 존재했고, 문자도 있었지만 단지 명분에 불과했다. 또한 춘추 전국시대의 제후들과 대부들은 그것을 존귀하게 생각하지 않고 실천하지 않았다. 그것이 바로 제후들의 하극상이다. 제후들이 이 세가지를 신뢰하지 않자 백성 또한 따르지 않았다. 백성이 따르지 않으면 질서가 문란해지고 세상이 혼란스럽게 된다. 그래서 당시 제후들이 자신이 비록 잘한다고 주장해도 역사를 비추어 볼 때 과거에 성덕을 베풀었던 왕들과 비교해 보면 지위에 따른 정명 (正名)을 하지 않았기 때문에 신뢰성이 없었다. 이로 인해 백성이 따르지 않았던 것이다. 그러므로 말로만 백성을 위한다고 주장 하지 말고 중용에 따라 실천을 하는 것이 중요하다. 한편, 지도할 만한 역량이 있는 사람이라도 지도할 수 있는 위치에 오르지 못 하면 백성이 따르지 않는다. 따라서 역량이 있는 사람이라도 반 드시 자신이 책임질 수 있는 위치를 확보한 이후에 일을 처리해 야 하며, 역량 있는 사람들이 자신들의 역량을 발휘할 수 있는 중 심에 서게 하는 것이 올바른 사회를 만들 수 있는 길이다.

그래서 군주가 되기 위해서는 자신들이 먼저 수신을 통해 사 람다운 사람이 된 이후에 삼대의 왕들과 같이 이 세 가지를 존귀 하게 생각하고 실천해야 했던 것이다. 그렇게 된다면 의례와 제 도, 고문은 신뢰를 받게 된다. 이렇게 되면 삼대의 우왕(禹王), 탕 왕(湯王)[52], 문무왕(文武王) 등과 비교해도 그 덕행이 다르지 않다. 이러한 덕행은 한결같은 천지자연의 모습과 다름이 없어서 귀 신조차도 그것을 의심하지 않을 정도가 되며, 이러한 군주가 있 다면 사람들은 백 세대 뒤에는 이러한 군주보다 나은 성인이 반드시 나타나 게 될 것이라고 믿게 된다는 것이다.

이러하므로 군자가 어떤 말을 하거 나 행동을 하면, 그것이 인간 세상의

52 중국 고대 국가인 하(夏)나라의 마 지막 왕인 걸(桀)이 폭정을 하자 이윤 등의 도움을 받아 그를 패사(敗死)시키 고 국호를 상(商)으로 하여 은(殷)나라 를 세웠다.

도가 되어 법이 되게 마련이다. 따라서 세상에서 반드시 따르고 지켜야 할 준칙이 된다. 그러한 군자는 윗자리에 있을 때 거만하거나 교만하지 않기 때문에 우러러보게 되고, 가까이 있어도 싫어하지 않게 된다는 의미다.

> 중니(仲尼)는 요임금과 순임금을 조종(祖宗)으로 전술하시고, 문왕과 무왕을 헌장(憲章)하시고, 위로는 천시를 따르시고, 아래로는 수토(水土)를 따르셨다. 비유하자면, 하늘과 땅에 싣지 않음이 없고, 덮어 주지 않음이 없는 것과 같다. 또 비유하자면, 사시(四時)가 교대로 운행함과 같으며, 일월(日月)이 교대로 밝은 것과 같다. 만물이 함께 길러져 서로 해치지 않으며, 도가 함께 행해져 서로 어그러지지 않는다. 소덕(小德)은 냇물의 흐름이고, 대덕(大德)은 돈독하게 화하는 것이니 이것이 천지가 위대하게 되는 것이다.
>
> 仲尼 祖述堯舜 憲章文武 上律天時 下襲水土 辟(譬)如天地之無不持載
> 중니 조술요순 헌장문무 상율천시 하습수토 비 비 여천지지무불지재
> 無不覆幬 辟如四時之錯行 如日月之代明 萬物 竝育而不相害 道竝行而不
> 무불부도 비여사시지착행 여일월지대명 만물 병육이불상해 도병행이불
> 相悖 小德 川流 大德 敦化 此天地之所以爲大也
> 상패 소덕 천류 대덕 돈화 차천지지소이위대야
>
> [제30장]

유가의 계보는 공자를 통해 요순임금과 하나라, 은나라, 주나라 삼대의 시조인 우임금, 탕왕, 문왕, 무왕으로 이어졌다. 이것 역시 역사를 근거로 해 만든 유가의 도통(道統)이다. 요임금, 순임

금, 우임금은 자연스럽게 나라를 이끌어서 태평성대를 이룬 임금들이고, 탕왕과 문무왕은 난세를 바로잡고 새로운 나라를 일으킨 왕들이다. 위 임금들의 공통점은 모든 일에 중용을 유지했고, 백행지본인 효를 중요하게 생각했다. 그것을 이어받은 공자는 위로는 하늘의 사시의 운행을 본받고, 아래로는 땅에 있는 수토의 이치에 따랐다. 이러한 모습은 천지자연의 모습으로 성(性)을 깨달아서 인의예지를 실천한 것이다. 그것은 상생의 인(仁)으로서 충서에 따라 행동하니, 그것이 바로 중용의 모습이다.

"소덕은 냇물의 흐름이고, 대덕은 돈독하게 화하는 것이니 이것이 천지가 위대하게 되는 것이다"라는 의미는 다음과 같다. 물은 파여 있는 길을 따라 높은 곳에서 낮은 곳으로 끊임없이 흘러간다. 물은 낮은 곳에서 높은 곳으로 흐르지 않고 물길을 따라 움직인다. 물이 자신보다 높은 곳으로 가기 위해서나 혹은 파인 곳을 넘어가기 위해서는 그곳을 다 채우고 그 이후에 다시 흘러간다. 이것은 수신에 해당되는 것이다. 따라서 소덕이라는 것은 자신의 수양과 실천을 말하는 것이다. "대덕이 두텁게 한다는 것"은 수신 이후에 자신의 덕으로 타인을 교화해 온 세상으로 그 덕을 전파하는 일이다. 사시의 움직임에 의해 만물을 세상에 살게 하는 천지의 도는 위대한 것이며, 그것을 본받아 소덕과 대덕을 이루어 세상의 질서를 바로잡고자 과거의 역사를 거울로 삼아 유학을 창시하고 후세에 남긴 공자 역시 위대한 성인이다. 자연의 위대함과 공자의 위대함의 중심에는 바로 중용이 있었다.

중용에 따른 소덕과 대덕은 세상의 질서를 바로잡는 대승적인 일에만 적용되는 것은 아니다. 우리가 일상생활 속에서 중용을 바탕으로 기본적인 인성을 키우고, 자신의 분야에서 역량을 키우면, 개인은 행복하게 되고 자신이 속한 사회가 발전하게 된다. 이러한 진리는 역사를 통해서 알 수 있다. 따라서 진리는 인간이 세상에 탄생했던 먼 과거에도 있었고, 우리가 지금 살고 있는 현재에도 있으며, 우리 후손이 살아갈 미래에도 존재할 것이다.

현재는 과거와 미래의 중간에 위치한다. 현재를 사는 우리가 현 시점에서 자신의 역량을 키우려고 노력하고 역사를 바로 인식하며 중용을 통해 미래를 준비하는 것은 우리 사회를 위한 시중이며, 우리의 위치에서 반드시 행해야 하는 중도다.

능력과 인성이 함께해야 중심에 설 수 있다

자신의 역량을 키우는 것은 자신이 맡은 분야에서 한결같이 노력하는 것이다. 그러나 반드시 인성도 함께 키워야 한다는 사실을 잊어서는 안 된다. 자신의 분야에서 아무리 뛰어난 능력을 갖고 있다 하더라도 인성이 바르지 못하면 그러한 능력은 자신의 이득을 위해서만 사용될 뿐이다. 그래서 인성이 바르고 역량이 뛰어난 사람이 세상의 중심에 서야 하는 것이다. 바로 그런 사람이 갖고 있는 성품과 영향력을 《중용》에서는 다음과 같이 말하고 있다.

> 오직 천하의 지극한 성인이어야 총명함과 예지가 충분히 임하니, 관유하고 온유함이 충분히 용납될 수 있으며, 굳세고 의연

함을 일으켜 충분히 지킬 수 있으며, 재계하고 장중하고 중정함에 충분히 공경함이 있고, 문리(文理)와 세밀한 관찰에 충분히 분별함이 있다. 넓고 넓어 깊고 깊어서 수시로 발현된다. 넓은 것은 하늘과 같고, 고요하고 깊은 것은 연못과 같아서, 발현하면 백성이 공경하지 않는 이가 없고, 말하면 백성이 믿지 않는 이가 없으며, 행하면 백성이 기뻐하지 않는 이가 없다. 이 때문에 명성이 중국에 넘쳐 오랑캐까지 미치게 된다. 배와 수레가 이르는 바와 인력이 통하는 바와 하늘이 덮어 주는 바와 땅이 실어 주는 바와 일월이 비춰 주는 바와 서리와 이슬이 내리는 바에 모든 혈기 있는 자들이 존경하고 친애하지 않음이 없으니, 이것을 일러 천(天)과 짝한다고 한다.

唯天下至聖 爲能聰明睿知(智) 足以有臨也 寬裕溫柔 足以有容也 發强剛
유 천하지성 위능총명예지 지 족이유림야 관유온유 족이유용야 발강강

毅 足以有執也 齊莊中正 足以有敬也 文理密察 足以有別也 溥博淵泉 而
의 족이유집야 재장중정 족이유경야 문리밀찰 족이유별야 부박연천 이

時出之 溥博 如天 淵泉 如淵 見而民莫不敬 言而民莫不信 行而民莫不說
시출지 부박 여천 연천 여연 현이민막불경 언이민막불신 행이민막불열

是以 聲名 洋溢乎中國 施及蠻貊 舟車所至 人力所通 天之所覆 地之所載
시 이 성명 양일호중국 이급만맥 주거소지 인력소통 천지소부 지지소재

日月所照 霜露所隊(墜) 凡有血氣者 莫不尊親 故 曰配天
일월소조 상로소추 추 범유혈기자 막불존친 고 왈배천

[제31장]

　

성지(誠之)를 통해 경지에 오르게 된 사람을 성인이라고 한다. 그러한 사람은 총명하고 지혜가 가득 차 있으며 슬기롭다. 너그럽고 온화한 용서의 마음이 있는 반면에 강하고 굳센 자태로써

한결같은 정성으로 일을 처리한다. 또한 장엄한 상태에서 바르게 중정(中正)을 유지하고, 문장과 이치를 세밀하게 살펴보니, 이것은 인의예지를 보여 주는 것이다. 중정이란 완벽한 중용을 이루어 중에 이른 상태를 말하는 것으로 오직 성인만이 할 수 있는 중용의 극치다. 이러한 모습은 그의 모든 말과 행동에 걸쳐서 심오하게 발휘된다. 그러한 그의 모습은 하늘같이 넓고 연못 같이 깊게 퍼져서 사람들이 그를 공경해 그가 말을 하면 모두 믿고, 그가 행동하면 모두 기뻐한다. 이러한 명성이 중국을 넘어 주변 국가까지 퍼지게 된다. 이는 배와 수레가 가는 곳, 하늘이 덮고 있는 곳, 해와 달이 비춰 주는 곳, 서리와 이슬이 내리는 곳, 즉 세상 어느 곳이라도 살아 있는 모든 사람이 존경하고 친애하게 되는 것이다. 이러한 것을 "천과 짝한다"고 한다.

"천과 짝한다"는 것은 천도가 이 세상의 모든 것을 탄생하게 하고 그 생명을 보전하는 질서를 만든 것처럼, 성인은 인간 세상의 모든 사람이 상생할 수 있는 질서를 유지하게 하고 그가 가르침을 주고 행동하는 것으로써 모두 이루어지게 하는 것이 천(天)이 아무런 말 없이 모든 사물을 이룬 무위의 성(誠)과 같다는 의미다.

자신의 분야에서 충분한 능력과 인덕이 있는 사람은 일을 처리할 때 상대방에게 너그러우면서도 공사를 구분해 엄격하게 처리한다. 그리고 자신의 위치에서 행동할 수 있는 예절을 지켜 나간다. 그러한 사람은 나이에 따른 예절, 자신의 직위에 따른 예절 등을 상황에 따라 적합하게 실천해 사람들에게 인정을 받게 되는 것이다. 인정을 받게 되면 명성이 생기고, 그 명성은 자신의 분야에서 회자되다가 전체 사회로 퍼져 나간다. 이러한 사람만이 자신의 분야에서 중심에 설 수 있는 것이다.

> 오직 천하에 지성(至誠)만이 천하의 대경(大經)을 경륜(經綸)하며, 천하의 대본을 세우고, 천지의 화육을 아는 것이니, 어찌 의지하는 바가 있겠는가? 정성스러운 그 인(仁)과 심원한 그 연못과 크나큰 그 하늘이다. 진실로 총명하고 성스럽고 지혜로워서 천덕(天德)에 통달한 자가 아니라면 그 누가 알 수 있겠는가?

唯天下至誠 爲能經綸天下之大經 立天下之大本 知天地之化育 夫焉有所
유 천 하 지 성   위 능 경 륜 천 하 지 대 경   입 천 하 지 대 본   지 천 지 지 화 육   부 언 유 소
倚 肫肫其仁 淵淵其淵 浩浩其天 苟不固聰明聖知(智)達天德者 其孰能
의   순 순 기 인   연 연 기 연   호 호 기 천   구 불 고 총 명 성 지   지   달 천 덕 자   기 숙 능
知之
지 지

[제32장]

"오직 천하에 지성만이 천하의 대경을 경륜한다"는 의미는 다음과 같다. 경륜은 어떠한 것을 만들고 계획하는 것이다. 경(經)은 계획에 큰 분야를 나누는 것이고, 륜(綸)은 그 분야에 알맞은 내용들을 채워 나가는 것이다. 대경(大經)은 인간 사회에서 가장 중요한 군신, 부자, 부부, 곤제, 붕우 등 오상에서의 충서에 따른 예를 말한 것으로, 앞에서 말한 달도다. 그리고 성인은 자주적으로 대본인 성(性)을 세워 인간 세상을 조화롭게 만들어 나간다. 정성스러운 그의 면모는 바로 인(仁)의 모습이고, 깊고 고요한 것

은 바로 연못의 모습이며, 넓은 모습은 바로 하늘의 모습이다. 진실로 총명예지해 천덕에 통달한 사람만이 그러한 모습을 보일 수 있는 것이다.

자신의 분야에서 능력을 갖춘 사람은 그 분야의 표준을 만들수 있어야 한다. 주입식 교육을 받은 사람은 자신이 표준을 만들려고 하지 않고, 그렇게 할 능력도 부족하다. 그런 사람은 표준을 만들 만한 능력이 없고, 설사 능력이 있다 하더라도 스스로 중심에 서는 것을 두려워한다. 또한 어떠한 정책이나 지침을 만들 때에도 해외의 사례를 베끼려 든다. 이제는 우리 스스로 표준을 만들어 능동적으로 모든 일에 대처해 나가야 할 때다. 우리나라가 경제력이 없고 기술력이 약했던 때에는 미국, 유럽, 일본 등의 표준에 따라 제품을 생산했다. 그러나 이제는 우리나라의 일류 기업들이 표준을 만들어 나가고 있다. 이것은 우리나라가 국제적으로 중심으로 가고 있다는 사실을 보여 주는 것이다.

표준을 만든다는 것을 남을 지배하거나 우월적 지위에 선다는 의미로 착각해서는 안 된다. 표준을 만드는 원칙은 인(仁)에 의한 공평한 마음을 갖고, 의(義)에 의거해 합당해야 한다. 또한 자신이 지닌 모든 지식을 동원해 그 표준에 빠지는 부분이 없도록 만들어야 한다. 그리고 그 표준을 이용하는 사람이 복잡하지 않게 사용자 입장에서 절차와 형식을 만드는 것이 예(禮)라고 할 수 있다.

그래서 박문약례로 공부를 하여 역량을 키워야 하는 것이다.

우리가 일상생활에서 하는 모든 일을 이러한 인의예지를 통해 바라본다면 세상은 살 만한 세상으로 바뀌게 될 것이다.

중용은 이론이 아니라 실천을 위한 지침이다

《시경》에서 이르기를 '비단 옷을 입고 홑옷을 덧입는다'고 했으니 그 문채가 드러남을 싫어해서다. 그러므로 군자의 도는 은은하나 날로 드러나고, 소인의 도는 선명하나 날로 없어지는 것이다. 군자의 도는 담박하나 싫지 않고, 간략하지만 문채가 나며, 온화하나 조리가 있고, 먼 것은 가까운 것에서 시작된다는 것을 알고, 바람이 비롯되는 곳을 알며, 미미한 것이 드러나는 것을 아는 것이니 더불어 덕에 들어갈 수 있는 것이다.

《시경》에서 이르기를 '잠긴 것이 비록 엎드려 있으나 또한 심히 밝다'고 했다. 그러므로 군자는 안으로 살펴 고질적 병폐가 없어서 그 뜻에 미워함이 없으니, 군자의 미칠 수 없는 바는 오직 사람들이 보지 않는 바에 있는 것이다.

《시경》에 이르기를 '네가 집에 있는 것을 보니 오히려 방 귀퉁이에서도 부끄럽지 않다'고 했으니, 군자는 움직이지 않아도 공경스럽고, 말하지 않아도 미덥다.

《시경》에 이르기를 '나아가 말이 없을 때, 이것에 다투는 이가 있지 않다'고 했으니, 그러므로 군자는 상을 주지 않아도 백성이 권면하고, 성내지 않아도 백성이 작도와 도끼보다 위엄 있게 여긴다.

《시경》에 이르기를 '드러나지 않는 덕을 여러 제후들이 본받는다'고 했으니, 그러므로 군자는 돈독하고 공손히 하여 천하를 평화롭게 하는 것이다.

《시경》에 이르기를 '나의 밝은 덕은 소리와 색을 대단치 않게 여긴다'고 했다. 공자는 "음성과 얼굴빛은 백성을 교화하는 것에 있어 지엽이다"라고 말했다. 《시경》에 이르기를 '덕은 가볍기가 터럭과 같다'라고 했다. 터럭도 오히려 비교할 만한 것이 있으니, '상천(上天)의 일은 소리도 없고 냄새도 없다'고 해야 지극한 것이다.

詩曰衣錦尙絅 惡其文之著也 故 君子之道 闇然而日章 小人之道 的然而
시왈의금상경 오기문지저야 고 군자지도 암연이일장 소인지도 적연이

日亡 君子之道 淡而不厭 簡而文 溫而理 知遠之近 知風之自 知微之顯
일망 군자지도 담이불염 간이문 온이리 지원지근 지풍지자 지미지현

可與入德矣 詩云 潛雖伏矣 亦孔之昭 故 君子 內省不疚 無惡於志 君子
가여입덕의 시운 잠수복의 역공지소 고 군자 내성불구 무오어지 군자

之所不可及者 其唯人之所不見乎 詩云 相在爾室 尙不愧于屋漏 故 君子
지소불가급자 기유인지소불견호 시운 상재이실 상불괴우옥루 고 군자

不動而敬 不言而信 詩曰 奏假(格)無言 時靡有爭 是故 君子 不賞而民勸
부동이경 불언이신 시왈 주격 격 무언 시미유쟁 시고 군자 불상이민권

不怒而民威於鈇鉞 詩曰 不顯惟德 百辟其刑之 是故 君子 篤恭而天下平
불노이민위어부월 시왈 불현유덕 백벽기형지 시고 군자 독공이천하평

詩云 予懷明德 不大聲以色 子曰 聲色之於以化民 末也 詩云 德輶如毛
시운 여회명덕 부대성이색 자왈 성색지어이화민 말야 시운 덕유여모

毛猶有倫 上天之載 無聲無臭 至矣
모유유륜 상천지재 무성무취 지의

[제33장]

위의 내용은 군자가 자신의 도를 드러내는 모습을 말한 것이다. 소인들은 자신의 행적을 과시하고 자랑하려고 한다. 그 행적이 비록 훌륭하다고 할지라도 그러한 모습은 대중에게 오래도록 남지 않는다. 반면, 군자는 자신의 능력을 과시하지 않는다. 그의 능력은 비단옷을 입은 것 같이 찬란하지만, 그 위에 살짝 비치는 옷을 입어 그 모습이 드러나더라도 은은하게 드러나도록 한다. 그래서 그 훌륭한 내용에 비해 보이는 모습은 일상적으로 보이고, 복잡하지 않은 가운데 조리가 있다. 군자는 자신의 뜻이 웅대해 세상에 널리 펼치고 싶다 해도, 그것은 자신을 수신하는 것에서부터 시작된다는 점을 알고 있다. 또한 시대의 조류가 시작되는 곳을 알며, 시작은 미미하더라도 끝은 창대해질 것을 아는 이가 군자이므로 그와 함께 도를 행해야 한다.

때를 만나지 못해 자신의 능력을 세상에 펼치지 못하더라도 군자는 그 이유를 자기 안에서 찾는다. 그렇게 찾아도 세상에 부끄러운 점이 없는 것이 일반 사람들과는 다른 점이다. 그것은 홀로 방에 있더라도 부끄러울 만한 일을 하지 않는 것이다. 이것이 앞에서 말한 신독이며 위기지학(爲己之學)이다. 그렇기 때문에 겉모습으로 상대방을 움직이려고 하지 않는다. "밝은 덕은 소리와 색을 대단치 않게 여긴다"라는 것과 "음성과 얼굴빛은 백성을 교화하는 것에 있어 지엽이다"라는 의미는 겉모습을 꾸며 상대방의 마음을 움직일 필요가 없다는 뜻이다. 군자는 성지를 하여 천지자연의 운행처럼 억지로 하지 않고 선을 선택해 최종적으로 성(誠)을 이루어 무위로 질서를 이루기 때문이다. 그래서 소인의 아첨하는 모습과 군자의 충서의 모습은 완전히 다르다. 모든 행동은 인의예지를 기반으로 상생을 위한 실천을 하고 있는 것인가에서 그 진심이 드러난다.

남에게 잘 보이려는 모습은 자신에게 약점이 있거나 잘못을 감추려는 모습에 불과하다. 자하는 "소인은 허물을 반드시 위장한다"고 말했다. 겸손은 상대방을 존중하는 마음에서 행동하는 것이지만, 남에게 잘 보이려고 지나치게 공손하게 행동하는 것은 상대방을 존중하는 것이 아니라 그 사람의 권력과 재물에 아부하는 거짓된 모습이다. 《논어》〈공야장 제24장〉에 보면 공자는 이렇게 말한다. "예전에 좌구명(左丘明)[53]이라는 사람은 말을 듣기 좋게 하고 얼굴빛을 곱게 하고 공손함을 지나치게 하는 것을 부끄럽게 여겼는데, 나 역시 이것을 부끄럽게 생각한다. 또한 좌구명은 그렇게 행동하는 사람에게 못마땅한 모습을 감추고 그 사람과 사귀는 것도 부끄럽게 여겼는데, 나 역시 이것을 부끄럽게 생각한다."

결국 "상천의 일은 소리도 없고 냄새도 없다고 해야 지극한 것이다"라고 했으니, 자신의 역량을 발휘하는 가장 이상적인 모습은 순임금에게서 찾아볼 수 있다. 그는 무위로써 정치를 펼쳤다. 억지로 하려고 하지 않고 자연을 닮은 행동을 하는 것이 군자의 참모습이다.

53 성은 좌구(左丘), 이름은 명(明)이다. 공자와 같은 시기의 노나라 유학자이며, 사학자로 태사란 벼슬을 지냈다.

앞에서부터 제시된 여러 개념을 살펴보면, 천(天), 천의 사덕 (四德), 천도(天道), 성(性), 인(人)의 사덕, 도(道), 중화(中和), 권도(權 道), 시중(時中), 효(孝), 충서(忠恕), 혈구지도(絜矩之道), 선(善), 달도 (達道), 달덕(達德), 정명(正名), 중립(中立), 성(誠), 성지(誠之), 인도 (人道), 중도(中道), 무위(無爲) 등이 있다. 이러한 용어들의 개념과 연관 관계를 이해하고 나서 읽으면 중용은 재미있는 고전이 될 것이다.

중용을 현대에 대입해 보면 다음과 같이 요약할 수 있을 것이 다. "언제나 나를 중심으로 주변을 파악한다. 사람이든 상황이든 그것을 대할 때 중용을 세워야 한다. 그 중용은 욕심이 아닌 상생 의 마음으로 세워야 한다. 그리고 이러한 행동은 남을 위한 수동 적인 자세가 아니라 나의 인성을 키우고 역량을 증대하는 일이 므로 적극적인 자세로 해야 한다. 인성을 키우는 일은 부모에게 효를 실천하는 것부터 시작해야 한다. 또한 외모도 촌스럽지 않 고 세련되게 가꾸어야 하지만, 절제된 스타일로 가꿀 줄 아는 것 도 중용이다. 인성을 바탕으로 자신의 주장과 타인에 대한 배려 를 자연스럽고 세련되게 표현할 줄 아는 충서의 매너도 중용이 다. 이러한 외모와 매너도 역량 중의 하나가 된다. 그렇게 된다 면, 어느 분야나 단체에서 그 사회의 중심에 설 수 있는 능력을 갖추게 되며, 이것은 부와 명예를 함께 이루게 해 준다. 부와 명 예는 자신이 가진 것만큼 누리고, 남도 그가 가진 만큼 누리는 것 을 인정하는 자세도 중용이다. 자신이 가진 것보다 넘치게 누리면 사치이고, 가진 것보다 모자라게 누리면 궁상이다. 그리고 나보다 약하고 힘든 사람을 도와줄 수 있는 인(仁)의 마음과 불의에 맞서는 의(義)의 의지를 지닌 중용도 함께해야 한다. 또한 평소에 실천이 몸에 익도록 선을 잡고 끊임없이 실천하고, 그 실천은 시민의식을 갖고 작은 일부터 질서를 유지하는 것이다. 그리고 우리 문화와 역사에 대한 자부심을 갖고 세상을 향해 당당하게 나아가야 한다."

중용이 다방면에 적용되고, 때에 따라 적용하는 방법이 다르기 때문에 오해의 소지가 있을 수 있다. 특히 정치인들이 저서에 단골 메뉴로 사용하고 있으며, 중용의 원리를 이용해 자신의 잘못된 행동에 대한 변명거리로 이용하는 경우도 있다. 중용은 얄팍한 사람들이 한낱 말장난으로 사용해서 그 참뜻을 어지럽혀서는 안 되는 것이며, 위정자들이 자신들의 홍보나 변명을 위한 수단으로 전락시켜서는 안 될 존귀한 도(道)다. 그것은 중용이 말로써 하는 것이 아니라 실천으로 이루는 것이기 때문이다.

다시 한 번 강조하지만, 중용은 단지 머리로 이해하는 책이 아니라, 읽어서 느끼고 바로 실천하기 위한 책이다. 이 책을 읽는 사람들, 특히 청소년들이 모든 일에 중용을 세워서 실천함으로써 자신의 인성과 역량을 키우고 자신의 분야에서 중심이 되기를 바란다.

중용

자사 원작 · 심범섭 지음

발행처 | 도서출판 평단
발행인 | 최석두

신고번호 | 제2015-00132호
신고연월일 | 1988년 07월 06일

초판 1쇄 발행 | 2014년 11월 7일
초판 4쇄 발행 | 2018년 11월 21일

우편번호 | 10594
주소 | 경기도 고양시 덕양구 통일로 140(동산동 376)
　　　 삼송테크노밸리 A동 351호
전화번호 | (02) 325-8144(代)
팩스번호 | (02) 325-8143
이메일 | pyongdan@daum.net

ISBN | 978-89-7343-402-2　03150

값 · 12,000원

※이 도서의 국립중앙도서관 출판시 도서목록(CIP)은 서지정보유통지원시스템 홈페이지(http://seoji.nl.go.kr)와
　국가자료 공동목록시스템(http://www.nl.go.kr/kolisnet)에서 이용하실 수 있습니다.
　(CIP제어번호 : CIP2014028744)